新・MINERVA
福祉ライブラリー
41

たのしく学ぶ
社会福祉

誰もが人間らしく生きる社会をつくる

丹波史紀・石田賀奈子・黒田学・長谷川千春

編著

ミネルヴァ書房

は し が き

　柏木ハルコが描く『健康で文化的な最低限度の生活』というコミックをご存知だろうか。大学を卒業し公務員となった主人公が，生活保護のケースワーカーとして働く姿を描いたもので，2018年にテレビドラマとしても放映された作品である。この中で主人公は，元夫の暴力によって精神的な病を抱えるシングルマザー，孫と2人で暮らす認知症の高齢者，アルコール依存症で身体を壊した男性など，様々な事情によって生活に困窮し，生活保護を利用するようになった「ケース」に出あう。

　作中，生活保護を受けることを「恥」と感じ，生活保護を受けたくない，あるいは生活保護の「お世話になりたくない」という思いを語る場面がある。あるいはアルコール依存症から立ち直りたいと思いを持ちながら上手くいかずにいる人に，入院による医療費がいくらかかるのかと冷たいまなざしをむける周囲。

　生活に様々な困難を抱え貧困状態に置かれた人に対し，侮蔑的なまなざしや態度，あるいは「社会のお荷物」と考える発想を持ったり，あるいは本人自身が「福祉に依存したくない」と医療や社会福祉の制度を利用することが悪いことかのように捉えてしまうことが日本社会ではありがちである。私たちの身近にもありはしないだろうか。

　主人公は人生の様々な場面で「つまずく」人々へ，「またやり直せばいいよ，まだ命があるのだから」と声をかける。様々な生活の困難をかかえた人たちが，生活保護を通じて出あったケースワーカーとのかかわりによって，再び前向きに生きようとするきっかけになる。人生の様々な場面で「生きづらさ」を感じ困難をともなうことは，私たち誰にでも起こりうることである。

　私たちは誰もが生まれながらにして，尊厳ある生を営む権利を持っている。1948年の世界人権宣言では，「すべての人間は，生れながらにして自由であり，かつ，尊厳と権利とについて平等である」（第1条）とうたっている。

　ただ，こうした人権保障の考えは，私たちが常にその誰もが尊厳ある生を営

む権利を有しているという普遍的な原理を確認し，かつそれを社会の隅々にまで広げていくことがなければ，ただのスローガンに終わってしまいかねない。

　社会福祉は，こうした基本的人権といった人類普遍の価値を，単にスローガンにとどめるのではなく，日々の暮らしの中に息づかせ，かつ障がいの有無や，年齢や性別，貧困や格差などの置かれた環境によって差別されることなく，すべての人々に尊厳ある生を保障する具体的な人権保障の実践である。

　本書は，2005年に刊行された『人間らしく生きる福祉学——はじめて学ぶ人の社会福祉入門』の改訂版という性格をもつ。立命館大学産業社会学部では，「人間が人間らしく生活できる社会」の実現に向け，その担い手を養成することを目的に，それまであった「発達・福祉コース」を2001年度「人間福祉学科」（当時，現在は「人間福祉専攻」）としてスタートさせた。本書の前身となる前掲書は，学科創設を機に，当時の人間福祉学科の教員たちの手によって作成されたものである。

　それから約20年の歳月が経ち，社会と社会福祉をめぐる状況は大きく変化した。本書は，こうした変化をふまえ，新たな社会福祉の課題に向き合おうと立命館大学産業社会学部人間福祉専攻の教員によって執筆されたものである。前書のスタンスを踏襲し，大学に入学したばかりの1回生や高等学校などで福祉を学ぶ高校生などにも読みやすいように，初学者でも理解できる平易な表現に心がけた。これから福祉を学びたいと思う人，さらには改めて福祉を学び直したいと思う人にも読んでいただけると幸いである。

　本書のタイトルを『たのしく学ぶ社会福祉』としたのは，先行き不透明な現代社会において，私たちが大事にしなければならない価値を再確認し，人々の生きづらさに寄りそう社会福祉の魅力を多くの人たちに知ってほしいと考えたからである。

　本書は，3部で構成されている。第Ⅰ部は，「社会問題としての福祉」とし，社会福祉の対象となる生活問題の諸課題について紹介した。第Ⅱ部では，「社会保障・社会福祉の歴史と制度」とし，社会福祉の歴史や思想，あるいは制度を取り上げた。そして第Ⅲ部は「人間福祉と福祉実践」とし，人間発達やソーシャルワークの理論，さらには誰もが尊厳ある暮らしを実現するための地域社会づくりなどについて取り上げた。また，各章では，そのねらいやキーワード，演習問題などを設け，より深い学習ができるように構成した。また，コラムを

設け，様々なトピックを多面的に学べるようにした。さらに巻末には，統計資料や社会保障・社会福祉の歴史年表，それに国際条約や日本の社会福祉の法律の一部を掲載し，読者のより深い学びが得られるようにした。

　なお，各章において，表記が異なる場合が存在する。例えば，「障害」「障がい」「障碍」や，「子供」「子ども」などである。法律などの名称についてはその表記を用いた。ただし，それぞれの言葉の使用は，これそのものが学術上，あるいは社会福祉の領域において論点の一つであり，あえて一つに統一することは避けた。読者には，なぜこうした表記を用いたのかという視点の違いにも注意しながら読み進めてもらえると幸いである。

　21世紀が真に「人権の世紀」になるためには，誰もが掛け値なく生あるものすべてに尊厳があり，人権保障される社会になるよう，本書がこれから福祉を学ぶ人たちの良き道しるべになることを願っている。

　2020年12月10日

世界人権宣言が採択された
「人権デー」の日に

編者を代表して　丹波史紀

たのしく学ぶ社会福祉
──誰もが人間らしく生きる社会をつくる──

目　次

はしがき

第Ⅱ部　社会保障・社会福祉の歴史と制度

第Ⅰ部　社会問題としての福祉

<table>
<tr><td>第1章</td><td>現代社会における社会問題と暮らし</td></tr>
</table>

第1章　現代社会における社会問題と暮らし

黒田　学・長谷川千春・丹波史紀・石田賀奈子

本章のねらい

　私たちが暮らす社会には様々な社会問題が存在する。グローバル化が進む現代社会では，さらにその問題は複雑化している。特に少子高齢化や家族のあり方が大きく変化する日本社会では，これまで私的な扶養で支えられてきた機能が生活問題としてたちあらわれている。人生の中で様々な生きづらさや困難をかかえる生活問題を，誰もが人間らしく尊厳ある地域生活をおくることができるよう支援するのが社会福祉である。現代社会の中で社会福祉がますます必要とされる意味を考えてほしい。

── キーワード ──

持続可能な開発目標，少子高齢化，貧困・格差問題，社会問題，ソーシャルワーク，ソーシャルワークのグローバル定義

1.「誰一人取り残さない」社会をつくる

　「誰一人取り残さない（leave no one behind）」ということばは，2015年の国連サミットで合意された「持続可能な開発のための2030アジェンダ」の中で掲げられた「SDGs（Sustainable Development Goals：持続可能な開発目標）」において示された。[1] SDGs は，2030年を達成年限とし，17のゴール（図1‐1）と169のターゲットから構成されている。この目標は発展途上国だけでなく，先進諸国を含めた全世界における持続可能でよりよい社会の実現を目指す世界共通の目標として定められた。

　現代社会の私たちの暮らしはグローバリゼーション（地球規模化）から切り離すことはできず，近くのコンビニでも外国人が働く姿に出会うことは日常の風景になっている。中国・韓国・ベトナムなどからの永住者，技能実習生，留学生などの在留外国人数は300万人に迫る勢いである。日本社会で生活するに

図1-1　SDGs，17のゴール
出所：国際連合広報センター。

は，日本語をコミュニケーション手段として用いることが優先されるため，在留外国人にとっては役所での手続きや日常的な生活習慣の理解が困難となり，生活上の問題を抱えることにもなる。日本社会から切り離され，時には差別や偏見のまなざしにさらされ，地域社会で孤立状態に置かれることにもなる。

　もちろん，現代社会では，在留外国人に限らず，社会から切り離され，居場所のない孤立状態に置かれている人たちが多く見られ，「誰一人取り残さない」社会の実現という目標は，日本社会が直面する深刻な課題の裏返しでもある。

　地域社会の構造変動，コミュニティの崩壊がいわれるようになって久しい。地域社会の構造変動は，高度経済成長期（1955〜1973年）において典型的に現れ，第一次産業から第二次産業，第三次産業への産業構造の転換に伴って，農村部から都市部へ人口（特に中卒や高卒の若い労働者層）が移動し，「都市の過密，農村の過疎」が顕在化した。あわせて核家族化・小家族化が進行し，地域社会の共同性が衰退し，人間関係の孤立・分散化が招かれた。住宅不足，交通事故，生活環境の悪化，産業公害，犯罪などの新しい社会問題が発生し，保育所，高齢者施設などの生活関連社会資本の不足などによる福祉問題が顕在化した。1960年代から1970年代にかけて，公害反対運動，保育運動（「ポストの数ほど保育所を」というスローガン）などの住民運動が高揚し，いわゆる野党系知事や市長による革新自治体が誕生し，地方から政治の変化が引き起こされた。国政に先んじた公害防止条例の制定による産業公害対策や保育所増設などの福祉施策の充実が政治の主要課題となった。

　さらに今日では単身世帯（単独世帯）が増加し，高齢者の孤立や孤独死・孤立死が問題となり，「無縁社会(2)」（人間関係が希薄で孤立する人が増えた社会）と呼ばれるようにもなっている。農村部においても，農業の衰退を背景に過疎化が進展し，「限界集落(3)」（過疎化・高齢化による共同生活の維持・存続が困難な地域）が問題となっている。都市の過密，農村の過疎は，地域社会の崩壊を招くとともに，その実態は社会的孤立と排除の問題として，貧困・格差問題とともに，現代日本の社会問題として，注視されている。

　また，都市部，農村部に限らず，地域公共交通の衰退を背景に「交通弱者」（移動に制約のある人，移動困難者）が問題となり，高齢者を中心に「買い物難民(4)」（近所の商店や商店街が衰退し，買い物が困難になる人）が増加している。高齢者の移動や買い物の困難さは，通院などにも影響しており，地域社会からの疎外，社会的孤立を示す深刻な事態となっている。高度経済成長期に開発された「ニュータウン」（鉄道駅周辺や都市郊外に新たに開発，造成された住宅地，新興住宅地）と呼ばれる住宅団地では高齢化が進展し，いわば「オールドタウン」化しており，交通弱者や買い物難民が問題となっている。

　「施設福祉から在宅福祉への転換」を講じた介護保険制度（2000年）がつくられたにもかかわらず，施設でも在宅でも必要な介護を受けることのできない「介護難民」や「老老介護」など，高齢者の介護問題が山積している。そのほかにも地域社会の生活問題として，ひとり親家庭を中心とした子どもの貧困問題，この問題に対応した地域での取り組みである「子ども食堂(5)」や「フードバンク」（食品ロス削減を兼ねた困窮世帯に食品を供給する福祉活動）も注目されている。さらに，若者が自宅に引きこもり，社会から隔絶された状態が継続化，長期化することを背景にした，いわゆる「8050問題」（80代の親が50代の子どもの生活を支える）もマスメディアに広く取り上げられている。

　以上のように，現代の私たちの地域社会では，日常生活の維持が困難となり，社会参加の阻害や社会関係の欠如，居場所の喪失による社会的孤立という状態が生まれており，特に，子ども・青年，高齢者，障害者に問題が集中している。また過密労働や不安定就労（非正規雇用）の増加など，過酷な働き方が地域生活の維持を不安定にしている。これらの問題解決には，何よりも国や自治体の制度政策，生存権・生活権保障としての対応が必要である。しかし同時に，地域社会におけるこれらの生活問題に対して，「誰一人取り残さない」社会をつ

くるために，市民社会の一人の市民・住民として，多様性を尊重し，共同性を発揮した支えあいの取り組みがなくてはならない。

2．少子高齢化がもたらす日本社会の変化

　前節で述べたような私たちの社会における様々な諸問題は，日本における社会保障や社会福祉に対する人々の期待やニーズの変化として現れ，かつ社会保障・社会福祉の諸制度の改革が求められる背景にもなっている。従来の個人のライフサイクルや家族形態とは大きく異なる社会的変化の背景には，「少子高齢化の進行」があるといえる。この少子化そして高齢化とは具体的にどのような実態を意味するのか，そしてそのことが日本社会にどのような変化をもたらしているのか，考えてみよう。

2-1．人口構造の変化
　まずは，日本社会を構成する人口構造をみてみよう（巻末資料図1）。現在日本の総人口は約1億2,593万人（2020年4月1日現在）である。第二次世界大戦後から総人口は増加が続いていたが，2005年に戦後初めて対前年比で人口減となり，その後減少が続いている。総人口に影響する主な要因には，出生数が死亡者数を上回る／下回ると増加／減少するという自然要因，また日本に3カ月以上滞在する外国人も含むため，入国数が出国数を上回る／下回ると増加／減少するという社会要因がある。近年では就学や就職などで日本に滞在する外国人人口は増加傾向にあるが，それをはるかに上回って死亡者数が増加し，そして出生数が死亡者数を大きく下回っていることで，人口全体が縮小している。つまり，日本社会は人口減少社会に突入しているということである。
　さらに年齢3区分別で人口の構成割合をみると，1990年代以降，年少人口（14歳以下）及び生産年齢人口（15〜64歳）の割合が低下する一方で，高齢者人口（65歳以上）の割合が上昇し，特に75歳以上の後期高齢者人口が急速に増加している。1950年には総人口の5％に満たなかった高齢者人口は，1970年には7％を超え，さらに1994年には14％を超えて，2020年4月1日現在で28.6％の高齢化率となっている。平均寿命の延びとともに，後期高齢者人口は，1990年には総人口の4.8％であったが，2005年には9.1％，2019年には14.7％にまで増

加している。

　年少人口及び生産年齢人口の減少には，出生数及び合計特殊出生率の低下が大きく影響している（巻末資料図2）。2019年の出生数は86万5,234人で，対前年比で5万3,166人減少し，90万人を割り込み過去最低の出生数となった。戦後直後の第一次ベビーブーム期の1949年には約270万人，第二次ベビーブーム期の1973年には約210万人の年間出生数であったが，1975年には200万人を下回り，その後多少の増減はありつつも減少傾向が続いている。合計特殊出生率でみると，第一次ベビーブーム期には4.3を超えていたが，1950年以降急速に低下した。とくに，1989年の合計特殊出生率は，それまで特殊事情により最低となっていた1966年（丙午）の1.58を下回る1.57となり，国による少子化対策の必要性を認識させるものとなった。しかしその後も改善することなく，2005年には過去最低となる1.26となり，その後も低調な状況が続いている。

2-2. 世帯構造の変化

　そして，少子高齢化の進行は，世帯の形，家族が担うとされてきた機能にも変化をもたらしている。1950年代から世帯数が増加傾向にある一方で，平均世帯人員は減少傾向にあり，小家族化が進んでいることが分かる。また世帯類型でみると，夫婦と未婚の子のみ世帯および三世代世帯の割合が低下し，単独世帯及び夫婦のみ世帯の割合が上昇している（巻末資料表1）。

　65歳以上の者のいる世帯に着目すると（巻末資料図3），2019年には全世帯の5割近くを占めており，世帯類型別でみると三世代世帯が減少する一方で，単独世帯が大幅に増加し，夫婦のみ世帯及び親と未婚の子のみ世帯も増加傾向にある。ちなみに高齢者のみ世帯は全世帯の約3割である。つまり，高齢者人口の増加は，核家族化・小家族化の進行と相まって，地域社会の中で高齢者の一人暮らしや高齢夫婦のみで暮らす世帯が増加していることも意味しており，かつては家族機能としてとらえられてきた介護も，老老介護や社会的孤立の問題につながりうる。また，未婚の子（30〜50代）が高齢の親と同居し続ける背景には，非正規雇用による低所得等の事情による未婚化や晩婚化といった要因や，老親の介護を担う一方で親の年金収入に依存しながら生活する家族の存在が指摘される。また，18歳未満の未婚の児童のいる世帯は，1986年には全世帯の46.2％を占めていたが，2019年には21.7％に減少し，いわゆる子育て世帯自体

が減少している（巻末資料表2）。世帯類型別でみると，夫婦あるいはひとり親と未婚の子からなる核家族世帯が82.5％で，三世代世帯は減少し，世帯当たりの児童数も2人以下が87.1％と小家族化が進んでいる。児童のいる世帯減少の背景には，婚姻件数の減少と20〜30代における未婚率の上昇，そして晩婚化に伴う晩産化が進んだことがある。結婚に対する意識の変化だけでなく，特に女性においては妊娠・出産・子育てと就業継続との間での葛藤と選択が迫られる現状があり，男性においては長時間労働を強いられる中，家事・育児への参加が低い水準にとどまる現状がある。

2-3. 貧困と格差の拡大

　現代日本において貧困問題そして格差の拡大が改めて注目されたのは2000年代半ば頃であり，特に機会の平等が保障されるべき子どもの貧困がOECDにより指摘されたことが社会的な関心を高めた（OECD, 2018）。日本における子どもの相対的貧困率は13.5％（2018年）であり，7人に1人の子どもが貧困状態におかれている。また，高齢者世帯では所得格差が大きいことも指摘される。

　生活保護を受給する世帯数は，1990年代以降一貫して増加しているが，その中でも高齢者世帯の割合が圧倒的に多い。高齢化による高齢者人口の多さを反映しているだけではなく，単独世帯や高齢夫婦のみ世帯においては年金収入のみに頼る割合も高く，家族の扶養機能が低下することで生活保護を受給するに至っていることも考えられる。

3．現代社会における社会問題

3-1. 社会問題とは何か

　現代には様々な社会的な諸問題が存在する。これまで見てきたように，人口減少や少子高齢化，それに伴う家族の形態の変化，さらには貧困や格差，地域におけるコミュニティ機能の維持，災害や環境問題など多岐にわたる。

　封建社会では，身分制度が存在し差別が存在していた。また移動は制限され，職業選択の自由なども認められていなかった。さらに「イエ制度」の中で家父長的な家族関係のもと，婚姻も不自由で特に女性や子どもの未権利が常態化していた。現代社会では，こうした封建社会の残滓は，その多くが民主社会の実

現によって克服しつつあるが，それとは異なった様々な問題が人々の暮らしにひずみをもたらしている。特に今日では，グローバル経済が発展し，その影響は一国だけにとどまらない。人々の往来は従来以上に盛んな今日では，例えば感染症によるパンデミックの危機に人々は常にさらされている。

　現代における社会問題とは何か。それは，社会の中で一定の広がりや社会的関心を課題であること，さらには個別の偶発的な出来事ではなく，一定規模の量として存在する現象であること，そして，社会の体制や仕組みとの関連において必然的に表出するもの，といえる。特に大事なのは，こうした社会問題が，政治や経済といった社会の矛盾から生み出されるものであるという理解が重要である。

　ただ，こうした伝統的な社会問題理解には批判もなされてきた。例えば，その「問題」を誰が規定するのか。多くの人々の関心を寄せる問題だけでなく，関心が必ずしも高くない「問題」にも大事な社会問題はあるのではないか，などである。社会学者のロバート・マートンは，社会的関心が必ずしも高くない事柄も，社会学者が専門的知見に基づいて措定することもあることを指摘している（Merton, 1963）。一方で，専門的知見に基づく社会学者による社会問題の措定は，当事者をないがしろにしかねない問題を含む。これに対し，構築主義アプローチのマルコム・スペクターとジョン・キツセは，「社会問題は，なんらかの想定された状態について苦情を述べ，クレイムを申し立てる個人やグループの活動である」と定義し，個人やグループが社会問題と認め，これにクレイムを申し立てる社会成員の「活動」に着目した（Spector & Kitsuse, 1977）。[6]

3-2.　社会問題の諸課題

　社会問題は，社会の構造的な仕組みの中から生み出される諸課題といえるが，具体的にはどのような問題が存在するのか。古典的・伝統的な社会問題は，労働問題や貧困問題，さらには封建的身分差別の残滓からくる基本的人権の侵害の問題などといえる。

　労働問題でいえば，今日の社会においては多くの人たちは生産手段を持たず，自らの労働力を提供し，その対価として賃金を得る，いわゆる「労働者」（被用者）といえる。その労働は，従来は，長時間労働や低賃金が蔓延し，さらには男女間の賃金格差や待遇格差などジェンダーに関わる問題などが存在する。

それだけではなく，国際的に共通の言葉として理解されるようになった「カロウシ」（過労死）は，日本の働き方の矛盾の典型とさえいえる。また現代では，一般従業員だけでなく，管理職と呼ばれる人や中小規模の経営者にさえ矛盾は現れ，管理職であるために残業代がなく長時間の「サービス残業」によって心と体をむしばむほどの労働が強いられている問題や，コンビニエンスストアを営む経営者でさえ，フランチャイズ契約をする大手コンビニエンスストアの高額なロイヤリティや24時間営業を強要され苦しんでいる。現代においては資本主義経済とさらにグローバル経済による影響が人々の労働に多様な社会問題を押しつけている。

　また，暮らし（生活）にかかわる典型的な社会問題の一つは，貧困問題といえる。貧困問題は，従来不安定な就労や失業などにより現れる低所得・低消費の生活状態として捉えられてきた。いわゆる「絶対的貧困」というもので，人間が生存していく上で最低限の暮らしすら営むことを困難にし，経済的貧しさに加え，病気や健康などを蝕んだ。今日では，所得水準や消費水準が向上し，一見すると貧困でないように見えて，生活に様々な無理やゆがみをもたらす「新しい貧困」が存在する。従来の「絶対的貧困」に対して「相対的貧困」とよばれるものである。第6章でみるように，戦後福祉国家の整備によって，イギリスやアメリカでは「もはや貧困はなくなった」というような議論がなされるようになった。これに対し，ピーター・タウンゼントは「相対的剥奪」という概念を用い，地域社会であたりまえの暮らし（標準的な生活スタイル）が営めなくなる状態を「相対的貧困」と表現した。例えば，ひとり親家庭の母親が，家庭生活の維持のために労働に従事しているとする。家族を養うために一定額の賃金を得ているため，所得水準から見れば貧困と思えないが，その収入を得るためにダブルワーク，トリプルワークをして無理をし，自分の健康を害してしまったり，あるいは長時間労働によって子どもとの家庭生活の時間すら確保できない状態に置かれている場合が少なくない。このように一見すると収入もあり，経済的困難に置かれていないように見えても，「生活構造」にゆがみが現れる現象が今日の貧困の特徴ともいえる。

　このように社会問題とは，典型的には労働や生活に関わる問題といえる。真田是（1978，p.8）によれば，「社会問題とは，人間の生存にかかわる問題のことであり，その後の経緯の中で基本的人権の侵害や人間らしい生活を保障され

ていない問題現象に広げられ，総じて，人間らしい労働と生活ということでまとめることができるような現象群を意味するもの」と定義されている。

　もちろん，今日の社会においてはこうした問題だけにとどまらない。気候変動や公害・環境問題，災害など私たち「人間の生存にかかわる問題」は多岐にわたる。例えば，災害は，社会の脆弱性が困難を特定の集団や階層に集中的にあらわれる典型といえる。災害時，被害が集中的にあらわれるのは，障害者や高齢者，貧困層や，女性や子どもなどの人たちである。感染症によるパンデミックでは，罹患の拡大や死亡，あるいは生活困難をもたらすのは，貧困層や特定の階層の者に集中して現れたりもする。また，犯罪や暴力，いじめや不登校など「社会病理」といわれてきた問題も存在する。

3-3.　社会問題としての生活問題

　さらに今日課題とされる社会問題の一つは，「生活問題」といえる。従来の社会問題は，上記のように労働問題や貧困問題がその典型であった。そのため生活に現れる諸問題もこうした問題群を中心に論じられてきた。

　しかし今日では，こうした従来の典型的な諸問題に還元できない課題も生活問題として立ちあらわれるようになった。人口減少の進行がすすむ日本では，過疎・中山間地域における暮らしの維持に課題が生じる。特にこうした過疎・中山間地域では若年層の都市部への流出により，地域における高齢化率が高まり，高齢者の生活課題が表出する。例えば，一人暮らしの女性高齢者であれば，低年金で経済的困難をかかえていたり，あるいは家族規模の縮小などにより介護問題が立ちあらわれたりもする。地域社会をみれば，従来地域で共同して行っていた営み（ゴミ収集や消防活動，祭りなど）を維持することが困難で，地域生活の存立そのものが脅かされる場合もある。

　また，視点をかえて子どもや若者に目を向けると，いじめや不登校が長期化した場合，社会との接点を失い，青年期の引きこもりの問題や，自殺，あるいは家庭内暴力や不和などといった現象としてあらわれる場合もある。

　このように従来の労働や貧困といった問題だけではなく，個人や家族の暮らしの維持にとって，様々な諸問題が生活場面においてあらわれることもある。社会問題としての生活問題は，現象面では個人や家族のそれぞれの個別の問題のように見えていても，基本的な表出のメカニズムは，社会の構造的な仕組み

に規定されながら起こってきている。私たちが学ぶ社会福祉は，まさにこうした社会構造から引き起こされる個人や家族の暮らし，人々の生存に関わる諸課題としての「生活問題」を対象にしているのである。

4．人のいのちと生活を支えるソーシャルワーク

4-1.　社会福祉をめぐる論点

　日本において，社会福祉を論じるとき，制度・政策論と方法・機能論に分かれ，それぞれが議論してきた。制度・政策論の代表的な論者は孝橋正一であり，方法・機能論については岡村重夫である。

　真田是らによる『戦後日本社会福祉論争』では，生活保護問題や社会福祉事業といった「福祉問題」を資本主義体制の構造的矛盾に由来する貧困の再生産に発する政策と捉える孝橋正一の立場を「経済貧困化論」と説明している。これは，「福祉問題」は体制の如何にかかわらず人間の社会生活に関わる制度の障害，生活問題として捉える岡村重夫の「生活的機能論」との対立であった。

　この制度・政策論と方法・技術論との論争は，「社会福祉とは何か」をめぐって交わされた議論といえる。その背景には，第二次世界大戦後の生活問題や高度経済成長がもたらした社会構造，経済構造の大きな変化があったといえよう。この議論を歴史上の議論として捉えるのではなく，複雑かつ多様化する社会問題の中で，今もなお今日的な課題として考えていかなければならない。特に，社会福祉の対象は，社会問題としての生活問題が個人や家族の生活に立ちあらわれている問題群である。そのため問題をかかえる個人や家族に向き合い，マクロな視点をもって日本社会の構造的矛盾に目を向けながら，具体的な生活問題の解決と個人の人権尊重，ウェルビーイングの増進に向けたミクロな社会福祉実践に取り組む姿勢が求められる。

4-2.　ソーシャルワークとは何か

　現在，日本では多くの大学・短期大学等で社会保障・社会福祉（保育や介護を含む）を学ぶようになってきている。社会福祉士や精神保健福祉士，あるいは保育士や介護福祉士など，読者の中には，今後対人援助の場面において実習等を通じ，地方公共団体や病院，社会福祉法人，社会福祉協議会など，さまざ

まな現場において，「ソーシャルワーカー」と呼ばれる社会福祉の専門職に出会う人もいるだろう。

では，そのソーシャルワーカーとはどのような人だろうか。

本書で学ぶ様々な社会問題は，私たちの現実生活において，生活上の困難としてあらわれる。日本社会福祉士会では，ソーシャルワーク専門職のグローバル定義（第12章参照）を拠り所として，社会福祉士の倫理綱領を定めている。

4-3.　ソーシャルワークの実践

山縣文治は，社会福祉における支援の基本的枠組みを図1－2のように示している。それは，大きく4つの構成要素から成り立っているとしている。

一つは，社会福祉が対象とする問題である。何が問題であり，何が社会福祉における問題ではないとするかは，時代や社会の状況によって変化するが，社会福祉が取り組むべき範囲を示したものである。

2つ目は社会資源である。今日社会的に求められている，問題を解決するためのさまざまな社会資源がここに含まれる。

3つ目は援助者と援助技術である。問題が存在し，それに対応するサービスがあればうまくいくかというと必ずしもそうではなく，実際は問題を抱えながらもそれを解決するサービスがあることを知らない，または知っていてもどのようにアクセスすればよいのかわからない人が少なくない。個人が抱えている問題とそれを解決するための社会資源をつなぐのがソーシャルワーカーである。

そして4つ目が援助観である。支援に携わる動機が「誰かの役に立ちたい」という個人的な動機であることは少なくない。しかし，ソーシャルワークの実践においては，個人的な動機や熱意（Passion）ではなく，ソーシャルワーカーの共通基盤となる価値や倫理に根差した支援が展開されることが求められる。

ソーシャルワークに関心を持たれた皆さんは，本書を通して，現代の日本社会においてどのような社会問題が私たちの生活の中に存在するのかを学ぶと同時に，ソーシャルワーク専門職のグローバル定義をはじめ，ソーシャルワークの根幹となるさまざまな理論についても学んでいく必要がある。

今日私たちは，社会の大きな変化の中で新しい生活問題が生じること，それらに直面する人々への支援が求められることも理解しておく必要がある。1995年の阪神・淡路大震災や2011年の東日本大震災，2020年頃から続く新型コロナ

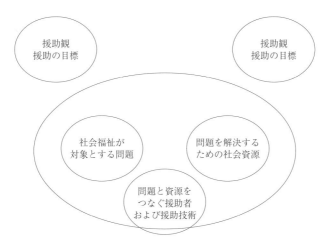

図1-2　社会福祉における支援の基本的枠組み
出所：山縣（2014, p.5）を基に筆者作成。

ウイルス感染症の拡大など，自然災害や新たな感染症の発生によってそれまでにはなかったような生活問題が立ちあらわれることもある。

　社会福祉の歴史では，常にこうした個人や家族の中に現れる様々な生活問題に向き合い，可視化しかつ支援してきた実践をもつ。例えば広島や長崎での原爆被害者を支援した医療ソーシャルワーカーらの取り組みや，聴覚障害者当事者らによる国家資格の欠格条項改正[7]などは，生活問題をかかえる個人や家族に寄り添いながら，社会に変化を働きかけ，新しい制度の創造を働きかけるソーシャルワーカーとしてのソーシャルアクションの一つと言える。

　社会の中で生きる私たちは，人生の様々な場面において，いのちと暮らしに様々な困難をかかえることもある。社会の大きな変化に翻弄され影響を受けながらも，おかれた家庭や境遇に左右されることなく，地域の中で尊厳をもって人としてのあたりまえの暮らしを営むことは，誰もが持っている権利である。社会福祉は，こうしたいのちと暮らしを支える制度であり実践である。

─── 演習問題　考えてみよう・調べてみよう ───

　私たちが生活する上でかかえる様々な生活問題について，どのような課題が個人や家族にあらわれているかを考えてみよう。

注

(1)　SDGs については国際連合広報センター HP（https://www.unic.or.jp）を参照。

(2)　「無縁社会」は NHK の番組タイトルがきっかけになり，その後広がった（NHK スペシャル取材班〔2012〕）。

(3)　「限界集落」に関する書籍はいくつかあるが，山下（2012）を参照。

(4)　「買い物難民」は，杉田（2008）などの書籍で広く知られるようになった。

(5)　「子ども食堂」についての書籍はいくつかあるが，阿部ほか（2018）を参照。

(6)　社会問題の機能主義と構築主義のアプローチの違いについては，赤川（2012）などを参照。

(7)　薬科大学を卒業し，国家試験に合格しながらも薬剤師法の欠格条項に基づいて免許申請を却下された聴覚障害者らが署名運動を展開した結果，2001年の法改正で欠格条項が改正されている。

参考文献

赤川学（2012）『社会問題の社会学』弘文堂。

阿部彩ほか（2018）『子どもの貧困と食格差──お腹いっぱい食べさせたい』大月書店。

NHK スペシャル取材班（2012）『無縁社会』文春文庫。

真田是（1978）『現代社会問題の理論』青木書店。

杉田聡（2008）『買物難民──もうひとつの高齢者問題』大月書店。

山縣文治編（2014）『よくわかる子ども家庭福祉 第9版』ミネルヴァ書房。

山下祐介（2012）『限界集落の真実──過疎の村は消えるか？』ちくま新書。

Merton, Robert, K.（1966）"Social Problems and Sociological Theory" in Merton, R. K. & Nisbet, P. A.（eds.）*Contemporary Social Problems 2nd ed.,* Harcourt Brace.（＝1969, 森東吾訳「社会問題と社会学理論」『マートン　社会理論と機能分析』〔現代社会学体系⑬〕青木書店。）

OECD（2018）Family Child Poverty in the OECD.

Spector, M. & Kitsuse, J. I.（1977）*Constructing social problems,* Menlo Park, CA: Cummings.（＝1990, 村上直之ほか訳『社会問題の構築──ラベリング理論をこえて』マルジュ社。）

さらに学ぶために

ベスト，ジョエル／赤川学訳（2020）『社会問題とは何か──なぜ，どのように生じ，なくなるのか？』筑摩書房。

<table>
<tr><td>第2章</td><td>家族をとおして社会を考えてみる
——親密な関係における社会病理とジェンダー
　の視点から
 中村　正 </td></tr>
</table>

本章のねらい

家族は社会福祉を考えるテーマにあふれている。このことについて，自らの体験を振り返りながら考えてみる。家族はあまりにも自明なものとして存在しているので見過ごしてきた，そこに含まれている興味深い事柄について家族関係を語る言葉や事象を紹介し，振り返ることができるようにしてみた。家族の中の社会病理としてドメスティック・バイオレンス（DV）と子ども虐待を取り上げる。特に新しい言葉として指摘されている「面前DV」等に言及する。さらに，家庭内暴力の理解だけではなく社会福祉の学習に必要なジェンダーの視点も紹介する。

―― キーワード ――

親密な関係性，ドメスティック・バイオレンス（DV），子ども虐待，ジェンダー

1．家族は研究のテーマにあふれている
——自己の体験にそくして考えてみる——

1-1．家族の中に生まれる

　個人としてまず家族という小さな社会に出会う。そこでの体験をとおして考えてみる。あなたを産んでくれた母がいる。そこからあなたの人生が始まった。父もいるので妊娠・出産は生物学的な事象としてあるが，生まれ出ずる過程をよくみると社会的に構築された諸関係の網の目の中の出来事だとわかる。なんといっても出生は，医療の水準にも左右される。健康をめぐる社会的格差という社会構造がある。5歳未満の乳幼児死亡率をみると日本社会の中でも地域差がある。

　続いて「出生届」が提出され，社会的存在としてのあなたが法的に誕生する。そこにはあなたの名前が書かれている。名前は女らしいだろうか男らしいだろうか，中性的だろうか。あなたの親はその時どんな婚姻形態にあったのだろうか。ちなみに筆者は家族を成しているが，婚姻届を提出していない。事実婚と

いう。この場合，子どもの父親として任意の認知届を提出することになる。子どもは非嫡出子扱いである（婚姻関係にない男女間に生まれた子）。事実婚の場合，名字は母の姓となる。法律婚ではこうならない。「夫婦は，婚姻の際に定めるところに従い，夫又は妻の氏を称する」と民法第750条は定めている。これを「夫婦同氏制」という。筆者は日本国憲法第14条の定める平等の考え方に基づきこれに賛成できないので，「選択的夫婦別氏制度」がよいと考えている。何事につけ社会制度としては選択肢が複数あった方がよいと思うからだ。非嫡出子・婚外子と嫡出子，事実婚・内縁関係と法律婚，シングル家族（母子家庭が多い），子どもの認知，養子縁組・特別養子縁組，里親里子関係，乳児院での生育など，出生の過程にはたくさんの社会制度が織り込まれていることがわかる。なお，婚外子と非嫡出子の割合は家族の多様性の指標であるが，日本はこの割合が極端に少ない（2.3％）（厚生労働省，2018）。これらは比較家族研究の論点である。

　他にもある。あなたには兄弟姉妹はいるだろうか。少子化は一貫して続いている。1958年からだいたい2人になった。合計特殊出生率は減少し続け，1.42となっている（2018年）。また親が離婚することもある。そうなるとあなたの姓はどうなるのだろうか。離婚後，約80％は母親が親権を得るがどうしてだろうか。母子家庭になると生活が心配だ。離婚した父はきちんと養育費を支払うだろうか。50年前は父親が親権を得る家族の方が多かった。どうして逆転したのだろうか。

　一方で変化も著しい。多様な家族の出現である。憲法第24条では，「婚姻は，両性の合意のみに基いて成立」するとされているが，同性同士の場合は婚姻できないのだろうか。子どもがほしいと願う同性カップルはどうすればよいのだろう。パートナーシップを結んだ者同士が異性愛夫婦のように，公営住宅に入居できる，手術の同意を行うことができるなどとする日本の自治体は京都市も含めて80近くある（2020年8月現在）。

1-2. 出生をめぐる社会的事情

　出生をめぐる社会的事情はまだある。例えば，予期せぬ妊娠と望まない妊娠で棄児となることもある。場合によっては嬰児殺害もある。これは犯罪だ。子どもを愛することができない母（産褥期のうつなどの精神疾患もある）の場合もあ

れば，父が不在もしくは不明のこともある。出生届が無い「無戸籍者」が1万人ほどいるとされているが，その子どもはその後どうなるのだろうか（井戸，2017）。

　さらに日本は少子化対策もあり不妊治療が盛んな国である。第三者の精子の提供により産まれた子どももいる。遺伝子上の父が存在する。それは原則，匿名である。この場合，「子どもの出自を知る権利」（「子どもの権利条約」や日本国憲法第13条「個人の尊重や幸福追求権」）はどうなるのだろうか。親はその真実の告知をどのようにすべきなのだろうか（非配偶者間人工授精で生まれた人の自助グループ会員，2010）。

　また，後に性別違和感を覚えるかもしれないが外性器の形状に基づき性別が決定される。もしあなたが性別に違和感をもった場合はどうすればよいのだろうか。さらに生まれる前に，どのような病気や障害を持っているかを調べる出生前検査もあり，中には優生思想につながるものもある。これは何のためにあるのだろうか。あなたは生まれる前に検査されていたのだろうか。

1-3.　コロナ禍の家族——Stay Home の内側で

　そして現在。コロナ禍時代である。Stay Home といわれている。留まりたくない家庭だったらどうすればよいのかという想像力は大切だ。DV や虐待がある家庭の被害者にそれでも留まれと言えるのか。Home は生活まるごとを抱え込む。コロナ対策と家族について考えるべきことは多い。これは貴重な経験なので記憶しておきたいものだ。

1-4.　家族は舞台

　こうして，個人の生は，家族をとおして開始される。そこに社会が埋め込まれている様子がわかる。数々の社会問題，生活問題，人権問題が見え隠れしている。社会福祉の課題も多く含まれている。出生をめぐる事項だけでもこれだけ多様な論点がある。家族生活をとおしてその社会の主流の生き方（マジョリティという）に即して生が構築される。家族をめぐって，政治，経済，法律，心理，教育，看護，宗教，医療など，あらゆる領域が交差しているともいえるだろう。こうした「あなたの体験」をとおして社会構造がみえてくる，その場としての家族を考えることは社会福祉の学びにとって刺激的なテーマを含んでいる（ここに紹介した論点以外の現代家族の多様な争点を集めた書物がある。〔落合編，

2020]）。

2．家族の社会病理とは

2-1．家族の社会病理──家庭内暴力と対策

その典型的な問題として家庭内暴力がある。家族の社会病理である。この20年ほどの家族の現実を反映して家庭内暴力についての新しい法律の制定が相次いだ。もちろん殺人や暴行・傷害の罪となるのだが，家庭内暴力の心理社会的背景を考慮し，刑法とは別の次元での対応が必要となり，事前に当事者同士を分離する命令制度が含まれている（DVは保護命令，ストーカーは接近禁止命令，子ども虐待や高齢者虐待は親子分離措置という制度がつくられている）。

「児童虐待の防止等に関する法律」（2000年制定）は，暴力を加えること，児童にわいせつな行為をすること，児童をしてわいせつな行為をさせること，子育ての放棄，拒否，長時間の放置（ネグレクト，つまり養育拒否）を対象にしている。さらに，親が子の面前でDVをふるった場合は，目撃体験となり，心理的外傷を与える可能性があり，虐待と定義されている。

「配偶者からの暴力の防止及び被害者の保護等に関する法律」（2001年制定）は，「身体に対する暴力，又はこれに準ずる心身に有害な影響を及ぼす言動」を対象にし，離婚後の元配偶者同士，同居している人も対象とされる。

「高齢者虐待の防止，高齢者の養護者に対する支援等に関する法律」（2005年制定）は，家族などの養護者と老人福祉施設の介護従事者に高齢者の虐待を禁止したものである。高齢者の身体に外傷が生じるような暴行，適切な介護をせずに放置すること，暴言を吐くこと，拒絶的な対応をすること，心理的外傷を与える言動，高齢者の財産を不当に処分することなどを禁止する。

関連する法律として「ストーカー行為等の規制等に関する法律」（2000年制定）がある。これは同一の者に対し，つきまとい（身体の安全，住居などの平穏若しくは名誉が害され，又は行動の自由が著しく害される不安を覚えさせるような方法により行われる場合に限る）を反復してすることが取り締まりの対象となっている。まちぶせ，監視，不快または嫌悪の情を催すような，例えば，何度も電話をかける，汚物を近くに置くなどの具体的な行為が挙げられている。

表 2 - 1　　親族間殺人の動機別分類（2018年）

動機別	検挙件数	比率(%)
1）憤怒・怨恨	48	11.5
2）介護・看病疲れ	31	7.4
3）異常酩酊・精神障害	18	4.3
4）子育ての悩み	17	4.1
5）生活困窮	11	2.6
6）その他	293	70.1

注：平成30年の殺人の全検挙者886件のうち418件が親族間で47.2%
　　を占める。
出所：法務省・法務総合研究所令和元年版『犯罪白書』警察庁統計
　　より。

2-2.　親族間殺人と親密な関係

　家族関係の特徴は，夫婦と親子という親密な関係性の重なり合いにある。親密さは互いの距離が近く，喜怒哀楽豊かに感情的交歓を行うことから成り立つ。その裏返しで心理的葛藤も大きくなる。家族は感情的な関係性であり，身体的な共生を基本とする。共に食べ，寝て，生きる。誰かが誰かのケアをする。育児，介護，介助，看病という「自助・共助」が成り立つ私的で共同的な領域である。社会福祉は公助の仕組みなので，それともつながって社会と家族の関係ができあがる。

　家族の中の社会病理は，距離が近い，親密である，感情が交差するなどの関係性の特性に即してあらわれる。葛藤が高じていけば家庭内暴力となり，家庭内殺人へと至る。愛憎入り乱れた結果である。貧困や病気を苦にした心中（日本的な言い方であるが殺人と自殺の混合），介護と関わる疲労，DV・虐待による死，「尊厳死・安楽死」や嘱託殺人，自殺幇助，殺人の場合もある。元夫婦・恋人によるストーキング型殺人もある。

　2018年の「親族間殺人（配偶者，親，子，兄弟姉妹，その他の親族）（未遂含む）」は418件だった。2018年の殺人事件全体の摘発は886件あり，ほぼ半数の47.2%となっている。動機別では表 2 - 1 のとおりである。さらに，加害者との関係別では，被害者が「配偶者（内縁を含む）」は153件（36.6%）で最も多く，「親」が114件（27.3%），「子」は93件（22.2%）で 3 番目に多かった。「兄弟姉妹」「その他親族」と続く。愛憎入り混じるその諸相がみえてくる（警察庁，2017）。

　関係性の病理の典型としての家庭内暴力事件が増えていることが現代家族の

特徴である。そこで虐待問題と DV 問題を例に家族を考えてみる。

3．事件をとおして考える
——千葉県野田市虐待事件（2019年）が意味すること——

3-1．野田市虐待事件の概要

　2019年 1 月。自宅浴室で小学校 4 年生の女児が倒れているのを発見し，後に自宅で死亡が確認された。女児は父親から首のあたりを鷲づかみにされる，冷水のシャワーを浴びせられる，髪を引っ張られるなどの暴行を受けた疑いがあり，虐待死と判断された。父母を傷害の容疑でそれぞれ逮捕。女児にはアザがあり，服の上から見えない部分に集中していたため，父親は虐待が発覚しないように暴力を加える箇所を選んでいた可能性があるとみて捜査が行われた。父親によれば，休まずに立たせる暴行は13時間にわたって続いたと報じられている。母親によれば，死亡する 2 日前には父親が女児を起こして立たせ，眠らせないことがあったとされる。スマートフォンで撮影したとみられる女児が泣いている姿が映った動画が発見された。そこには浴室内で女児に排便をさせ，その排泄物を手に持たせた写真もあったという。千葉地検は父親を傷害致死と傷害で，母親を傷害幇助でそれぞれ起訴した。2020年 3 月19日，千葉地裁は懲役16年（求刑懲役18年）の判決を父親に言い渡した。「犯行態様の異常なほどの陰惨さとむごたらしさ，固着したとも評すべき心愛への虐待意思などが浮かび上がっている」「本件は，量刑傾向を大きく超える極めて悪質性の高い事案であるといえる」「死者一人の傷害致死罪全体の最も重い部類と位置づけられるべきである」と判示した。「被告人の意思決定には，酌量の余地などみじんもなく，極めて強い非難が妥当する」と判示した。

　女児は2017年11月 6 日に小学校で行われたアンケートに「お父さんにぼう力を受けています。夜中に起こされたり，起きているときにけられたり，たたかれたりしています。先生，どうにかできませんか」と記していた。児童相談所が2017年頃に被害者を一時保護していた。しかしアンケートのコピーを女児に無断で，野田市教育委員会は激しく要求されたという理由で父親に渡していた。児童相談所が，虐待のリスクが高くなったにもかかわらず，女児を施設から自宅へ戻すことを決定していた。

　他方，母親は「傷害幇助」で裁かれた。2020年 6 月26日に千葉地裁判決は求

刑より重い懲役2年6月及び5年の保護観察付き執行猶予と判示した。

3-2.　家族の社会病理を象徴する事件

　この事件は現代の家族問題を象徴する典型的な事件である。虐待事件であるが，母親は幇助の罪だった。それは夫のコントロール下にあったという意味にほかならず，DV問題としても裁かれた。虐待防止法，DV防止法は二重の体系となっていて所管する部署が異なる。しかし現実の家族では両者は一体となっている。

　さらに，身体的な暴力はもちろん犯罪となるが，家族間の暴力は，通り魔的な暴力とは違い，①それが日常的であり，一定の関係性に根ざしていること，②人格否定となる心理的な暴力が伴うこと，③服従を強いるコントロールがあることを特徴とする。この事件は母親が夫のDVにより虐待行為をさせられていた点を無視できない。裁判も世論もその点をあまり考慮せず，母親の養育責任を指摘した。助けるべきだったというのだ。DVでコントロールされていたので，「娘に暴力が振るわれれば，自分は被害にあわない」という母親の発言をめぐって母親は非難にさらされた。判決もそうだった。「虐待を受け続けていた少女に対して救いの手を差し伸べられる唯一の監護者であり，かつ，夫による一連の行為や虐待の意図を認識していた」が「制止もせずに放置し，夫の指示に迎合して，夫の虐待を容易にした」と指摘していた。

　しかし他方では，幇助行為について「一概に非難を向けることが困難な事情」も認定していた。母親が精神疾患を患い，精神的に脆弱で，恐怖や圧力を回避するために自己の意見を述べることが難しく，他者の意見に迎合しやすい性格傾向を有していたとした。その上で，「周囲に相談相手もなく孤立し，高圧的，支配的言動を重ねる夫の意向に抗うのが困難な状況に陥っていた」と判断した。「自己の意向を強く押し通そうとして他者に与える圧力は相当なものであった夫の支配的言動の強い影響により，その意向に逆らう行動に出ることが相当難しくなっていた」と判断してもいる。幇助は実行者（夫）に従属してその行為を容易にする行為のことである。夫のDVのコントロールの強さを示している面もある判断だが，母親の精神的な弱さにも帰している。DVの強さやその結果の弱さであることはもっと考慮されてもよいし，その旨の指摘があるべきだろう。父親は最後まで「しつけが行き過ぎた」「日常的な虐待はな

かった」と言い，控訴した。

　なお，重篤な虐待事案については厚生労働省が検証報告書を公表している。「子ども虐待による死亡事例等の検証結果等について」（社会保障審議会児童部会児童虐待等要保護事例の検証に関する専門委員会）があり，ネットで入手できるのでケース研究してみるとよいだろう。

　なお，本節における事件の経過に関する部分は，千葉地裁の判決文からの引用である。裁判所サイトから閲覧できる（それぞれ，2020年9月1日アクセス）。

- 父親の判決文（https://www.courts.go.jp/app/files/hanrei_jp/455/089455_hanrei.pdf）
- 母親の判決文（https://www.courts.go.jp/app/files/hanrei_jp/886/088886_hanrei.pdf）

4．関係コントロールと親密な関係
——DV の特性とは何か——

4-1．増える DV

　ここで DV それ自体について検討しておきたい。全国の児童相談所が2017年度に児童虐待の相談・通告を受けて対応した件数が，過去最多の13万3,778件となった。増加の背景には，子どもの前で親が家族らに暴力をふるう「面前DV」を心理的虐待として警察が積極的に通告していることがある。「DV の目撃」について，2019年の統計では，通告児童数では3万5,944件があり，全体の中の44.8%となっている。

　相談や通告の件数が増えることは，DV という言葉が社会に広がり，被害の顕在化が進んでいることでもある。もはや夫婦喧嘩ではすまなくなっている。

4-2．それは「愛の鞭」ではない

　家族の中の暴力は，「愛の鞭」「コミュニケーションの一環」として容認されてきた。日常の暴力である。その一環に DV がある。とりわけ，親子におけるしつけ，夫婦における夫婦喧嘩として放置されてきた。これに近いのは師弟関係における指導という名の暴力である。しかし，2000年代の各種の法律制定の結果，「日常の暴力」をめぐる事情は変化した。夫婦喧嘩ではなく「DV」，

しつけではなく「子ども虐待」、指導や叱咤激励ではなく「体罰」、熱い恋愛感情ではなく「ストーキング」、遊び・からかい・おふざけではなく「ハラスメント」「いじめ」「いじり」、介護疲労の発散ではなく「高齢者虐待」として再定義もしくは認知されてきた。

4-3. 拡大する「暴力」の定義

　この種の対人暴力は、身体的、心理的、感情的、言語的な暴力として定義されている。保護すべき責任ある人が必要なケアをしないネグレクト（怠慢）も暴力とされる。

　暴力の予防や加害者対応を考えていく上で重要なことは、こうした形態や類型をもとにして暴力を把握するだけではなく、「関係性の暴力」であることの理解が重要となる。筆者は、社会学者であるエバン・スタークの言う「強制的なコントロール（coercive control）」というアプローチを参考にしている。

　スタークは著書の中で、①威嚇（脅す）、②孤立させる、③コントロールするという3つの要素を重視して、この種の対人暴力を把握している。類似の暴力は、DVや虐待だけでなく、誘拐・監禁、ハラスメント、ストーキング、カルト集団のマインドコントロール、いじめの起こる仲間関係にも見られるという（Stark, 2019）。

4-4. DV を受けているのに彼といる方が安全だと思う被害者の心理

　DV被害者から話を聞くと、加害者の言動に共通することがある。「自分のものを買うときにいつも一緒に付いてくる。『僕の好みの女性になってほしい』と言う。自分が自分でなくなっていく感じがする」「交通の便の良くないところに住んでいるので免許が欲しい。必要なのに、免許を取るのを許してくれない。『運転が下手だから』って言う。だから、いつも彼の車で行動することになる」「『習い事をしている』と言うと、『それは男性から教わるのか』って聞いてくる」「『同窓会に行く』と言うと、イヤな顔をする」「DVを受けているのに、なんだか彼といる方が安全だと思うような意識になったことがある。実家に逃げていると追いかけてきたり、メールが頻繁に入ったりするので結局一緒にいることで落ち着く」「『今日は何をしていたのか』と聞いてくる」「『死んでやる』と言われると別れられない。元の関係に戻ることが多い」という声を

聴いてきた（筆者とのカウンセリングから）。

4-5.　被害者に落ち度があるという意識

　　さらに，DVや虐待の加害者側の説明には特徴がある。「俺をバカにしているのか」「暴力はコミュニケーションである」「俺は正義である」「アルコールが入っていて頭が真っ白になっていた」「ささいなことだった」「相手が俺を怒らせる」「愛情の証しとしての暴力だ」。これまで筆者が対話してきた加害男性の多くは，実際にこのような言い方をする。これは，「被害‐加害関係のねじれ」といえる。そして，被害者にも落ち度があるという意識を加害者がもっている点は要注意である。

　　さらに自らの暴力を性欲やアルコールのせいにする男性も多い。「欲望の機械」として，あたかも自動的な反応をしているかのようである。親密な関係性であることから相手方は他者であることの認識が弱く，一体的な感覚を相手に向けている。非対称な関係性に根ざして暴力が発現するこうした特徴を，スタークの捉え方を参考にして「関係コントロール型暴力」として把握するようにしている。加害者は満足感や達成感を得て，統制していることの快楽を満たす。コントロールされるのは被害者の意識と心理である。関係がねじれていく。被害者が「関係を続けることが安全だ」という転倒した意識状態に陥ることだ。

　　加害者は，被害者の自責の念を利用してコントロールする。被害者は自己非難や自尊心の低下を招く。経済的な生活を加害者に依存していれば，ますます関係性は固定していく（Bancroft & Silverman, 2011 = 2017）。

5．家族はジェンダーをとおして社会を再生産する

5-1.　ジェンダーの視点

　　家庭内暴力の被害者は女性，子ども，高齢者であることが多い。家庭内暴力の被害は社会的に脆弱な層へと向かう。特にDVはジェンダーの暴力という面がある。この点について欧州評議会（47カ国加盟，日本はオブザーバー参加国）の「イスタンブール条約」（2011年採択，「女性に対する暴力及びドメスティック・バイオレンスの防止に関する欧州評議会条約」が正式名称）がある。条約は家庭内暴力をはじめとして社会に存在する多くの暴力をジェンダー問題として把握して

いる。日本も同じで，法律は「配偶者間暴力」としているが実態としては男性から女性への暴力が多い。高齢者虐待では息子や夫介護者による女性への虐待となる。さらに男性と男性の暴力（暴力を振るう息子を殺害した父親の事例や思春期青年期暴力の加害となる息子の事例）もあり，明らかに「ジェンダー暴力」という面がある。

　では，ジェンダーとは何か。生物学的な性を意味する性別（sex）とは区別して，ジェンダーは社会的，文化的に作られた性のあり方を指示する言葉である。それは女性性（女らしさ）や男性性（男らしさ）として構築される。具体には，身のこなし方，言葉遣い，装い方，行動様式，職業適正などである。これは社会的文化的に決められる。

　その多様性を，2つの極としての性別へと類型化し，生き方や暮らし方を指示し，拘束する作用をジェンダー作用といい，それをとおして性別役割分業というジェンダー秩序ができあがる。ジェンダーの意識は生得的に保持されているのではなく，社会的行動，長い間の習慣，社会からの期待，メディアの影響，社会制度などによって構築される諸効果として捉えるべきである（伊藤ほか，2019）。

　なお，日本はジェンダーの不平等が甚だしい国である。「世界経済フォーラム（World Economic Forum）」が「Global Gender Gap Report 2020」を公表している。各国の男女格差を測る「ジェンダー・ギャップ指数（Gender Gap Index: GGI）」が含まれている。この指数は，経済，政治，教育，健康の4つの分野のデータから作成されている。2020年の日本は153カ国中121位だった。なお，アイスランド，ノルウェー，フィンランド，スウェーデン等の北欧諸国がトップを占めている（World Economic Forum, 2020）。

5-2. それは愛として語られる

　ジェンダーを家族に引き寄せて考えてみよう。家族はジェンダー再生産の場として機能している。近代家族の典型としての核家族は異性愛結婚を前提にしている。近代家族は「夫が稼いで妻は家庭を守る」「男が主役で女は補佐」「男性は公的領域を担い，女性は私的領域を担う」「家事育児や介護は女性の仕事」など，性別役割分担を前提に存在してきた。この性別役割分担による家庭内での愛という名の無償労働の不均等な配分こそが，家族の中のジェンダー問題で

ある。

5-3.　男性の問題とジェンダー

　ジェンダーは女性学としてスタートした。思潮としてはフェミニズムを誕生させた（Hooks, 2000＝2020）。ジェンダー論は女性学の見地を引き継いで発展してきた。社会福祉と家族を考える際に不可欠の視点となっている。家庭内暴力の課題だけではなく，女性の貧困や子どもの貧困と生活の保障，性別役割分担の変更，福祉ニーズのある人への在宅ケアの分担，子育ての分担，家事労働の負担などの課題は家族に山積している。さらに筆者は男性問題の課題も大きいと考えている（天野ほか，2009；中村，2001）。

　長時間労働，犯罪と非行の暴力や逸脱，自死，路上生活，対人暴力などの社会病理の諸指標をみれば男性が多いことがわかる。これらはジェンダー論が拓いた男性性に関わるテーマ群である。社会福祉の課題も含まれている。

6．家族のこれから
——多様性の承認へ——

　さて，みなさんの育った家族はどうだったろうか。虐待事件自体は，みなさんには関係のないことかもしれない。しかし微細にみていくとどの家族でも起こりうることが含まれている。そうした個人の体験と重ねて社会福祉の学習が動機づけられていくとよいのだろう。さらに，ジェンダー体験は確実にあなたの中にある。男性問題をみれば男性もジェンダーとは無関係ではない（清田，2019）。社会福祉の学びの中で，社会福祉の諸実践の過程で，そして生きていくこれからの人生において，家族とジェンダーに無関係ではいられない。なによりも親密な関係性という身近な世界がはらむ緊張や葛藤はどこにでもあるので，暴力へと至らないことを願う。それに貢献する福祉でありたいと思う。単身者が増え，生涯未婚率が高まり，離婚と再婚の結果，継父母や継子からなる家族も多くなり，全体として家族は多様化をすすめている。家族への福祉のあり方も変化を遂げていくだろう。そのゆくえを見定めていくためにも，社会病理やジェンダーの視点から家族を考える確かな知識を得たいものだ。

┌─ 演習問題　考えてみよう・調べてみよう ─
　家族の多様化がすすんでいる。出生の段階のことだけではなく，子ども
時代，思春期・青年期，親の生き方など，人生の諸相に重ねて「家族関係
とジェンダーの視点」から自分の人生に織り込まれてくる社会について考
えてみよう。
└

参考文献

天野正子ほか編（2009）『男性学』（新編 日本のフェミニズム⑫）岩波書店。

井戸まさえ（2017）『日本の無戸籍者』岩波新書。

伊藤公雄ほか（2019）『女性学・男性学——ジェンダー論入門』有斐閣。

落合恵美子編（2021）『どうする日本の家族政策』ミネルヴァ書房。

警察庁「平成29年の刑法犯に関する統計資料」2017年。

厚生労働省（2018）「人口動態統計」。

中村正（2001）『ドメスティック・バイオレンスと家族の病理』作品社。

非配偶者間人工授精で生まれた人の自助グループ会員（2010）「子どもの出自を知る
　　　権利について—— AID（非配偶者間人工授精）で生まれた子どもの立場から」
　　　『学術の動向』2010年5月号，46-52頁。

Bancroft, L. & Silverman, J.（2011）*The batterer as parent: addessing the impact
　　　of domestic violence on family dynamics,* SAGE Publications.（= 2017，幾島幸
　　　子訳『DV にさらされる子どもたち——加害者としての親が家族機能に及ぼす影
　　　響』金剛出版。）

Hooks, B.（2000）*Feminism is for Everybody,* South End Press.（= 2020，堀田碧
　　　訳『フェミニズムはみんなのもの——情熱の政治学』エトセトラブックス。）

Stark, E.（2019）*Coercive Control: How Men Entrap Women in Personal Life,*
　　　Oxford University Press.

World Economic Forum（2020）Grobal Gender Gap Report 2020.（https://www.
　　　weforum.org/reports/gender-gap-2020-report-100-years-pay-equality，2020 年 9
　　　月1日アクセス）

さらに学ぶために

日本社会病理学会監修（2016）『関係性の社会病理』学文社。

畠中宗一・広瀬卓爾・清水新二編（2004）『社会病理学と臨床社会学——臨床と社会
　　　学的研究のブリッジング』（社会病理学講座④）学文社。

中村正（2021予定）『暴力の臨床社会学（仮題）』人文書院。

マイクロアグレッション翻訳会編（2020）『日常生活のなかのマイクロアグレッション』明石書店。

<table>
<tr><td>第3章</td><td>子どもの権利と福祉</td></tr>
</table>

第3章	子どもの権利と福祉

石田賀奈子

本章のねらい

　本章では，社会の中で「子ども」がどのように位置づけられ，どのようにその権利が確立してきたのか，その歴史をたどった上で，現代社会における子どもをめぐる様々な問題について触れる。さらに，「子ども」という概念は，社会の変化とともに大きく変わってきた。そして，現代の社会においても，子どもや，子どもを育てる家族が置かれている状況には，虐待や貧困など，様々な問題がある。ここでは，子どもの育ちや子育てをめぐって，現代社会に存在する様々な問題について触れた上で，それらに対応する様々な社会資源について学ぶ。そして子どもの福祉に携わる上で必要な視点について考えていきたい。

──── キーワード ────

子ども，児童の権利に関する条約，児童福祉法，児童虐待，家族中心ソーシャルワーク

1．子ども家庭福祉を学ぶために

　大学で社会福祉を学ぼうとしている人の中には，「子どもに関わる仕事に関心がある」ということを動機とした人もいるだろう。

　社会福祉の実践において，利用者のウェルビーイングを増進させるために援助技法を高めることは重要である。しかし，対人援助の技法を獲得し，向上するだけでは不十分である。

　本章では，児童福祉理念の基盤となる子どもの権利について学んだ上で，児童福祉の理念，法体制，そして子どもを取り巻く今日の様々な社会問題について考えていく。

2．子どもとは何か

2-1．子どもの誕生

2-1-1．「子ども」の法律的定義

「子どもとは何か」という問いに的確に答えることは難しい。

ここでは，法律上の定義から子どもとは何かを探ってみたい。例えば，1947年に制定された児童福祉法においては，第4条で児童とは「満18歳に満たないもの」としている。また，1922年に制定された未成年者飲酒禁止法では第1条で「満20年に至らさる者は酒類を飲用することを得す」としており，20歳未満を子どもと規定し，飲酒を禁止している。そして就学前の子どもに関する教育，保育等の総合的な提供の推進に関する法律（2006年）は，第2条第1項で「『子ども』とは，小学校就学の始期に達するまでの者をいう」としている。

このように，法律的には子どもを定義する場合には，年齢によって定義している場合が多いが，その法律における「子ども期の終了年齢」を示しているにすぎない。子ども期とはどのようなもので，いつから私たちは子どもとなるのか，そういったことについて触れられているものは見当たらないのである。

子ども家庭福祉の領域においては，山縣（2014）は次のように定義している。

① 一個の独立した人格であること。

② 受動的権利（保護される権利）と同時に，能動的権利（個性を発揮する権利）も有する存在であること。

③ 成長発達する存在であり，それを家族や社会から適切に保障されるべきこと。

こうした子ども観が提唱されるまでに「子ども」の社会の中での位置づけがどのように変化してきたのか，以下，その変遷をたどった上で現在の日本社会の子どもを取り巻く環境について述べていく。

2-1-2．「子ども」誕生以前の「子ども観」

日本においては，古くから，「子は宝」「子はかすがい」といわれてきたが，いずれもイエの存続においての宝としての子どもであったり，夫婦や家族のきずなを維持するための子どもという存在を指している意味合いが強いとされている。また，「七歳までは神のうち」「神様からの授かりもの」というような民

俗学的な子ども観も存在する。日本においてはイエ制度の存続と民俗学的な意味づけの2つの柱で子どもは捉えられてきた。

これは日本社会に限ったことではなく，ながらく子ども時代という概念が希薄だったことは，マルクス（Karl Marx）の以下の記述からもよみとることができる（マルクス，2005，pp.358-359）。

> 「9歳のウィリアム・ウッドが『働き始めたのは7歳と10か月の時だった』…（中略）…平日には毎朝6時にやってきて仕事が終わるのは夜の9時頃だった。…（以下略）…12歳の少年 J. マーレーはこう証言している。『僕は型運びとろくろ回しをしている。ぼくは朝6時，ときには朝4時に来る。昨晩は徹夜で今朝は6時まで働いた。昨日の夜からベッドに入っていない』。

ここからは1800年代後半のヨーロッパ社会において児童が安い労働力として搾取されていたことがうかがえる。その後イギリス社会では，工場法の制定（1833年）で，女性や子どもは保護の対象になっていくが，子どもの人権といった視点への言及はなく，あくまで富国強兵のための子どもであったといえる。

2-2. 「子ども時代」の誕生

「子ども時代」という概念の誕生自体は，工場法制定よりはるか前，フランス革命前後に源流をみることができる。J.-J. ルソーはその著書『エミール』（1762年）の中で子どもも主体的な生活であること，そして人間的権利を有することを明言している。子どもをありのままに受け止め，今を生きる主体として捉える教育のあり方や社会における子どもの捉え方を提示し，その成長のプロセスを通じて有徳の市民を形成しようとする考え方は子どもの権利を考える上で重要な視点とされた。

なお，日本では1877年に尾崎行雄が H. スペンサーの "Social Statics" を『権理提綱』と訳して出版しているが，その中に「児童の権利」と題した一節がある。

また，1900年には，スウェーデンの思想家エレン・ケイは次のように「児童中心主義」を訴え，20世紀を「児童の世紀」とすることを提唱した。

> 「わたしの夢みる学校は，国家が軍国主義の最大の犠牲になっている限り，実現する状態ではない。軍国主義が克服されたとき初めて，人々は長

足の進歩を遂げ，最も高価な学校計画が最も安価につくことを理解するで
あろう。なぜなら，そのとき人々は，強い人間の脳と心は社会にとって最
高の価値があることを理解しはじめるからである。」(ケイ，1979)

1909年には，当時のアメリカ大統領 T. ルーズベルトが白亜館会議を招集す
る。第 1 回のこの会議では「家庭生活は，文明の所産のうち最も高い，もっと
も美しいものである。児童は緊急なやむを得ない理由がない限り，家庭生活か
ら引き離されてはならない」として，子どもにとっての家庭生活の重要性が確
認され，その理念の具体化の一つとして1912年には連邦児童局が設置されてい
る。このように，私たちの人生には「子ども期」という時期があり，保護され
なければならない存在であるという概念が生まれたのはごく近代になってから
のことであり，さらにその後の国際社会の歴史を見ても，「児童の世紀」の実
現とは対極であったことがわかる。この後世界は 2 つの大戦の時代に突入して
いくことになる。

3．2つの世界大戦と子どもの権利概念の発達

3-1．第一次世界大戦とジュネーブ宣言

第一次世界大戦（1914〜1919年）では，ヨーロッパを中心にたくさんの子ど
もが犠牲となった。子どもの権利の制度化はこの戦争の反省から急速に進展し
た。イギリスの国際児童救済基金連合による「世界児童憲章」（1922年）である。
翌1923年には，「児童の権利宣言」が発表される。これは1924年に国際連盟に
より「ジュネーブ宣言」として採択される。これは子どもの権利が国際的規模
で考えられた最初のものである。

ジュネーブ宣言では，「人類が児童に対して最善の努力を尽くさなければな
らない義務」として，①心身の正常な発達保障，②要保護児童への援助，③危
機時の児童最優先援助，④自立支援，搾取からの保護，⑤児童の育成目標とい
う 5 点が掲げられている。

3-2.　第二次世界大戦と子どもの権利

3-2-1.　児童の権利宣言

　国際社会は，子どもたちを含む多大な犠牲を出したにもかかわらず，その後第二次世界大戦（1939〜1945年）へと突き進み，1945年に終戦を迎える。

　戦後発足した国際連合は，1959年，国際的な子どもの人権宣言として「児童の権利に関する宣言」を世界に呼びかける。前文には「人類は，児童に対し，最善のものを与える義務を負うものである」とあり，第1条は次のように児童（子ども）の権利を規定している。

> 　第1条　児童は，この宣言に掲げるすべての権利を有する。すべての児童は，いかなる例外もなく，自己又はその家庭のいづれについても，その人種，皮膚の色，性，言語，宗教，政治上その他の意見，国民的若しくは社会的出身，財産，門地その他の地位のため差別を受けることなく，これらの権利を与えられなければならない。

　この宣言で規定した権利は，「特別の保護」「最善の配慮」を受ける権利，「社会保障，医療への権利」「障害のある児童への特別の治療教育保護権」「教育権」「放任，虐待，搾取，売買，労働からの保護」など10カ条である。

　これらの条文は，1966年に制定された国際人権規約において法的な力を持つものとなっていく。同規約の B 規約には第24条で，次のように「児童の権利」[1]が組み込まれている。

> 　ア）児童の保護規定（B 規約第24条）
> 　　1．すべての児童は，人種，皮膚の色，性，言語，宗教，国民的若しくは社会的出身，財産又は出生によるいかなる差別もなしに，未成年者としての地位に必要とされる保護の措置であって家族，社会及び国による措置について権利を有する。
> 　　2．すべての児童は，出生の後直ちに登録され，かつ，氏名を有する。
> 　　3．すべての児童は，国籍を取得する権利を有する。

3-2-2.　子どもの権利条約の成立

　国際連合は1979年を「児童の権利に関する宣言」の20周年記念として「国際児童年」とした。この前年の1978年，ポーランドは国連人権委員会に「子どもの権利条約草案」を提出していた。ポーランドは第二次世界大戦時に甚大な被害を受けており，特にアウシュビッツ＝ビルケナウ強制収容所ではユダヤ人の

子どもたちが犠牲となった国である。子どもたちの犠牲は，ポーランドの犠牲者総数の35％といわれている。そのような歴史的背景を持つ国が，子どもの権利について法的な拘束力を持つ条約を作ることを提起し，世界に発信したのである。

　1989年11月20日，「児童の権利に関する条約」が第44回国連総会において採択された。合わせて，1994年を「国際家族年」とすることが決められた。「家庭から始まる小さなデモクラシー」をスローガンに家族が社会生活の基礎的な単位であることを確認し，家族が家庭生活の中でその責任を果たすことができるよう社会的支援を行うことが各国に求められた。

4．日本における子どもの権利の発達

4-1．児童福祉法制定までの日本社会

4-1-1．明治から昭和初期

　1872年の「太政官布告」において「学制」が発布された。しかし，子どもたちへの教育が普及したわけではない。その背景には，当時の多くの農村地域において，子どもは一人の労働者としてみなされていたことがある。深谷（1996）によると1873年の就学率は28.1％，1897年には66.7％まで伸びている。しかし，学校から帰っても，子どもの余暇は「遊び」よりも「家の手伝い」を求められる時代であった。このような状況の中で，家庭の中に何らかの生活上の困難が生じてしまうと，たちまち家族全体が機能不全に陥り，生活困難となってしまったであろう。明治政府による子どもへの支援策はなく，石井十次の「岡山孤児院」（1820年）や留岡幸助の「家庭学校」（1899年）など，民間の篤志家がそうした制度の欠陥を補う形で社会事業を発展させた時代であった。

　明治以来の「富国強兵」「殖産興業」のスローガンのもと，日本は資本主義化を目指していく。しかし人々の生活は，戦争による生活費の圧迫，恐慌による財政破綻などによって，農村の困窮化や都市下層社会の深刻化が進んでいった。

4-1-2．児童福祉法の制定

　第二次世界大戦後，厚生省（現・厚生労働省）の児童局が，「孤児調査」を実施した。1948年2月1日時点の孤児，つまり養育者のいない子どもたちの実態を把握するためのものである。その結果，孤児総数は，12万3,511人であった。

そのうち，戦災孤児が2万8,248人，植民地・占領地から帰国してきた孤児が1万1,351人であったとされている。この調査は終戦から2年以上たってからの調査である，おそらく終戦直後の戦災孤児数はもっと多かったと推察される。

　1947年に施行された児童福祉法は戦後処理施策の一環としていち早く整備された法律の一つである。児童福祉法の理念は次のとおりである。

　　第1条　すべて国民は，児童が心身ともに健やかに生まれ，且つ，育成されるよう努めなければならない。

　　②　すべて児童は，ひとしくその生活を保障され，愛護されなければならない。

　　第2条　国及び地方公共団体は，児童の保護者とともに，児童を心身ともに健やかに育成する責任を負う。

　児童福祉の理念をうたう第1条からは，封建的な児童館から，子ども一人ひとりの人権を尊重し，健全な育成を目的としていることが読み取れる。また，1951年には次のように児童憲章が制定された。

　　・児童は，人として尊ばれる

　　・児童は，社会の一員として重んぜられる

　　・児童は，よい環境のなかで育てられる

　戦後の子どもたちの生活も困難な状況であった。1950年の小中学生1,500万人のうち，30日以上の欠席者が100万人，児童憲章が制定された1951年は50日以上の長期欠席児が25万人いたとされている（深谷，1996，pp. 234-235）。農村や漁村では，親の仕事の手伝いや兄弟の子守など，子どもはやはり小さな労働力としての役割を期待されていたためである。

4-2.　児童の権利に関する条約の批准と児童福祉法改正

　1989年に採択されてから5年後の1994年4月，日本は「児童の権利に関する条約」の158番目の批准国となった。

　ここまでの宣言や条約において，子どもは，社会的弱者として保護される存在であった。この条約は，子どもの保護される権利に加えて，意見を表明する権利を認める画期的なものであった。「子どもには大人と同じ市民的自由があり，主体者として人権を保障される存在であるという」ことを，法的拘束力をもって認めるものである。

　子どもは一つの固有の人格を持った存在であること，受動的権利に加えて能動的権利を持った存在であること，子どもへの関わりにおいては常に「最善の利益（the best interest）」が考慮されるべきであることなどがうたわれている。

　その後，国連は2009年11月の総会において「児童の代替的養護に関する指針」を採択した。この指針は「児童の権利に関する条約，並びに親による養護を奪われ又は奪われる危険にさらされている児童の保護及び福祉に関するその他の国際文書の関連規定の実施を強化する」（厚生労働省訳）ことを目的としたものである。特に，社会的養護，つまり保護者のいない児童や被虐待児など，家庭的環境上養護を必要とする児童などに対し，公的な責任として，社会的に養護を行う場合における家庭を基盤とした環境の重視と脱施設化の方向性を示している。中でも3歳未満の乳幼児については家庭を基盤とした環境で提供されなければならないとしている。施設養育については，子どもの最善の利益に沿う場合に限られるべきと施設養育を認めつつも「大型の施設が残っているところでは，脱施設化という方針のもと，いずれは施設の廃止を可能にするような明確な目標と目的を持って，代替案を発展させねばならない」（SOS子どもの村JAPAN訳）としている。

　1994年に子どもの権利に関する条約を批准して以降，第3回目にあたる日本に対する国連子どもの権利委員会の総括所見が出されたのは2010年のことである。その中で日本の代替的養護について，以下のような改善勧告が行われた。

　53. 委員会は，第18条に照らし，締約国が以下の措置をとるよう勧告する。
　(a)子どもの養護を，里親家庭，または居住型養護における小集団編成のような家庭的環境のもとで提供すること。
　(b)里親養護を含む代替的養護現場の質を定期的に監視し，かつ，あらゆる養護現場による適切な最低基準の遵守を確保するための措置をとること。
　(c)代替的養護現場における児童虐待を調査し，かつその責任者を訴追するとともに，虐待の被害者が苦情申立て手続，カウンセリング，医療的ケアその他の適切な回復援助にアクセスできることを確保すること。
　(d)金銭的支援がすべての里親に提供されるようにすること。
　(e)「子どもの代替的養護に関する国連指針」（国連総会決議 A/RES/64/142 参照）を考慮すること。

　こうした改善勧告に対応するため，2015年の「新たな子ども家庭福祉のあり方に関する専門委員会」の提言を経て，2016年に児童福祉法の改正が行われた。子どもの権利に関する条約を批准してから実に20年以上の歳月を要して，ようやく条約の理念が法の理念に位置づけられることにつながったのである。以下は，その改正法の第1・2条の条文である。

　　第1条　全て児童は，児童の権利に関する条約の精神にのつとり，適切に養育されること，その生活を保障されること，愛され，保護されること，その心身の健やかな成長及び発達並びにその自立が図られることその他の福祉を等しく保障される権利を有する。

　　第2条　全て国民は，児童が良好な環境において生まれ，かつ，社会のあらゆる分野において，児童の年齢及び発達の程度に応じて，その意見が尊重され，その最善の利益が優先して考慮され，心身ともに健やかに育成されるよう努めなければならない。

　　②　児童の保護者は，児童を心身ともに健やかに育成することについて第一義的責任を負う。

　　③　国及び地方公共団体は，児童の保護者とともに，児童を心身ともに健やかに育成する責任を負う。

　1947年に児童福祉法が制定された当時，戦災孤児等衣食住の確保が必要な子どもを保護し，「生きる権利」を保障することが喫緊の課題であった。しかし，改正された児童福祉法では，子どもは成長発達し，自立に向けた支援を必要とすること，年齢や発達の程度に応じて意見をいう権利があることが明文化されている。この点をふまえると，親子関係の中に生じる様々な課題について，子どもにいかに支援するかに加えて，「家族の中で子どもが育つ」ことをどう支援するかを視野に入れた支援が求められる。

5．子どもを取り巻く福祉課題

5-1. 児童虐待の現状

　社会的養護を必要とする子どもの措置に関しては，児童相談所が中心となって行われる。

　児童相談所は，「市町村と適切な役割分担・連携を図りつつ，子どもに関す

る家庭その他からの相談に応じ，子どもが有する問題又は子どもの真のニーズ，子どもの置かれた環境の状況等を的確に捉え，個々の子どもや家庭に最も効果的な援助を行い，もって子どもの福祉を図るとともに，その権利を擁護すること（以下「相談援助活動」）を主たる目的として都道府県，指定都市及び児童相談所設置市に設置される行政機関」（児童相談所運営指針第1章第1節1の(1)抜粋）である。2020年7月1日現在，全国の児童相談所数は220カ所となっている。

　児童相談所の相談援助活動は，「すべての子どもが心身ともに健やかに育ち，その持てる力を最大限に発揮することができるよう子ども及びその家庭等を援助することを目的とし，児童福祉の理念及び児童育成の責任の原理に基づき行われる」（児童相談所運営指針第1章第1節の1の(2)）。児童福祉法の理念に基づき，常に子どもの最善の利益を考慮し，援助活動を展開していくことが求められている。

5-2.　社会的養護の現状

　「保護者のいない児童や被虐待児など，家庭的環境上養護を必要とする児童などに対し，公的な責任として，社会的に養護を行う」制度を社会的養護という。

　相談や通告を通して児童相談所が関わることになった場合も，まずは，子どもが家庭において健やかに養育されるよう，保護者を支援し，家族関係調整を行うことが求められる。しかし，それが難しい場合にも，社会的養護は児童福祉法や児童の権利に関する条約の理念にのっとり，児童が「家庭における養育環境と同様の養育環境」において継続的に養育されるよう環境を整備していく必要がある。

　児童養護施設や乳児院等の施設において養育される施設養育の概念に対し，養育が里親家庭といった家庭の中で行われる場合，これを「家庭養護」とし，施設で行う家庭的な養護を「家庭的養護」としている（図3-1）。

　社会的養護の下で生活する児童は約4万5,000人おり，その内訳は表3-1（40頁）のとおりである。母と子がともに入所する母子生活支援施設を除く児童福祉施設において生活している子どもが約3万人，里親家庭等で生活している子どもが約5,500人いる。

　社会状況の変化に伴い，子どもたちのニーズも変化している。ここでは児童

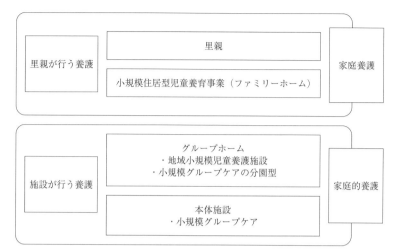

図3-1　社会的養護における「家庭養護」と「家庭的養護」概念
出所：厚生労働省（2012）「第13回社会保障審議会児童部会社会的養護専門委員会資料」を基に
　　　筆者作成。

　養護施設と里親を例にニーズの変化を見ていく。厚生労働省「児童養護施設入所児童等調査結果」（2018年2月）によると，委託（入所）時に「両親又は一人親あり」の割合をみると，里親で78.4％（前回52.2％），児童養護施設で93.3％（前回81.7％）となっており，保護者がいながら社会的養護を必要とする子どもが増加傾向にあることがうかがえる。さらに「虐待経験あり」の子どもの割合を見てみると里親で38.4％（前回31.1％），児童養護施設で65.6％（前回59.5％）となっている。このことは背景にある家族機能の低下を示すとともに，被虐待児へのケアに関する専門性がますます重要となっていることを示している。

　また，障害児が児童養護施設に入所するというケースが年々増加している。2018年の調査では，児童の心身の状況については，何らかの障害について「該当あり」とする割合が，里親では24.9％，児童養護施設では36.7％となっている。

　また，同調査結果では知的障害や発達障害のある子どもの入所が増えていることに加えて，虐待を受けたことによるPTSD（心的外傷後ストレス障害）や愛着障害へのケアを必要とする子どもが増えていることも示している。障害児のケア・養育が十分に可能となるような機能整備や専門性，心理的ケア機能の向上が必要となっていることがうかがえる。

表3-1　社会的養護の現状

里親　家庭における養育を里親に委託		登録里親数	委託里親数	委託児童数	ファミリーホーム	養育者の住居において家庭養護を行う（定員5～6名）	
		12,315世帯	4,379世帯	5,556人			
区分（里親は重複登録有り）	養育里親	10,136世帯	3,441世帯	4,235人		ホーム数	372か所
	専門里親	702世帯	193世帯	223人			
	養子縁組里親	4,238世帯	317世帯	321人		委託児童数	1,548人
	親族里親	588世帯	558世帯	777人			

施　設	乳児院	児童養護施設	児童心理治療施設	児童自立支援施設	母子生活支援施設	自立援助ホーム
対象児童	乳児（特に必要な場合は，幼児を含む）	保護者のない児童，虐待されている児童その他環境上養護を要する児童（特に必要な場合は，乳児を含む）	家庭環境，学校における校友関係その他の環境上の理由により社会生活への適応が困難となった児童	不良行為をなし，又はなすおそれのある児童及び家庭環境その他の環境上の理由により生活指導等を要する児童	配偶者のない女子又はこれに準ずる事情にある女子及びその者の監護すべき児童	義務教育を終了した児童であって，児童養護施設等を退所した児童等
施設数	140か所	605か所	50か所	58か所	226か所	176か所
定　員	3,857人	31,826人	1,985人	3,609人	4,672世帯	1,148人
現　員	2,678人	24,908人	1,366人	1,226人	3,735世帯児童6,333人	643人
職員総数	5,048人	18,869人	1,384人	1,815人	2,084人	858人

小規模グループケア	1,790か所
地域小規模児童養護施設	423か所

出所：厚生労働省「社会的養育の推進に向けて」2020年4月。

　2016年の児童福祉法改正では，権利の主体として子どもを明確に位置づけられた。社会的養護については，第3条の2で，児童が家庭における養育環境と同様の養育環境において継続的に養育されるべきであること，またそれが適当でない場合もできる限り良好な家庭的環境において養育されるよう，必要な措置を講じなければならないと方向性が示されている。

　2011年の「社会的養護の課題と将来像」を全面的に見直し，この改正法の理念を具体化するために2017年8月に提示されたのが，「新しい社会的養育ビジョン」（以下，ビジョン）である。ビジョンの中では①市町村におけるソーシャルワーク体制の構築と支援メニューの充実，②代替養育の全ての段階において，

子どものニーズに合った養育の保障という 2 つの基本的骨格が示されている。

　そして，ビジョンの実現に向けた取り組みとして以下の 9 項目を挙げている。

　　①　市区町村の子ども家庭支援体制の構築
　　②　児童相談所・一時保護改革
　　③　里親への包括的支援体制（フォスタリング機関）の抜本的強化と里親制
　　　　度改革
　　④　永続的解決（パーマネンシー保障）としての特別養子縁組の推進
　　⑤　乳幼児の家庭養育原則の徹底と，年限を明確にした取組目標
　　⑥　子どもニーズに応じた養育の提供と施設の抜本改革
　　⑦　自立支援（リービング・ケア，アフター・ケア）
　　⑧　担う人材の専門性の向上など
　　⑨　都道府県計画の見直し，国による支援

　ビジョンでは保護者と分離して行われる代替養育は，本来は一時的な解決であるとし，「漫然とした長期間にわたる代替養育措置」を行わず，家庭復帰，親族との同居，あるいは，それらが不適当な場合の養子縁組，中でも特別養子縁組といった永続的解決を目的とした対応を児童相談所，里親，施設の連携のもとすべての子どもに対して行うべきであるとしている。

　国及び地方公共団体には，まずは，児童が家庭において健やかに養育されるよう，保護者を支援することが求められる。しかし，家庭における養育が適当でない場合，「代替養育」として社会的養護が実施される。原則として家庭養護が優先され，高度なケアを必要とする場合などに施設でのケアが提供されるという方向が示されている。施設と里親の連携，児童相談所をはじめとする関係機関とのネットワークの中で，社会的養護を必要とする子どもと親が支援を受けながら自立を目指そうとする方向性が示されている。

6．子どもを支援するために

　ジューン・ソブンは，子どもが成長し，自尊心をもった一人の大人として新しい人間関係を築くためには「永続性（パーマネンシー）」と「自己肯定感・アイデンティティ」の 2 つの発達の柱が重要であるとしている（図 3-2）。

　「永続性（パーマネンシー）」の概念は，子どもにとって「家族が一番である

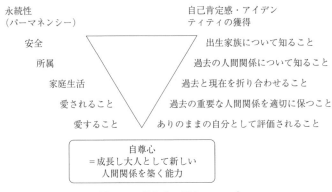

図 3-2 子どもの固有のニーズ
出所：ソブン（1998, p.47）を基に筆者作成。

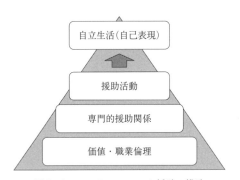

図 3-3 ソーシャルワーク援助の構造
出所：津田（2016, p.18）を基に筆者作成。

こと」「血のつながった家族が重要であること」「親との愛着が大事であること」の価値観を基盤にしている。血のつながった家族とともにいることが重要だという意味ではない。血のつながった家族とのつながりがルーツにあることを知った上で、新しい家族とのつながりを一番だと感じるための支援も含まれる。

　また「自己肯定感・アイデンティティ」の感覚は、親や家族、その他愛情をかけてくれる人とのアタッチメントを形成しうる関係の中で育まれる。

　これら 2 つの柱が十分に保障されて初めて自尊心を持った大人へと成長することができるのである。虐待等様々な逆境体験を経験した子どもに関わるとき、

その子どもが成長し，一人の自尊心を持った大人として新しい人間関係を築く未来を描くために，施設と里親，そして児童相談所等の関係機関に所属するすべての大人が子どもを中心に据えて連携・協働していく必要がある。津田（2016）は，クライエントの自立生活をめざす援助は，価値・職業倫理・専門的援助関係に基づく援助活動である必要があるとしている（図3-3）。社会福祉の専門職をめざすにあたっては，こうした諸要素を身に付けておく必要がある。

― 演習問題　考えてみよう・調べてみよう ―

　　自分の住んでいる自治体の，2000年以降の人口の推移と子ども人口の推移を調べてみよう。どんなことがいえるだろうか。また，自分の町にある子育てを支える社会資源を調べ，地図に書き込んでみよう。どんなことがいえるだろうか，どんな特徴があるだろうか。

注
⑴　「世界人権規約」（国際権利章典規約）：「世界人権宣言」の内容を基礎として条約化されたものである。人権諸条約の中で最も基本的かつ包括的であるとされている。社会権規約と自由権規約は1966年の第21回国連総会において採択され，1976年に発効した。社会権規約をA規約，自由権規約をB規約と呼ぶ。日本は1979年に批准した。

参考文献
ケイ，エレン／小野寺信・小野寺百合子訳（1979）『児童の世紀』冨山房。
ソブン，ジューン／平田美智子・鈴木真理子訳（1998）『児童福祉のパーマネンシー』筒井書房。
津田耕一（2016）『ソーシャルワークとは何か』誠信書房。
深谷昌志（1996）『子どもの生活史』黎明書房。
マルクス，カール／今村仁司ほか訳（2005）『資本論』筑摩書房。
山縣文治（2014）「子どもとは何か」山縣文治編『よくわかる子ども家庭福祉　第9版』ミネルヴァ書房，12-13頁。

さらに学ぶために
厚生労働省HP（分野別）子ども・子育て（https://www.mhlw.go.jp/stf/seisakunitsuite/bunya/kodomo/）。

杉山春（2017）『児童虐待から考える——社会は家族に何を強いてきたか』朝日新書。

全国児童養護施設協議会 HP（http://www.zenyokyo.gr.jp/）。

全国児童養護施設問題研究会 HP（http://youmonken.org/）。

和田一郎編（2016）「児童相談所一時保護所の子どもと支援——子どもへのケアから
　　行政評価まで」明石書店。

第4章	障害のある個人の権利と平等
	田村和宏

本章のねらい

　障害のある人をどのように見ればよいのだろうか。障害があるとは，どのような状態をいうのだろうか。なぜ障害があることで，差別が起こるのだろうか。

　本章では，主に障害のある人の人権について学びを深める。入口は，障害の捉え方について今日の到達点を学び，その上で障害のある人の人権について，「子どもの権利条約」や「障害者権利条約」から理解をすすめる。よりその理解を深めるために，障害のある人の人権と対立し障害のある人たちを差別・排除することにつながる思想についても学ぶ。これらの学びを通して，自分の中にある「内なる優生思想」と向きあい，差別や平等と人権について考えてほしい。

―― キーワード ――

ICF（国際生活機能分類），障害者権利条約，子どもの権利条約，発達保障，意見表明権，内なる優生思想

1．「障害」をどう理解するか

1-1．ICIDH（国際障害分類）から ICF（国際生活機能分類）へ

　障害をどう捉えればよいのか。今日，障害の概念については，ICF（International Classification of Functioning, Disability and Health：国際生活機能分類）を用いることが一般的である。ICF は，2001年5月に開催された第54回 WHO（World Health Organization：世界保健機関）総会で，ICIDH（International Classification of Impairments, Disabilities and Handicaps：国際障害分類）の改定版として採択された。ICIDH が「疾病の帰結（結果）に関する分類」で「マイナスの分類」であったのに対し，ICF は，障害を生活の困難さとして位置づけ，その際に「心身機能・構造」（心身の働き），「活動」（生活行為），「参加」（家庭・社会への関与・役割）という3つの生活機能に着目して，その生活機能が「健康状態」「環境因子」「個人因子」とどう相互に関わり合って困難さが生じているのかを

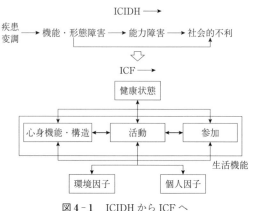

図4-1　ICIDH から ICF へ
出所：WHO（世界保健機関）資料を基に筆者作成。

構造的に把握し（図4-1参照），していること‐できることを把握する「プラスの分類」であった。また生活の困難さに対して支援を考えていく場合に，困難になっている事象がどういうことと関係して起こっているのか職種別に分析することができる分類でもあり，多職種連携のチーム支援の実践を展開する際にICFの視点を活用したアセスメント‐アプローチが実践されている。

　例えば，2020年1月から新型コロナウイルス感染症（COVID-19）が感染拡大し，4月7日政府によって「新型コロナウイルス感染症緊急事態宣言」が出されることによって，障害福祉サービスや学校や児童発達支援などが閉所やサービスの縮小を行った。そのことで，多くの障害児者が自宅での生活を余儀なくされた。そのことをこのICFによってアセスメントするならば，この学校に行けない，施設に通所できない，自宅から外に出ることができないという状態は，まさに活動や参加の制限にあたるとともに，それが自らの制限ではなく環境因子による制限としてあらわれていることやそのことで身体を動かす時間が少なくなって心身の機能障害を起こすなどの2次的な困難さにもつながっていることがみえてくる。また，自宅での生活ばかりになることと使える介護サービスが少ないことによって，環境のマイナス因子が強められる。結果，その代替として家族の介護負担が増加するという関係もみえてくる。そのことで，本人も家族も全体として厳しい自宅生活を余儀なくされていることが浮かび上がってくる。その際に「している活動」あるいは「できる活動」として，学童

保育や放課後児童デイなどの余暇の支援サービスが開所していることでその事業に期待が寄せられ，支援計画が立てられる。受け皿としての受けとめは可能になるものの，その質保障という点では，人員体制の不安定さをはじめとする不安定な運営状況が鮮明化され，必要な支援とその制度的なギャップや課題もあわせて明確になる。

　このように ICF の生活機能に着目して，生活における制約や不自由さの状態と要因を明らかにし，生活の困難さとして構造的把握・理解によって障害を捉えようとすることは，ICF が障害者という特定の人間を選別するツールではなく，生活上の困難ということ誰にでも起りうるものであることとして位置づけていることからもわかるように，人間の生活の全体像を捉えるものとして有効な概念であるといえよう。したがって ICF によるアセスメント - 支援実践は，障害福祉の領域ばかりではなく，障害児教育や生活困窮者支援，高齢者介護においても取り入れられている。そのことは，生活ということの支援ばかりではなく，その人の「生の営み」（生き方），人生（Life）をゆたかにするための「全人間的な生き方」への支援に向かわせていくツールとして有効であるといえるのではないだろうか（窪田，2013，pp. 1-26）。大川弥生は ICF を「"生きることの全体像" を示す "共通言語"」（大川，2006）だと説明している。また，ICIDH が問題解決型の「医学モデル」とも称されていることから，ICF は「生活モデル」と「社会モデル」の「統合モデル」と称され，この ICF の登場によって，障害の捉え方や人間の支援のあり方について，まさに「医学モデル」から「統合モデル」へと転換させるものだった。

1-2. ICF による障害の構造的把握を補強する

　生きることをゆたかにする支援の構築に，ICF の障害の捉え方は，それまでの ICIDH による「医療モデル」という問題解決型の支援を導く考え方に大きく影響を与えたことは事実である。だが，ICF の「統合モデル」にも課題・疑問点がある。

　第1に，ニーズとの関係である。ICF では，生活上の困りごとを生活ニーズとして捉える，読みかえる場合が多い。しかし，果たしてそこに表に表れていない内面にあるような「真のニーズ」が捉えられているだろうか。

　第2には，支援計画や援助におけるアプローチの計画との関係である。例え

ば活動についての制限があらわれている場合に，「できる活動」と今「している活動」のズレを埋めることに目標を置いてアプローチする計画が立てられていくが，先の「真のニーズ」の存在とも関わるが，そのズレを埋めていく支援に，はたして本人の「生活要求」が存在しているだろうか。ズレによって表面化した差異というものをなくしていくように計画化することは，当事者の何に寄与するのだろうか。他動的に「させられる」ようになる危険性が，そこには発生しないだろうか。

　第3には，自己決定や主体形成の欠如である。ICF の捉え方で生活機能や生き方に着目したことは大きく評価できることだが，実際にアプローチする時には前述したように，そこに本人の要求や主体的能動的な動きへの導きとなっていないことは否めず，したがってそれは，医療モデルのような本人不在の問題解決型とあまり質的には変わらない他動的な支援へと導いていきかねないのではないか。

　以上のように大きく3点の疑問が残るわけだが，これらの疑問は ICF による生活機能に着目した構造的把握の限界ともいえるところである。この限界は，生活機能に着目して障害をリアルに，なおかつ構造的に捉えようとするあまりに，主体の育ちや生活の必要と生活要求との間で揺れながら自己決定をしていくプロセスを通して自己変革をしていく「自分づくり」「人間発達（人格発達）」あるいは「エンパワメント」という視点が欠如したままの感が拭えない。

　したがって ICF の捉え方の課題は，ICF の障害の構造的な捉え方に「自分づくり・発達」を補強して，全体の構造や連関を再度検討することが必要だろう。同じような提起で，上田敏が「体験としての障害」（上田，1983），佐藤久夫が「主体・主観」（佐藤，2016，pp. 1-42）という視点を独立した次元で位置づけて全体像を捉えていく必要があると述べている。また，上田敏は「障害者の『全人間的復権』の実現のための有効なツール」として，人権保障のツールとして ICF を位置づけていることも重要な点である（上田，2016，pp. 38-46）。

2．障害のある人たちの人権保障

2-1．人権はどう発展してきたか

2-1-1．第一世代の人権・第二世代の人権・第三世代の人権

　人権（基本的人権）は，人類の歴史の中で獲得されてきた。また人権は，国際社会によって承認されてきた順にしたがって，「第一世代の人権」「第二世代の人権」「第三世代の人権」の 3 つに分類して整理されている。

　第一世代の人権とは，封建社会の中で個人の自由と国家による侵害からの個人を解放するという考えに基づいた，19世紀に市民が市民革命などを通して獲得してきた自由権，自然権のことである（表 4 - 1 参照）。その典型はフランス革命の「人間および市民の権利の宣言（フランス人権宣言）」（1789年）で，ここでは人間であれば誰もが生まれながらにして持っている人としての権利の尊重が宣言されている。第二世代の人権は，20世紀になり，資本主義経済の発達により貧富の差など社会的不平等が生じたため，すべての人が人間らしく生活できるように保障することも国家の役割であるとう考え方に基づいて確立された権利，社会権のことである。教育権，労働権，団結権，社会保障についての権利，生活水準についての権利，健康を享受する権利，科学及び文化についての権利などが含まれる（表 4 - 1 参照）。第三世代の人権は，第一世代と第二世代の人権を実現する上で必要になる人権として，20世紀後半から開発途上国などから提案され生まれた人権である。様々な社会や民族などの集合的な権利としての側面をもち，国際的な連帯によって実現される人権のことを意味し，「連帯の権利」とも呼ばれる（表 4 - 1 参照）。

表 4 - 1　人権の発展過程

第一世代の人権―国家に対抗しうる権利。政治への参加の権利。自然権（人として生まれた時からもっている権利），自由権（移転の自由，職業選択の自由，「国家からの自由」の権利など）
第二世代の人権―国家に請求しうる権利。経済的・社会的・文化的な権利，社会権（労働権，団結権，生存の権利，教育権・学習権など）
第三世代の人権―国際連帯によって実現する権利。連帯権（環境権，平和権，人類遺産保全の権利，健康権，人間安全保障の権利，発達保障の権利など）

　出所：荒木（2005，p.153）。

2-1-2. 発達の権利・発達保障の権利

　人権の発展過程であげた第三世代の人権には「発展の権利（the Right to Development）」が含まれている。この「the Right to Development」が「発達」や「発達保障」の権利としても位置づけられたのが，1986年第41回の国連総会における「発展（発達）の権利宣言（Declaration on the Right to Development）」の採択である。この宣言では，この "the Right to Development" は，「譲ることができない権利」（不可譲の権利）であり，「人間個人が発展（発達）の中心的な主体であり，発展（発達）の権利の積極的参加者，受益者」（発展，発達の主体は人間個人）であることや，「国家は発展（発達）の権利の実現のために好ましい国家的諸条件をつくりだす主要な責任を有している」（国家による条件整備の責任）と明記していることから，発達が権利であり，その条件をつくりだす主要な責務は国家が負っているという公的責任性が明確に示されている。荒木穂積はこれらのことから，「発達保障，発達の権利の内実をまっすぐに受けとめ，それを権利として確立していこうという国際的な動きが生まれた」として，「発達保障の権利」と説明している（荒木，2015，pp. 3-28）。

2-2.「子どもの権利条約」における障害児の権利

2-2-1.「子どもの権利条約」の概要と障害児の権利

　本項では，このような人権の発展過程を踏まえて，障害のある子どもの人権について理解を深めていく。障害児の権利については，「児童の権利に関する条約」（以下，子どもの権利条約）で規定されている。「子どもの権利条約」は，世界中の子どもたちの基本的人権を保障するために法的拘束力を持った初めての国際条約である。18歳未満の子どもを自らが権利を持つ主体と位置づけ，おとなと同様ひとりの人間としての人権を認め，発達の過程で特別な保護や配慮が必要な子ども（障害のある子どもなど）ならではの権利も定めている。前文と本文54条からなり，生存，発達，保護，参加という大きく4つの包括的な権利を実現・確保するために必要となる具体的な事項を規定している（巻末資料参照）。1989年の第44回国連総会において採択され，日本は1994年に批准をした。

　この「子どもの権利条約」は，子どもに関わるすべて法律，政策，実践などを評価する「国際的に合意された最低基準」だといえよう。この「子どもの権利条約」では，障害のある子どもの権利について第23条で規定されている。第

23条第1項で「締約国は，精神的又は身体的な障害を有する児童が，その尊厳を確保し，自立を促進し及び社会への積極的な参加を容易にする条件の下で十分かつ相応な生活を享受すべきであることを認める⁽¹⁾」としている。原文の"should enjoy a full and decent life"を日本政府訳では「十分かつ相応な生活を享受する」と訳しているが，条約の目的からすれば「生活」だけにとどまらず「（人生を）生きること」まで指していると解釈することが妥当であり，したがってこの条項の意味は「その子らしい価値ある人生を生ききることを締結国は認める」というようになる。つまり，機能障害があっても一人ひとりがその子らしい生き方の保障を締結国は推進していくということなのである。病気や障害などによって心身の状態像や環境などが，障害のない子どもたちと異なっているところがあり，それゆえに「うまくできない」ところが出現するにしても，能力によってのみ評価し，能力の序列化から人格までも格差をつくるのではなく，合理的な配慮をすることによって実質的な平等を形成することができるように社会や教育などの環境の整備をしていくことこそが，障害児の権利保障には必要だとしているのだ。「障害者の権利条約」に通じる概念である。

2-2-2. すべての子どもに意見表明権がある

さて，「子どもの権利条約」で障害のある子どもにとって重要な提起がもう一つある。それは「意見表明権」（第12条）である。「締約国は，自己の意見を形成する能力のある児童がその児童に影響を及ぼすすべての事項について自由に自己の意見を表明する権利を確保する。この場合において，児童の意見は，その児童の年齢及び成熟度に従って相応に考慮されるものとする」（政府訳）とある。ただ，この政府訳も不十分である。原文は "The child shall have the right to freedom of expression; this right shall include freedom to seek, receive and impart information and ideas of all kinds, regardless of frontiers, either orally, in writing or in print, in the form of art, or through any other media of the child's choice." となっており，政府訳の「自己の意見を形成する能力のある児童」（傍点筆者）と思われるような箇所はみあたらない。あたかも重度の障害児やことばを持たない赤ちゃんは意見表明ができない存在のようにも受けとれる。はたしてそうだろうか。どんなに重い障害があろうとも，その内面には目に見えないねがいや気持ちが存在している。このねがいや気持ちを意見として位置づけることが必要なことを，日本の障害児療育実

践の歴史がそれを目に見えるものとして表してきた。

　「この子らを世の光に」ということを唱えた糸賀一雄らによる近江学園・び
わこ学園の実践がそれである。障害のある子の姿を発達的視点からとらえなが
ら，意見表明権を意識した実践が展開された（糸賀，1968）。また糸賀らはその
ことを，療育記録映画『夜明け前の子どもたち』（1968年）に代表されるように，
具体的な映像資料としても残している（田村ほか編著，2017）。重度の障害があ
る子どもたちの声なき声や目に見えないねがいや気持ちによりそい，共有し，
代弁して，そして共同の意思決定を通して具体化する，そういう実践のプロセ
スこそ子どもを発達の主体としてく。この（機能的な）障害の有無にかかわら
ずすべての子どもたちが持っている権利の実質的な保障の重要性を映像によっ
て社会に訴えた意義は大きい。この映像資料は，今日の時代にあっても色あせ
ることのない貴重なものであり，障害児の保育実践や教育実践・支援実践の現
場職員の質向上に活用されているばかりか，大学の講義資料としても広く用い
られている。

　子どもの権利条約ネットワークでは「意見表明権」のことを，「呼びかけ，
向かい合ってもらう権利」とも説明している。

2-3.　「障害者権利条約」と障害者の人権

2-3-1.　障害者権利条約成立プロセスへの障害当事者参加の意義

　次に，障害者の人権についてである。1970年代に障害者の権利保障のための
大きな2つの宣言が採択される。1971年の「知的障害者の権利宣言」，1975年
の「障害者の権利宣言」である。21世紀に入ると「障害者の権利に関する条
約」（以下，障害者権利条約）が始まる。これは先の2つの宣言のあと，1976年
にリビアのカダフィ大佐が「5年後の1981年を『国際障害者年』に」という提
唱から，1983～1992年を「国連障害者の10年」と位置づけムーヴメントが展開
された。アメリカにおいては，1990年に差別禁止の世界初の法で合理的配慮を
掲げた「障害を持つアメリカ人法（Americans with Disabilities Act：ADA）」が
公布された。ADA法では4大目標として，「機会均等」「完全な参加」「自立
生活」「経済的自足」を据え，雇用や公共サービス，電信や電話通信等の分野
を対象に，合理的配慮の不提供を含む障害を理由とする差別の禁止などを定め
た。このことは全世界の障害のある人に大きな影響を与え，障害者の人権にお

いても大きな節目になった。依然として人権侵害に直面している状況を克服していくためには，法的拘束力を有する障害に特化した人権条約の必要性が強く意識されるようになったのである。

　そして，2001年12月の第56回国連総会において，メキシコのビセンテ・フォックス大統領が「障害者の権利及び尊厳を保護・促進するための包括的総合的な国際条約」決議案を提案し，全会一致で採択がされた。この決議に基づいて，1回あたり2～3時間におよぶ障害者権利条約アドホック委員会が計8回開催され，作業部会を加えると100回近い審議がなされた。アドホック委員会では，節目節目でNGO（Non-Governmental Organization：非政府組織）・障害者団体も同席し代表が発言する機会が設けられた。それは，障害当事者の間で使われているスローガン「"Nothing About Us Without Us"（私たちのことを，私たち抜きに決めないで）」に代表されるように，障害者自身が主体的に条約づくりに参加することを意味し，名実ともに障害者のための条約としようという国際社会の総意でもあった。日本からも延べ200名ほどの障害者団体の関係者が交渉の行われた国連本部（ニューヨーク）に足を運び，実際に委員会を傍聴した。そして，最終になる第8回アホドック委員会が2006年8月14～25日まで開催された。前文から最終条項，個人通報制度及び調査制度に関する選択議定書について議論し，条約案の基本合意がされ，2006年12月第61回国連総会において提案，正式採択となった。21世紀に入って初めての人権条約だった。

2-3-2. 「障害者権利条約」の概要――「社会モデル」から「人権モデル」へ

　障害者権利条約は，「障害者の権利に関する条約」と「障害者権利条約選択議定書（日本は批准していない）」の2種類からなっている。前文25項目，本文50条からなり，障害者がおかれた厳しい差別の現状を認識し，特別な権利ではなく「他の者との平等を基礎」とした同年齢の市民と同等の権利として「障害に基づくいかなる差別もなしに，全ての障害者のあらゆる人権及び基本的自由を完全に実現すること」（同法第4条第1項）を約束した条約である。

　障害者権利条約には障害の定義がない。前文に障害を「発展する概念」とした上で，機能障害と様々な障壁との相互作用により他の者との平等を基礎として社会に完全かつ効果的に参加することを妨げている状態として，障害の認識を「社会モデル」に重心を移すことを第1条に掲げている。しかし，障害者権利委員会の委員長でもあったテレジア・デグナーは，障害者権利条約は当初

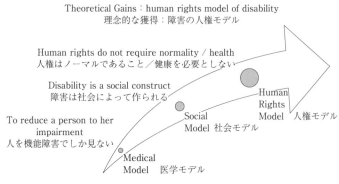

図 4-2　障害の人権モデルへの発展過程

出所：Degener（2014）. 佐藤久夫 訳。

「社会モデル」をエネルギーとして作成されていったが，できあがってみると「人権モデル」を法典化したものとなったという（Degener, 2014）。また彼女はこの「人権モデル」について，「第一世代の人権と」と「第二世代の人権」を含むもので，アイデンティティの問題を意識するものでもあると説明している。障害者権利条約においては「他のものとの平等を基礎にする」ことが基本原則でもあることから，障害を「人権モデル」で捉えることは，「第三世代の人権」としてとらえるということだといってもよいだろう。また，「発達の権利」と同質な権利だといってもよいのではないか。無差別，実質的平等の保障ということが基本原則であるということから，障害者権利条約は「『発達保障の権利』を（障害児者のところで）実質的に実現・保障していく条約」だともいえる。が，「人権モデル」へのパラダイムシフトはまだ起きていない（図 4-2 参照）。

2-3-3. 「他の者との平等を基礎として」を実現させる仕掛け

では，この「他の者との平等を基礎として」という無差別や実質的平等を実現していくためにどういうことを必要とするのかについて，障害者権利条約では次のような仕掛けの提起をしている。

① 合理的配慮（reasonable accommodation）による実質的平等

障害者権利条約第 2 条では，合理的配慮を「障害者が他の者との平等を基礎として全ての人権及び基本的自由を享有し，又は行使することを確保するための必要かつ適当な変更及び調整であって，特定の場合において必要とされるものであり，かつ，均衡を失した又は過度の負担を課さないもの」と定義してい

る。わかりやすくいえば，機能障害の有無にかかわらず，実質的に平等な生活が営めるようにその人にあわせた個別的な支援を行うことである。したがって，「合理的配慮の否定」は「差別」だということになる。

②　「積極的な区別政策」（affirmative action）による「他の者との平等」

基本原則として第 4 条第 1 項に，「何人も，障害者に対して，障害を理由として，差別することその他の権利利益を侵害する行為をしてはならない」こと，また，同条第 2 項に，「社会的障壁の除去は，それを必要としている障害者が現に存し，かつ，その実施に伴う負担が過重でないときは，それを怠ることによつて前項の規定に違反することとならないよう，その実施について必要かつ合理的な配慮がされなければならない」ことが規定されている。あらゆる差別の禁止を基本原則にしつつ，ただし「他の者との平等を基礎とする」ために必要な環境を特別に用意する（点字や音声が出る機械の利用，試験時間や開場の配慮などの合理的配慮）ことについては，積極的な区別政策として認めている。

③　アクセシビリティ（accessibility）

第 9 条施設及びサービス等の利用の容易さ（第 1 項）では，障害者が「物理的環境，輸送機関，情報通信（情報通信機器及び情報通信システムを含む。）並びに公衆」に開放され，又は提供される他の施設及びサービスを利用する機会を有することを確保するための適当な措置としている。この考え方も特有のものである。

2-3-4.　障害者権利条約批准の準備として日本の障害福祉制度が変わる

あらゆる障害を理由とした差別の禁止を基本原則にする障害者権利条約の批准のために，日本は国内法を整備する必要があった。障害者虐待が1990年代に入って相次いで明るみに出るなど障害者虐待・差別が深刻化し，当事者から訴えが上がるなど矛盾が激化していた時代で，障害者権利条約の批准にむけての準備というエネルギーが原動力となって，欠格条項の見直し（1999年），障害者虐待の防止，障害者の養護者に対する支援等に関する法律（以下，障害者虐待防止法）（2011年），障害を理由とする差別の解消の推進に関する法律（以下，障害者差別解消法）（2013年）の制定と相次いで懸案となっていたことに着手していった。

3．障害者の人権と対立する思想

　障害が，社会のあり方や環境と生活（様式）との連関において困難さが生じてくる状態だとするならば，障害のある人は「社会環境や生活にあわない」状態に置かれた人たちだということになる。それは，もう少しわかりやすくいうならば，障害のある人たちはそのときどきの社会のあり方の中で，社会の一員として求められない・認められない"棄民"の対象となり，そのときどきの政策によって人権を侵害されて，差別され，排除され，常にいのちの優先順位の中で生きる価値のない存在としてさらされてきた，といえる。障害のある人たちの人権を侵害してきた思想とは，一体どのような思想なのか。

3-1. 差　　別

　障害者権利条約では，障害に基づくあらゆる区別，排除または制限や合理的配慮の否定を差別とした。それだけ区別されて，平等ではない状態にさらされてきたのだ。例えば日本では1947年に教育基本法・学校教育法が公布され，盲学校・聾学校・養護学校（このとき制度創設）への就学の義務化がされた。しかし重度の障害者に対しては，就学免除・就学猶予の措置が執られ，ほとんどの場合就学が許可されず，教育権そのものが保障されてこなかった歴史がある。特に「能力に応じて等しく」教育を受ける権利を逆手にとって，「能力に応じて」を能力主義により序列化する評価軸として，能力のある子どもたちから教育を受けさせることの正当性として使用し，結果，障害のある人たちを学校という場から"間引いて"きた。何らかの価値による序列化は，区別化へと誘導し，区別することによって差別や排除になっていく典型例だといえよう。

3-2. 優生思想

　優生思想とは，遺伝子のうち優良とされているものを増加させて，劣等とされているものを減少させる思想である。「強い人だけが残り，劣る人や弱い人はいなくてもよい」という考え方，あるいは「生産性が高い人，能力が高い人には生きる価値がある」という考え方をいう。実際に第二次世界大戦時にドイツで「T4作戦」という作戦で6カ所の殺戮施設で合計20万人以上の障害のあ

る人たちが虐殺（作戦終了後の「T4作戦の野生化」による虐殺含む）された。また終戦直後の日本においては，国策として「障害者を増やさない」ために「逆淘汰の防止[3]」ということが堂々と国会で議論され，強制不妊，強制断種などを可能とする誤った法律の旧優生保護法を成立させ，国民・関係者の無意識や無関心もあって旧優生保護法が人権を障害のある人の生きる希望を破壊していくことになった。障害者を少数者ではなく，「社会悪」として位置づけたことはとても罪が深い。さらに国の動きを無批判に受けいれ続けた都道府県や，優生手術が人権を激しく侵害することを知りつつも，置かれている悲惨な生活状態との関係で葛藤しつつも結果的に強制不妊を容認した相談機関や医師，医療従事者，そして障害者施設の職員たちの責任も大きい。今だからいえることだが，当時は無意識・無関心によって事の重大さを見えなくなるとともに，「内なる優生思想」として日常の生活の中に埋没させられてしまっていた。そして2016年7月26日に障害者施設の元職員によって，19人の重度の障害者が殺害され，27人の障害者と職員が傷つけられた「津久井やまゆり園障害者殺傷事件」が発生する。この事件は，埋没していた優生思想が引き起こした事件で，いわば「T4作戦」と地続きの事件である。犯人は「障害者なんていなくなればいい」「障害者は不幸を作ることしかできない」ということを理由に殺害していった。私たちは，この事件から教訓をしっかり学ぶ必要がある。

3-3. 社会防衛思想

　社会防衛思想とは，多数の国民を守るためには，少数の障害者や病者が排除されるのは当然という考え。先にも挙げたように優生思想と結びついて，「逆淘汰の防止」として日本の障害者政策を不平等な区別による差別へとねじ曲げていった。また，日本で最初の精神保険制度の精神病者監護法（1990年）では，精神疾患の人の監置方法として自宅の中に閉じ込めて監護するこ「私宅監置」を認めていた。1918年に呉秀三が，私宅監置の現状を告発する調査報告書を発表したことで，1919年公立精神医療機関設置と私宅監置の廃止が盛り込まれた精神病院法の制定には至るものの，財政的理由から遅々として進むことはなく，「私宅監置」は1950年まで，戦後アメリカの統治下にあった沖縄では1972年まで続いた。1935年には全国で7,000人超が監禁されていた（厚生省医務局，1995）。

4．発達保障への道を力強くすすもう

　私たちや私たちの先輩方がこの半世紀をかけて否定してきたのは，差別，優生思想である。個人の問題だけにすることではないことは，障害者権利条約の制定過程や一つひとつの条項がそれを物語っていた。日本で起きた「津久井やまゆり園障害者殺傷事件」は，障害者の無差別平等・実質的平等という人権保障を軽視し，欠陥だらけの法制度を放置し，個々の「内なる優生思想」にまでコミットするとりくみや制度や政策を展開してこなかった社会のあり方の象徴といえる重大な事件である。いま必要なことは，個々の「内なる優生思想」にも届くような障害者権利条約の完全実施・完全浸透とその国内法の点検・再整備と施策実施である。無差別と実質的平等による差別禁止をわがものにし，差異を多様性として受けとめたゆたかな人権保障の強力な政策をすすめることである。

　そしてどんなに障害が重くとも，その人の「生きたい」ねがいを受けとめて，「生きる権利」を剥奪する今の社会のあり方に対して，「どう生きたい」のかということから問うていくことが，ますます重要になってくる。その過程こそが，発達保障への道なのである。

> ──　演習問題　考えてみよう・調べてみよう　──
> 　自分の中にある「内なる優生思想」には，どのようなものがあるのか考えてみよう。

注
(1)　外務省「障害者の権利に関する条約（略称：障害者権利条約）」（https://www.mofa.go.jp/mofaj/gaiko/jinken/index_shogaisha.html, 2020年9月4日アクセス）。
(2)　障害者権利条約の選択議定書では，ある個人が権利侵害を受け，自国の司法機関で決着がつかない場合に，直接国連に通報できる個人通報システムなどを定めている。
(3)　19世紀に優生学を創始したフランシス・ゴルトンが唱えた説。文明の発達した人間社会では，理性的な人々ほど生殖活動に熱心ではないために，社会的に望ましくないとされる不良な人々が，優良な人々を凌駕して，増殖する傾向にあるとした。

国が中絶を合法化し避妊を勧めると，教養があり生活にゆとりがある「優秀者」は行うが，障害者や困窮者など「劣悪者」は行わない。その結果，後者の人口が増え，国力が落ちる，との考え方。

参考文献

荒木穂積（2005）「新しい人権としての社会保障」加藤直樹ほか編著『人間らしく生きる福祉学――はじめて学ぶ人の社会福祉入門』ミネルヴァ書房，148-156頁。

荒木穂積（2015）「発達保障誕生から50年」『立命館産業社会論集』15(1)，3-28頁。

糸賀一雄（1968）『福祉の思想』日本放送出版協会。

上田敏（1983）『リハビリテーションを考える』青木書店。

上田敏（2016）「障害者の人権保障と障害概念――国連障害者権利条約を手がかりに考える」『障害者問題研究』43(4)，38-46頁。

大川弥生（2006）「ICF（国際生活機能分類）――『生きることの全体像』についての『共通言語』」（第1回　社会保障審議会統計分科会生活機能分類専門委員会　参考資料3）。

窪田暁子（2013）『福祉援助の臨床――共感する他者として』誠信書房。

厚生省医務局（1955）『医制八十年史』。

佐藤久夫（2016）「『障害』と『障害者』をどう理解するか」佐藤久夫・小沢温編『障害者福祉の世界 第5版』有斐閣アルマ，1-42頁。

田村和宏・玉村公二彦・中村隆一編著（2017）『発達のひかりは時代に充ちたか？』クリエイツかもがわ。

Degener, T.（2014）"A human rights model of disability"（https://www.dinf.ne.jp/doc/japanese/rights/rightafter/a_human_rights_model_of_disability_article_December_2014.pdf, 2020.9.5）。

さらに学ぶために

糸賀一雄（1968）『福祉の思想』日本放送出版協会。

きょうされん利用者部会（2015）『すきなときに　すきな人と　すきなところへ～ひろげよう！　障害者権利条約！』きょうされん。

藤井克徳（2018）『私で最後にして――ナチスの障害者虐殺と優生思想』合同出版。

毎日新聞取材班（2019）『強制不妊――旧優生保護法を問う』毎日新聞出版。

<table>
<tr><td>第 5 章</td><td>高齢者の保健と福祉</td></tr>
</table>

呉　世雄

本章のねらい

　高齢期のほとんどの人は，心身の健康が保たれる自立生活期を過ぎると，健康状態や生活自立度が段階的に低下していく。また認知症を患う確率も高まり，生活機能の低下を補うための支援が必要となる。近年は，介護が必要になっても住み慣れた地域で暮らし続けることを望む人も多く，それを実現するための地域資源など基盤づくりが急がれている。
　本章では，以上を踏まえ，高齢者・高齢期を支えるための基礎知識として，高齢期の生活自立度に応じた支援のあり方，介護保険制度の仕組みや利用方法，認知症の人の理解と支援，地域包括ケアシステムの仕組みなどについて学ぶ。

---　キーワード　---

高齢期の多様性，生活自立度，介護保険，認知症，地域包括ケアシステム

1．高齢者・高齢期とは

1-1．何歳から高齢者か

　高齢者の定義は，時代や社会によって異なり，必ずしも普遍的なものではないが，一般的に65歳以上の人を高齢者として取り扱う場合が多い。65歳という物差しは，1956年に国連が高齢化率（全人口に占める高齢者の割合）の算出基準として使ったことが始まりで（東京大学高齢社会総合研究機構，2013），今ではWHO（世界保健機関）なども高齢者の定義として65歳以上を採用しており，最も多く使われる高齢者の基準といえる。

　日本においても，公的年金や介護保険などの利用条件・受給条件として65歳を設定しているものが多く，「高齢者＝65歳以上」という概念が定着している。また，65歳から75歳未満を「前期高齢者」，75歳以上を「後期高齢者」と呼ぶ場合があるが，いずれ65歳を高齢者と呼ぶことに変わりはない。

　一方，日本老年学会・日本老年医学会（2017）は，加齢に伴う身体的機能変

化は，10〜20年前と比較して 5 〜10年遅延し，「若返り」現象がみられると指摘し，高齢者の定義を新たに，準高齢者（65〜74歳），高齢者（75〜89歳），超高齢者（90歳以上）に区分することを提案している。65歳以上といっても，65歳の人と80〜90歳の人とでは親子ほどの差があることを考えると，このような区切り方がより現実に見合ったものかもしれない。

　では，高齢者本人たちは，どのように考えているのだろうか。高齢者の日常生活に関する意識調査（内閣府，2014）では，「高齢者とは何歳以上か」という質問に対し，「70歳以上」や「75歳以上」という答えが，それぞれ 3 割程度で，「80歳以上」も 2 割弱を占めている。一方，「65歳以上」は6.4％に留まっている。ほかにも，「年齢では判断できない」と答えた人も約 1 割を占めている。このように，高齢者自らが考える高齢者のイメージは，65歳以上という基準より少なくとも 5 〜10歳以上高いことがわかる。なお，同じ調査の過去のものも併せてみると，近年になるに連れ，高齢者の自己イメージは若くなってきている。

　2019年，日本人の平均寿命は，女性87.45歳，男性81.41歳で（厚生労働省，2020），世界一の長寿社会を迎えている。また，2007年に日本で生まれた子どもの半数は，107歳より長く生きると推計されており（Human Mortality Database＝首相官邸，2017），「人生100年時代」に突入しようとしている。人生100年時代，高齢者のイメージや定義そのものも，さらに変わっていくことが予想される。高齢期の過ごし方や，それを支える仕組みも時代の変化に合わせて変革していくことが求められるであろう。

1-2. 高齢期の支援──喪失と成長への複眼的視点

　高齢期の多くの人は，心身機能の低下だけでなく，退職や引退による社会的地位・役割の喪失・変化を経験する。またそれを背景に自尊心や生きがいを失いがちで，配偶者や同世代の兄弟や友人が亡くなるなど，多くの喪失に直面するといわれている。

　しかし，高齢期は見方を変えれば，次のような肯定的な面もたくさんある。引退等により自由に使える時間が増え，祖父母という新たな役割を担ったり，地域活動に参加する余裕が生まれてくる。また高齢期になっても知恵や判断力などは衰えることなく，むしろ発達し続けるといわれている。このような肯定的な側面に焦点を合わせると，高齢期は新たな成長や可能性を有する，第 2 の

全盛期という見方もできるのではなかろうか。

　高齢者・高齢期は，○○制度の受給者，○○サービスの利用者といった，支援される側，受け身の立場として理解される場合が多い。しかし，高齢期は個人差が大きく，老後の過ごし方も一様ではない。老後，早いうちから要介護状態になって「助けられる側」になる人もいれば，いつまでも元気でボランティア活動や自治組織を通して「助ける側」として活躍し続ける人もいる。また，たとえ介護が必要な状態になっても，隣近所のちょっとした見守りや話し相手など，その人なりにできることを探して実践する，「助けられながら助ける側」の人も少なくない。

　高齢者福祉の実践においては，高齢期の多様な生き方を理解するとともに，弱みを補うだけでなく，強みや可能性への支援も含めた，複眼的な視点が必要である。

2．高齢期における生活自立度の変化と生活支援

　高齢期は加齢とともに健康状態に変化が生じ，自立して生活する能力（＝生活自立度）も低下していく。本節では，高齢期において健康状態を基礎とする生活自立度がどのように変化していくのか，またそれに応じてどのような支援が必要なのかについて，次の研究結果（図5-1）[1]を見ながら解説する。

2-1．高齢期における生活自立度の変化

　図5-1は，ADLやIADLを基準として，加齢が進むにつれ生活自立度がどのように変化していくのかを，男女別にその典型的なパターンを示したものである。まず，男性では3つのパターンが見られる。つまり，約2割の人は70歳になる前に健康を損ねて死亡するか，重度の要介護状態になる。また，約1割の人は80〜90歳まで自立度を維持できている。一方，大多数を占める約7割の人は，75歳頃から徐々に自立度が低下していく。

　女性では，2つのパターンが見られる。70歳になる前に健康を損ねて死亡するか，重度の要介護状態になる人は約1割で，大多数の約9割の人は70代半ばから緩やかに自立度が低下していく。なお，男性とは違って，最後まで自立生活を貫くというパターンは見られない。

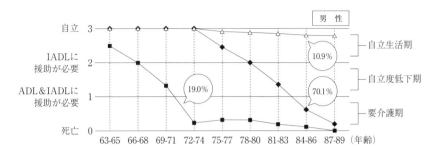

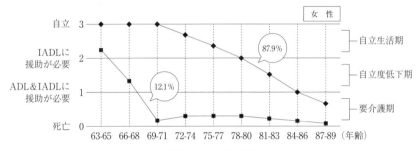

図 5-1　高齢期の生活自立度の変化パターン

注：(1)ADL（基本的日常生活動作）：日常生活を送る上で必要な最も基本的な生活機能。食事，排泄，着
　　　脱衣，移動，入浴など。
　　(2)IADL（手段的日常生活動作）：日常生活を送る上で必要な生活機能で，ADL より複雑なものを指
　　　す。買い物，洗濯，掃除などの家事，金銭管理，服薬管理など。
出所：東京大学高齢社会総合研究機構編（2013）を基に加筆修正。

　男女合わせると，約 8 割の人が70代半ばから徐々に衰えはじめ，何らかの支
援が必要になる。つまり，この 8 割の人は，何らかの病気や身体の不具合を抱
えながらも，多少の助けがあれば，自立して日常生活を続けることができると
いうことである。

2-2. 高齢期の生活自立度の変化に応じた生活支援

　ある程度個人差はあるが，高齢期のほとんどの人は，自立生活期を経て，次
第に自立度低下期，要介護期へと向かっていく。高齢期の各段階ではどのよう
な助け（支援）が必要なのだろうか。各段階の特徴を踏まえながら，必要な主
な支援について考えてみよう。

2-2-1. 自立生活期

　明確な線引きは難しいが，年齢で区切れば75歳くらいまでを想定する。日本

では多くの場合，65歳を起点として職業からの引退などにより社会的役割が縮小しはじめるが，その後，約10年間は元気なままで自立した生活を送っている。自立生活期には，高齢期のキャリア形成（再就職や生きがい就労）や地域活動への参加など，新たな社会的役割を見つけるための機会や場を設けるなど，「人生多毛作」の実現を支える支援が必要である。そのためには，高齢者本人による努力や個人に対する支援だけでなく，高齢期の新たな可能性に着目した社会政策を展開することや，社会の高齢者に対するイメージを改めるといった価値観の変革も同時に必要であろう。一方，介護予防活動などを通して健康寿命を延ばすことで，今の自立生活期をより長く維持できるように支援するといった予防の視点も重要である。

2-2-2. 自立度低下期

自立度が長期にわたり緩やかに低下していく段階であり，年齢としては75歳以上を想定する。健康な状態と日常生活で支援が必要な要介護状態の中間に当たり，高齢期のほとんどの人は，このような一定の期間を経験する。心身の衰えが始まり，何らの支援が必要な場面が増えていくが，早い段階から適切に介入・支援すれば，生活機能を維持・向上することができる。自立度低下期は，IADL の低下に伴い，買い物・洗濯・掃除などの家事や，金銭管理，服薬管理などの支援が必要となる。また，介護保険の予防給付や市町村が実施する介護予防活動などの利用支援，地域資源に関する情報提供など，心身の衰えを予防するための様々な支援が求められる。また，老いを体感していく中で起こりうる心理的不安，孤立感，抑うつなど，内面的な変化に着目した配慮や支援も重要である。社会的孤立を防ぐための見守り活動や地域とのつながりへの支援，認知症予防活動などもその一例といえる。

2-2-3. 要介護期

自立度が低下し，介護・療養を必要とする段階である。要介護の期間を経ずに最期を迎える人はほとんどいない。介護保険制度の利用状況を見ると，85歳以上では約6割の人が要介護認定を受け，自立度の低下を補うための何らかのサービスを利用している。要介護期は，心身の状況に応じて介護保険サービスなどの利用に関する支援が必要である。その際，本人の残存能力を最大限活かしながら，できる範囲で活躍し続けることを支援することも重要である。一方，介護の社会化が進められてきたとはいえ，依然として家族介護者の役割は大き

い。介護による身体的・精神的疲労などで孤立したり共倒れしないよう，家族介護者を支えるための工夫も重要である。また，近年は，要介護状態になっても，住み慣れた地域・自宅で最期まで自分らしく暮らすことを支援するための地域づくり（＝地域包括ケアシステムの構築）が進められている。今後は，それらの地域資源の活用や開発といった視点も重要となる。ほかにも，人生の最期を準備するための終活支援，看取り介護，認知症の人の意思決定や権利擁護なども，要介護期の必要な支援内容といえる。

このように，高齢期の生活自立度に応じて支援する側の役割も変わっていく。次節以降は，高齢期を支えるための基礎知識として，①介護保険制度，②認知症，③地域包括ケアシステムを取り上げ，概説する。

3．高齢期を支える介護保険制度

介護が必要となった高齢者とその家族を社会全体で支えていく，いわゆる「介護の社会化」を目指し，1997年に介護保険法が制定され，2000年度から介護保険制度が始まった。介護保険制度が導入される前は，介護の主たる担い手は家族，特に妻や嫁，娘などの女性の役割が非常に大きかった。利用できるサービスの種類も少なく，行政の権限で利用できるか否かが決められるなど，ニーズを持つ誰もが利用できる普遍的なサービス環境ではなかったのである。介護保険制度の導入により，一定のルールに則って要介護状態と認められれば，利用者が事業所を選んで契約することができるようになった。

介護保険制度は，高齢期，特に要介護期を支える中核的役割を担っている。図5‐2を見ながら，介護保険制度の仕組みや利用方法などについて説明していく。

3-1. 介護保険の保険者と被保険者

介護保険制度で保険者とは，介護保険を運営する主体を意味するが，原則として市町村である。保険者である市町村は，被保険者から介護保険料を集め，保険事故（要介護・要支援状態になった人）に対して給付を行う役割を担う。そのほかにも，被保険者の資格管理，要介護の認定，地域密着型サービスの指定・監督，事業者・施設への立入検査，市町村介護保険事業計画の策定など，

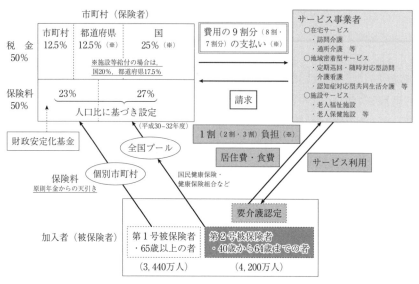

図5-2　介護保険制度の仕組み

出所：厚生労働省（2018）。

介護保険制度の運営に関する諸業務を行う。

　介護保険の被保険者とは，介護保険料を支払う人で，介護が必要になれば保険で介護サービスを利用することができる。被保険者は，市町村に住所を持つ65歳以上の者（＝第1号被保険者）と市町村に住所を持つ40歳以上65歳未満の医療保険加入者（＝第2号被保険者）に分かれる。第1号被保険者は，原因を問わず要介護・要支援状態であることが認められれば介護サービスを利用することができるが，第2号被保険者は加齢に伴う疾病（特定疾病）が受給の要件となる。また，介護保険料の納付は，第1号被保険者は年金から天引きされるか，納付書で支払うが，第2号被保険者は健康保険に上乗せして徴収され，会社等に雇用されている場合は事業主と折半で負担する。

3-2.　介護保険の費用と利用者負担

　介護保険は，利用者の自己負担分，保険料，公費（税金）によって運営される。具体的には，利用者が支払う1〜3割の自己負担分を除く費用について，公費（税金）50％，被保険者が納める保険料50％でまかなう。また公費の半分は国（25％）が，その残りの半分は都道府県（12.5％），市町村（12.5％）が負担

する。

　介護サービスを利用するとき，利用者の所得を基準に決められる自己負担割合（1 割，2 割，3 割）に応じて利用料を支払う。制度導入当初は一律 1 割だったが，法改正により，2 割（2015年 8 月から）と 3 割（2018年 8 月から）が設けられた。なお，第 2 号被保険者は，一律 1 割負担で利用できる。

3-3.　介護保険サービスの利用方法――要介護認定のプロセス

　介護保険サービスを利用するためには，市町村の窓口に申請書を提出し，要介護認定という審査を受け，「要介護」または「要支援」状態と認められることが必要である。申請にあたっては，本人だけでなく，家族や友人，ケアマネジャー，民生委員などによる代理申請も可能である。介護保険制度では，寝たきりや認知症等で常時介護を必要とする状態（要介護状態）になった場合や，家事や身支度等の日常生活に支援が必要であり，特に介護予防サービスが効果的な状態（要支援状態）になった場合に，介護サービスを受けることができる。この要介護状態や要支援状態にあるかどうかの判定を行うのが「要介護・要支援認定」（以下，要介護認定）である。

　要介護認定は，まず市町村の認定調査員が申請者を訪問し，心身の状況調査（認定調査）を行う。また同時に主治医に意見書の提出を依頼する。その後，認定調査の結果と主治医意見書に基づいてコンピュータによる判定が行われる。これを一次判定という。次に保健・医療・福祉の学識経験者などで構成される介護認定審査会により，一次判定結果や主治医意見書等に基づき，二次判定を行う。市町村はその結果を基に要介護認定を行う。認定結果は，7 段階に分かれ，要介護度の低い（＝自立に近い）順から「要支援 1 ～ 2 」「要介護 1 ～ 5 」に分類される。

3-4.　介護保険サービスの種類

　介護保険サービスは，大きく①在宅サービス，②施設サービス，③地域密着型サービスに分けることができる。まず，在宅サービスは，自宅で受けるサービス（訪問介護・看護など）や施設に通って受けるサービス（通所介護・短期入所など）があり，本人・家族の状況や必要性に応じて組み合わせたりして利用することができる。次に，施設サービスは，施設等に入所して介護や療養サービ

スを受けるもので，介護老人福祉施設（特別養護老人ホーム），介護老人保険施設，介護療養型医療施設の3種類がある。最後に，地域密着型サービスは，要介護度が重くなっても，住み慣れた地域で継続して暮らすことを支援することを目的とするサービスである。事業者や施設の指定・指導などは市町村が行い，原則，その地域に住む住民しか利用できない。小規模・多機能な施設や，利用料が月額定額制で運営されることなどが特徴である。

4．認知症の人の理解と支援

　認知症とは，いろいろな原因で脳の神経細胞の働きが悪くなったために認知機能に障害が起こり，社会生活や日常生活に支障が出ている状態（およそ6カ月以上継続）を指す。政府の推計によれば，2020年の時点で日本の認知症患者数は631万人で，高齢者の約7人に1人は認知症の人である。このまま増えていけば，2025年には，約700万人，5人に1人が認知症になると推計されている。認知症の有病率は，65歳以上で平均20.6％だが，80代を超えると急速に増え，85～89歳は44.3％，90歳以上は64.2％（男性42.4％，女性71.8％）となる（厚生労働省，2019）。それでは，認知症について詳しく見ていこう。

4-1. 主要な認知症——原因疾患による病状の特徴

　認知症は病名ではなく，何らかの病気が原因で引き起こされる特有の症状や状態である。認知症の代表的な原因疾患とその特徴については以下の通りである。

4-1-1. アルツハイマー型認知症

　認知症の原因として最も多い。大脳の側頭葉や記憶を司る「海馬」が萎縮して起こる。症状は記憶障害から始まり進行が進むと，いずれ大脳の機能が弱くなって寝たきりになる。原因はまだ特定されていないが，進行を緩やかにする薬剤は開発されており，早期発見と治療が何より重要である。

4-1-2. 血管性認知症

　脳血管が詰まったり（脳梗塞），破裂する（脳出血）ことなどが原因で，脳の血液循環が悪くなり，神経細胞が壊れて起こる。糖尿病や高血圧などの生活習慣病とも関係が深い。もの忘れなどの症状のほか，手足のしびれ・麻痺など運

動障害が特徴である。症状が出たり消えたりする「まだら症状」も多くみられる。

4-1-3. 前頭側頭型認知症

前頭葉や側頭葉といった脳の前の方の部分が変性し萎縮することにより起こる。本人に病識がないことが多く，病状は緩やかに進行する。知覚，空間的能力，行為，記憶などの機能は比較的よく保たれる。一方，人格変化，反社会的行動，常同行動（同じ行為を繰り返す），意欲低下，言語障害などが多くみられる。

4-1-4. レビー小体型認知症

脳の中にレビー小体という物質が出現することで起こる。幻視・妄想，注意・認知機能の変動，手足の震えや小刻み歩行，手足のこわばり，表情がなくなるなど，パーキンソン病のような症状のほか，便秘や失禁，立ちくらみなどの自律神経症状を伴うことがある。

4-1-5. 若年性認知症

64歳以下で発症した認知症のことを若年性認知症と呼ぶ。その原因は様々で，有病率は，2018年時点で18〜64歳人口10万人当たり50.9人，若年性認知症者の総数は3.57万人と推計されている（東京都健康長寿医療センター，2020）。生計を担う働き手が発症することが多いため，介護だけでなく，経済的な問題を抱える場合も多い。高齢期の認知症に比べると，利用できるサービスが圧倒的に少ない。

4-2. 認知症の中核症状と周辺症状

認知症の症状は，主に脳の働きの低下によって起こる「中核症状」と，本人の性格や経験，環境の変化などが加わって起こる「周辺症状」（行動・心理症状：BPSD）がある。中核症状は，脳の細胞が壊れることによって直接起こる症状である。記憶障害（特に，直前に起きたことも忘れる），判断力の低下（筋道を立てた思考ができなくなる），見当識障害（時間や場所・名前などがわからなくなる），実行機能障害，失語，失認識・失行などが挙げられる。認知症になれば誰にでも中核症状が現れる。

周辺症状は，脳の障害により生じる精神症状や行動の異常のことである。妄想，抑うつや不安などの精神症状と，徘徊，興奮，攻撃，暴力などの行動の異

常が見られる。周辺症状は，その人の性格や環境，人間関係などが絡み合って起きるため，人それぞれ表れ方が異なる。環境の変化や治療への恐怖感などから引き起こされることが多いため，環境を戻したり接し方を変えたりすることで本人の不安がやわらぎ，改善する場合もある。

4-3. 認知症の人の家族介護者への支援

認知症の人の家族介護者は，認知症と宣言されたときから，「驚愕─否認─怒り─抑うつ─適応─再起」のプロセスをたどる（図5-3）。それは，家族にとって大切な家族を部分的に喪失していく，心の傷を負っていく過程でもある（松本，2006）。

家族は，認知症の進行で新たな病状が現れるたびに，喪失体験を重ねる。また介護者に向けられがちな物とられ妄想など思いがけない周辺症状は，家族の心をさらに動揺させ，傷つけ，疲労させる。また，家族を抑うつ状態に追い込め，怒りを認知症の人の本人や周りにぶつけたり，自分自身の至らなさを責めることにつながる。家族のこのような心の揺らぎは，病状とともに変化し，繰り返される。支援する側は，家族の思いを十分に理解し，家族が認知症を受容できるように支えることが重要である。

5．地域包括ケアシステムの構築と実践

近年，要介護状態が重くなっても，住み慣れた地域で自分らしい暮らしを最後まで続けることができるよう，住まい・医療・介護・予防・生活支援が一体的に提供される「地域包括ケアシステム」の構築が進められている。従来の施設や病院でのケアが身近な地域社会で行われるように，様々な社会資源を体系的に作っていくことが目指されているのである。地域包括ケアシステムについて詳しく見ていこう。

5-1. 地域包括ケアシステムが必要とされる背景

「地域包括ケアシステム」の構築が求められる背景は，「利用者側のニーズ」と「政策側のニーズ」から説明することができる。政府の調査によると，終末期の療養場所として約6割以上が「自宅で療養したい」と答えており，また要介護

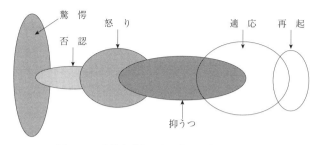

図 5-3　家族介護者の心の傷と回復のプロセス
出所：松本（2006, p.59）。

状態になっても，自宅や子ども・親族の家での介護を希望する人が 4 割を超え
ており（厚生労働省，2012），多くの高齢者が老後の居場所として自宅を希望し
ていることが明らかになっている。地域包括ケアシステムは，このようなサー
ビスの利用者側の在宅・地域指向のニーズに応えるための環境整備であるとい
える。

　一方，政策側は，少子高齢化が続く中，高齢者政策にかかる社会保障などの
持続可能性という大きな課題を抱えている。団塊世代が75歳以上になる2025年
以降は，今まで以上に急速に医療や介護などの費用が膨らむことが予想されて
おり，その対策が急がれているのである。地域包括ケアシステムは，国家主導
の制度／政策だけでなく，地域を基盤として様々な主体の連携・協働によるケ
アシステムを作って社会全体で支えていくことで，社会保障制度の持続可能性
を維持・確保したいという，政策側の意図も背景にあるといえる。

5-2.　地域包括ケアシステムの 5 つの構成要素

　地域包括ケアは，日常生活圏域と言われる地域単位（概ね徒歩30分圏内：中学
校区）で，「医療」「介護」「予防」という専門的サービスと，その前提としての
「住まい」「生活支援・福祉サービス」が相互に関係し，連携しながら地域生活を
支えていくことを意味する。具体的には，在宅や高齢者向け住宅などの「住ま
い」を基本に，いつでも元気に暮らすために老人クラブや自治会，ボランティ
ア，NPO などを活用しながら，「生活支援・介護予防」を進める。また病気に
なったら通院・入院の「医療」の提供を受けて自宅で生活を続け，「介護」が
必要になったら在宅系サービスや施設・居宅系サービスを通所・入所で利用す

表5-1　地域包括ケアを実現するための4つの「助」

自　　助	自分のことを自分でする，自らの健康管理（セルフケア），市場サービスを購入
互　　助	当事者団体による取り組み，高齢者によるボランティア・生き甲斐就労，ボランティア活動，住民組織の活動
共　　助	介護保険に代表される社会保険制度及びサービス
公　　助	一般財源による高齢者福祉事業等，生活保護，人権擁護・虐待対策

出所：厚生労働省資料。

る包括的なケアが受けられる地域づくりを目指している。

5-3. 地域包括ケアの担い手——4つの助けによる協働と高齢者の社会参加

　地域包括ケアの担い手については，自治体行政の役割だけでなく，地域社会の様々な主体がそれぞれ役割を担い，また連携・協働を通して地域資源を作り上げていくことが強調されている。表5-1のように，各地域が有する「自助・互助・共助・公助」の役割分担を踏まえながら，地域単位のセーフティネットを作っていくことを意味する。

　一方，生活支援や予防活動については，高齢者たちによる地域ぐるみの互助の取り組みにも期待が寄せられている。ボランティア・住民組織の活動に対し，行政などから活動を支援するための資金の補助など，高齢者の活躍を促進することを通して，地域の助け合いや介護予防を防ぐといった取り組みが展開されている。

　このように，地域の中に高齢者たちが活躍できる場や機会を増やすことは，高齢者本人だけでなく，他の世代にとってもメリットが大きい。地域で何らかの役割を持っている人はそうでない人より，QOLが高く，うつ病や認知症の発症率が低く抑えられ，死亡率も低くなるといった研究結果が多く報告されている（日本医療研究開発機構，2016）。高齢者の地域活動への参加は，高齢期の自立生活期をより長く維持することを助ける自助の活動であると同時に，それらの活動は，地域の助け合いの文化や仕組みを生み出す互助の活動ともいえる。

─ 演習問題　考えてみよう・調べてみよう ─

　もしあなたが，老後に要介護状態になったら，どこで，どのような暮ら
しをしたいか考えてみよう。また，その望む生活に必要な制度／政策や社
会資源などについても調べてみよう。

注
(1)　全国の住民基本台帳から無作為に週出しされた約6,000人の60歳以上の男女を対
　　象として，1987年から2006年までにわたり，加齢に伴う生活の変化を追った調査結
　　果である（東京大学高齢社会総合研究機構編，2013）。以下，本文中の分析結果に
　　ついては，この引用元を参考に加筆している。

参考文献
厚生労働省（2012）「在宅医療の最近の動向」（https://www.mhlw.go.jp/seisakunitsuite/
　　bunya/kenkou_iryou/iryou/zaitaku/dl/h24_0711_01.pdf，2021年 2 月28日アクセ
　　ス）。
厚生労働省（2018）「公的介護保険制度の現状と今後の役割」（https://www.mhlw.
　　go.jp/content/0000213177.pdf，2021年 2 月28日アクセス）。
厚生労働省（2019）「認知症施策の総合的な推進について（参考資料）」（https://www.
　　mhlw.go.jp/content/12300000/000519620.pdf，2021年 2 月28日アクセス）。
厚生労働省（2020）「令和元年簡易生命表の概況」（https://www.mhlw.go.jp/toukei/
　　saikin/hw/life/life19/index.html，2021年 2 月28日アクセス）。
厚生労働省 HP（https://www.mhlw.go.jp，2021年 2 月28日アクセス）。
東京大学高齢社会総合研究機構編（2013）『東大がつくった確かな未来視点を持つた
　　めの高齢社会の教科書』ベネッセコーポレーション。
東京都健康長寿医療センター（2020）「わが国の若年性認知症の有病率と有病者数」
　　（https://www.tmghig.jp/research/release/cms_upload/20200727.pdf，2021年 2
　　月28日アクセス）。
内閣府（2014）「平成26年度高齢者の日常生活に関する意識調査結果（全体版）」。
日本医療研究開発機構（2016）「地域づくりによる介護予防を推進するための研究」
　　（2016年エビデンス集 ver3.5）。
日本老年学会・日本老年医学会（2017）「高齢者の定義と区分に関する，日本老年学
　　会・日本老年医学会　高齢者に関する定義検討ワーキンググループからの提言
　　（概要）」。
松本一生（2006）『家族と学ぶ認知症──介護者と支援者のためのガイドブック』金
　　剛出版。

Human Mortality Database, U. C. Berkeley（USA）and Max Planck Institute for Demographic Research（Germany）.（＝首相官邸（2017）「人生100年時代構想会議中間報告」。）

さらに学ぶために

大橋謙策・白澤政和編（2014）『地域包括ケアの実践と展望——先進的地域の取り組みから学ぶ』中央法規出版。

東京大学高齢社会総合研究機構編（2013）『東大がつくった確かな未来視点を持つための高齢社会の教科書』ベネッセコーポレーション。

長谷川和夫・猪熊律子（2019）『ボクはやっと認知症のことがわかった——自らも認知症になった専門医が，日本人に伝えたい遺言』KADOKAWA。

宮崎和加子（2011）『認知症の人の歴史を学びませんか』中央法規出版。

コラム1　精神疾患の基礎

　精神疾患については米国精神医学会による精神疾患の診断・統計マニュアルの第5版（DSM-5）によると500程の診断数になり，また処方される精神科薬も数百あるので，精神疾患といっても掴みどころがない気がするが，実は精神疾患は大きく分けると2つの疾患が基礎になっている。統合失調症に代表される精神病と躁うつ病に代表される気分障害の2つである。その他にも不安症や神経症，発達障害，パーソナリティ障害等さまざまな疾患概念があるが，要はそういった種々の疾患のためにうつ病が生じたり，統合失調症のきっかけになったりして日常生活に支障を来すことで問題化していく。であるので，福祉に進まれる方はとりあえずこの2つ，統合失調症と気分障害を押さえることが大切である。疾患の定義，疫学，病理，治療法などは正書を参考頂くとして，これら2つの疾患の臨床に役立ち，かつ意外と盲点になりやすいポイントについて解説する。

（1）幻聴があると統合失調症になるのではない

　幻聴は誰にでも起こり得る。入眠時の幻聴の話は比較的よく聞く。また雪山で遭難時や無菌室での闘病生活の際にも聴こえてくるといわれている。幻聴があったからといってすぐに統合失調症だということにはならない。

（2）統合失調症患者は，怖い体験をしている

　統合失調症の患者と聞けば最初は怖く感じることもあるが，実は逆である。患者がこちらを怖がっていることがある。統合失調症の幻聴には，"自分の考えが声となって外から聞こえ，自分の考えが周りの他人に知れ渡っている"といった妄想に取り付かれてしまうことがある。逆の立場で想像してみると，その怖さが理解できる。統合失調症の患者は周囲の人を怖く感じていても不思議ではない。

（3）統合失調症には薬が必要

　統合失調症の原因はまだよくわかっていないが，脳の病気であるのは明らかであり，脳内の神経伝達物質の異常分泌が関係しているといわれている。なので投薬治療が第一選択となる。もちろんストレスを減らすような環境調整や家族教育なども必要であるが，あくまでも治療のメインは投薬である。うまく投薬調整ができると幻覚・妄想が軽減し，意欲も出て，社会復帰につなげることもできる。逆に急に症状が悪化したときは怠薬（薬の飲み忘れや自己判断による断薬など）を疑ってみる。

（4）カウンセリングで治るまで2年かかるうつ病が薬なら2週間で済むこともある

　うつ病の原因もまだはっきりとわかっていないが，軽度ならカウンセリングや認知行動療法も適応になることがあるが，それらの治療で場合によっては年単位でかかることでも，抗うつ薬を飲めば2週間程度で抑うつ気分が改善することもある。薬には副作用もあり抵抗があるかもしれないが患者にとってどちらが楽かも併せて考えるべきである。

（5）精神疾患というには日常生活に支障がでること

　いくら，うつ病だといってもバリバリ普通に仕事ができていたら違和感がある。精神疾患のさまざまな症状によってそれまで普通にできていたことができなくなったり，次第に仕事や勉強にも支障をきたしたりして，日常生活を普通に送る能力が低下してきて病気だと考える。要は本人がその症状によってどれだけ困っているか（他人に迷惑をかけるなど客観的に判断されることも含む）で判断すると間違いがない。

（6）うつ病でもこれまで躁症状がなかったかを聞く

　気分障害でも，うつ病だけが起こるタイプと，うつ状態に気分の高揚を伴うタイプ（双極性障害，躁うつ病）とは別に考える。その時にうつ病の症状だけあっても，双極性障害の躁状態とうつ状態のサイクルのうち，うつ状態にいるだけかもしれない。躁病は遺伝的要素が強いので，躁状態になった人が親戚にいなかったか（失踪したり，散財して自己破産したりしたエピソードなども）を患者や家族から聞き取り，もしに親戚に躁状態のエピソードがあれば本人の躁状態の発症化にも注意する。

（7）希死念慮の有無は聞く方がよい

　うつ病でもっとも気を付けないといけないのは自殺である。死にたいかどうかを本人に聞くのは憚れるかもしれないが，常に確認しておいた方がいい。点数で表現させると聞きやすい（死にたい気持ちは10点中何点か。10点が自殺企図しているレベルとする）。何点以上になればすぐに知らせてほしいと伝えたり，病院受診を勧めたり，家族に伝えたりするなどを決めておくとよい。また点数の変化も参考になる。希死念慮を聞く際も単に死にたい気持ちがあるかどうかだけでなく，どのように死のうと思っているかなど，具体性があるかも確かめておくとよい。

（宮口幸治）

第Ⅱ部　社会保障・社会福祉の歴史と制度

第6章

歴史の中の社会保障・社会福祉
──イギリスを例に

丹波史紀

本章のねらい

　社会福祉は，その歴史的形成過程において当初は「貧困者対策」への救貧制度から始まった。これをいち早く発展させたのは中世封建社会から市民革命や産業革命を通じて資本主義経済を発展させたイギリスである。社会福祉は，封建社会における恩恵的で治安対策としての救貧制度からスタートし，資本主義社会の形成と発展の中で形作られていく。そのため，さしあたりイギリスの社会福祉の歴史的展開を中心に，社会福祉の歴史をたどることにする。

── キーワード ──

救貧制度，個人貧から社会貧へ，生存権，ナショナル・ミニマム，ベヴァリッジ

1．絶対王政下の貧民対策

　資本主義以前の中世封建社会においては，封建領主と農奴（農民）などが存在し，土地にしばりつけられた農奴は自らの生産活動に従事しつつ領主による支配に従属するという封建的な身分制度が存在していた。領主にとって所有物とされた農奴は，身分的な従属が支配関係の前提であるため，人格的な不自由や身分的な従属を強要する一方で，共同体内においては相互扶助が存在し一種の生命保障の役割を果たしていた。そのため，障害者や高齢者や病人あるいは身よりのない子どもなどは，この共同体の内部では，その救済を一定程度期待することができた。

　こうした中世封建社会が解体しはじめると，こうした秩序も動揺し，当時の絶対王政は物乞いや浮浪をすることを禁止・処罰するとともに，彼らを出身地に強制送還するなどした。初期の救貧法は，あらゆる形態での浮浪を禁止するとともに，貧民を労働の有無によって分類し，労働能力を持たない者には物乞い（浮浪）の許可証を与え，この許可証を所持しない者を厳しく処罰した。

こうした中それまで地方ごとにあった救貧法を集大成することになったのが，1601年のエリザベス救貧法であった。この「エリザベス救貧法」は，貧民を労働能力の有無によって3つに分類した。第1は，健康で働くことができる者，第2は，病気・障害・老齢で働けない者，第3は，親や親族など養育する者のいない児童であり，第1の者には労働を，第2の者には「救貧院（poorhouse）」での保護を，第3の者には徒弟奉公人になることを強制した。また，もし働けるものが労働を拒否した場合には懲治院（house of correction）や牢獄に入れられ処罰された。さらに，宗教的単位であった教区に，貧民監督官が任命され，教区委員と協力して救貧税の徴収と救済事務遂行の責任を負わせた。このような救貧法は，それが貧民を救済することを真の目的とせず，むしろ治安維持のための貧民に対する抑圧を目的としていた。

しかし救貧税が増大し，救貧院で労働させることが当たり前になると，救貧院の性格は「労役場（ワークハウス）」に変わり，収容されたものは年齢や男女，病気の有無にかかわらず過酷な扱いをうけた。

2．資本主義社会への移行と救貧制度

イギリスでは市民革命が起こると，それまでの絶対王政をうち倒し，封建的な身分制度から資本主義へと発達していった。また18世紀半ばから19世紀にかけての産業革命は，近代資本主義社会の形成に飛躍的な変化をもたらした。社会は中世封建社会から近代社会へと移行していくことになるが，この際に思想的に大きな影響を与えたのが T. ホッブスや J. ロックなどによって17世紀に展開された「自然権思想」である。ホッブスの「各人の各人に対する戦争状態」とし，自然状態からの個人の生存の確保から近代国家の権力の正当性が展開され，またロックによって自然状態における自己の生存に必要な物を労働によってつくり出すことから「所有権」「財産権」などの考え方が展開されていく。ロックによれば，労働の成果による財産権には，「不可侵性」があり，財産権は人権であると主張し，これは国王などが勝手に奪うことができないとした。このようなロックの思想（「生命・自由・財産」）は，その後アメリカの独立宣言やフランスの人権宣言へと受け継がれていく。

ホッブスやロックらの自然権思想の中で生み出されたのは主に「自由権」で

あった。これは中世封建社会にあった身分的支配や移動の制限を放棄し，近代における資本主義社会への移行へと進むための理論的支柱となっていったのである。一方，その自由は土地から追い出され生産手段をもたないいわゆる「労働者」にとっては「貧困への自由」となり，困窮や不平等の要因にもなった。これに対し，平等思想や人民主権論を展開し「社会契約説」を説いたフランスの思想家 J.-J. ルソーである。ルソーなどの思想は，その後 M. ロベスピエールらジャコバン派に影響をあたえフランス革命に影響を与えることとなる。フランス革命期，穀物の買い占めや投機が横行し，商人たちは財産権を理由に「取引の自由」を主張した。これに対し，ロベスピエールは人権のうち最も重要なのは「生存権」であり，財産権はこれに従属すべきであるとして，1973年の人権宣言私案に「人権としての生存権」をかかげた。このように，その後社会権の重要な一つとなる「生存権」の考えに通ずる萌芽的な思想が，この頃見られた。

　資本主義社会へと社会が変化していく中で，労働力を売ってしか生きることのできない「賃金労働者」が社会の多数を形成するようになっていった。こうした賃金労働者は，厳しい労働条件におかれ，女性や児童もふくめ長時間にわたる労働を強いられた。生活する都市は，上下水もなく不衛生な住宅に押し込まれ，伝染病が蔓延し，工場労働者の平均寿命は著しく低いものとなった。救貧法に基づく受給貧民児童が，工場などでの労働力として取引されることが常態化していた。1816年には児童労働に対する規制として「工場法」が成立し，その後1833年工場法によって工場監督官制度がつくられ，非人間的な労働時間の規制とともに，一定時間教育の機会を与えることを雇用主に義務づけた。

　エリザベス救貧法は労働能力貧民に就労強制を導入したことに特徴があったが，労働貧民の中にも労働意欲を持ちながら困窮しているものが多数存在していることを認めざるを得なくなった。そのため，1782年に労働意欲のある労働能力貧民への貧民監督官による就業の斡旋と，それまでの在宅救済を定めた「ギルバート法」，1795年に家族の人数とパンの価格を基準にして，不足する所得への扶助を支給した「スピーナムランド制度」がつくられ，産業革命期において，労働者に対する過渡的な救済として一定の役割を果たすことになる。この「ギルバート・スピーナムランド体制」のもとでは，低賃金・失業によって貧困におちいった労働者を，不十分ながらも救済するために貢献した。しかし，それにより救貧費を拡大させ，救貧税の増加に対する地主・産業ブルジョワジ

一などの不満をつのらせることとなった。

　こうした支配階級の不満を代弁することになったのが，『人口論』を書いた T. M. マルサスであった。彼によれば，救貧法は人口を支えるだけの食料を生産しないで人口を増加させたとし，救貧法による救済は，勤勉で大切な人々の分け前を少なくさせ，自立できない人を増加させるだけであるとした。そのためマルサスは，救貧法の全廃を唱え，できなければ受給を「恥」と感じさせるべきであり，貧民の政治的・市民的権利の剝奪を主張した。マルサスによれば，貧困は個人的な怠惰・不注意によって引き起こされたものであるとされた。

　こうした主張を結実させたのが，1834年の新救貧法である。この新救貧法は，(1)救済は全国的に統一した仕方でなされること（全国的行政基準統一の原則），(2)労働能力貧民の在宅救済を廃止し，労役場収容に限ること（労役場制度），(3)すべての救済を実質・外見共に「最下級の自立労働者」の生活・労働条件以下におさえること（いわゆる「劣等処遇の原則」）が主張された。新救貧法は，救貧法下で一定の処遇改善が行われたスピーナムランド制度を「怠惰，浪費，または悪習」を作り出すものとして批判し，貧困者を人格的欠陥者あるいは脱落者として扱い，見せしめのために悲惨な扱い（スティグマ）を行った。自助努力を「怠った者」への見せしめは，他の市民への自助のいっそうの強調としての役割を果たしていた。

　一方でロンドンでは，慈善組織協会（COS）が1869年頃に結成された。これは救貧法の地区単位ごとに地区委員会を組織し，当時の中産階級の女性たちによるボランティアの手で要保護者，被保護者の戸別訪問調査を行い，記録を集積し，それをもとに慈善団体の連絡・調整・協力を組織したものである。その後イギリスで生まれた COS の活動はアメリカ合衆国にわたり，1877年にバッファローで成立されたのを皮切りに，アメリカにおいても COS の活動は広がっていった。その後20世紀に入り，ボルチモアやニューヨークで活動したメアリー・リッチモンドによって「ソーシャルワーク」の基礎が確立されることになる。

3．救貧制度の瓦解と社会政策の登場

3-1．救貧制度の行きづまりと貧困調査の発展

　1873年に起こった世界的経済恐慌は，構造的な不況による失業率の増大により，人々の生活，特に労働者の貧困は深刻なものとなっていった。こうした労働者の不満がつのり，労働組合運動や社会主義運動が台頭するようになっていく。1867年と1884年の選挙法の改正は，男性のみに限られてはいたものの，普通選挙権を実現し，労働者の政治的発言力は高まっていった。時の政権は，もはや労働者の支持なくしては維持できない段階となっており，こうした社会矛盾の緩和を迫られていくことになる。

　失業の増大を背景とし，救貧財政は膨張していった。そのため，院外救済と慈善の無差別的な救済は広がり，新救貧法のきびしい政策を改めざるを得ない状況にあった。また，この時期の労役場は，「一般的混合型」と呼ばれるように，あらゆる対象の貧民を混合していたが，高齢者・疾病者・障害者が大部分を占め，労働能力を有する貧民は皆無に近かった。そのため，従来の救貧法制度は瓦解状態にあった。特に，慢性的な失業による膨大な貧困層の前では無力であった。

　より厳格な労役場テストを実施し労働能力者のみを対象にした「労働能力者テスト労役場」が，ロンドンをはじめとして大都市部で建設されるなど，一時的には救貧費が節減される実験も行われた。しかし結果として失敗に終わり，新救貧法の破綻は明らかになった。1866年にチェンバレン（当時の地方自治庁長官）が，熟練労働者の失業に対しては救貧法の適用ではなく，失業対策事業を実施することにより，救済することを勧告した，いわゆる「チェンバレン通達」は，救貧法による失業者対策の矛盾を公認する第一歩であった。

　この頃，貧困が個人の問題ではなく，社会的に生み出されるものであることが実証的な社会調査によっても明らかにされた。

　チャールズ・ブースは，1889から91年にかけて，いわゆる「ロンドン調査」を行う。これはロンドン教育委員会の訪問員の観察によるもので，このブースの調査によって，貧困が飲酒癖や浪費癖といった個人の習慣上の問題はごくわずかであり，貧困に陥る原因の多くは，雇用上の問題が最も多く，ついで疾病

表 6-1　「極貧」と「貧困」の原因分析

「極　貧」

	実数	％	実数	％
1．浮浪者	—	—	60	4
2．日雇労働者	697	43		
3．不規則労働者，低賃金	141	9	878	55（雇用上の問題）
4．少額利潤所得	40	3		
5．飲酒癖（夫または夫婦とも）	152	9	231	14（習慣上の問題）
6．飲酒癖または消費癖の妻	79	5		
7．疾病または虚弱体質	170	10		
8．大家族	124	8	441	27（環境上の問題）
9．不規則労働者であり，かつ疾病または大家族のもの	147	9		
	—	—	1,610	100

「貧　困」

	実数	％	実数	％
1．浮浪者	—	—		
2．低賃金（規則的稼得）	503	20		
3．不規則所得	1,052	43	1,668	68（雇用上の問題）
4．少額利潤所得	113	5		
5．飲酒癖（夫または夫婦とも）	167	7	322	13（習慣上の問題）
6．飲酒癖または消費癖の妻	155	6		
7．疾病または虚弱体質	123	5		
8．大家族	223	9	476	19（環境上の問題）
9．不規則労働者であり，かつ疾病または大家族のもの	130	5		
	—	—	2,466	100

資料：Charles Booth（1892），*The Life and Labour of the People in London*.
出所：高島進（1995, p.76）。

や大家族といった環境上の問題であることを実証的に明らかにした（表6-1）。
　さらにシーボーム・ラウントリーは，「（第一次）ヨーク調査」で，ヨーク市で調査を行い，全人口の約3割が貧困な状態におかれていることを示した。この調査によれば，彼らが生涯のうちに3度貧乏線（貧困線）以下の生活を強いられることを示した。こうしたブースやラウントリーの実証的な貧困調査は，当時支配的だった貧困の原因を個人的な努力不足として「個人貧」と認識していた考え方から，貧困の原因が個人の責任に期すことのできない社会・経済的構造から生み出されることを明らかにした（「社会貧」）。一方でオックスフォード大学やケンブリッジ大学などの学生・教員らによって地域改良を目指したソーシャル・セツルメントの活動も生まれ，社会改良の萌芽も見られた（図6-

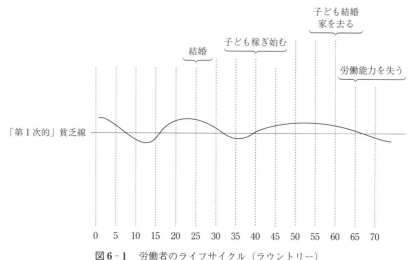

図6-1　労働者のライフサイクル（ラウントリー）

資料：B. S. ラウントリー／長沼弘毅訳『貧困研究』152頁。
出所：高島（1995，p. 77）。

1）。

3-2. 社会保障・社会福祉の登場

　救貧制度の矛盾が徐々に顕在化し，貧困に対する社会的認識が広がってくると，これまでの救貧制度では十分対応できなくなっていた。

　1906年の総選挙によって勝利した自由党によって，その後の労働者保護政策と社会保障制度の骨格を作る社会政策が登場した。1906年には，貧困家庭の児童のための学校給食法や労働争議法が制定された。1907年には学校保健法，1908年には最低賃金法，無拠出老齢年金法，炭坑夫八時間労働法，住宅都市計画法，1909年には職業紹介所法，1911年には第1部で疾病，第2部で失業を対象とした国民保険法が制定された。

　無拠出老齢年金制度は，20年以上在住する70歳以上のすべてのイギリス人に対し年金を支給した。「資力調査」を条件としているが，年金を権利とした点で画期的であった。ただし，実際の年金額は，老後の所得保障には程遠い低水準であり，欠格条項を設けるなど救貧的性格を色濃く残していた。一方の国民保険法は，健康保険と失業保険の両方を併せ持つ制度であった。第1部の健康保険は，給付を労働者本人のみに限っていた。さらに入院や専門医療などは対

象外とされ，「単純診療」のみを保障した。また第2部の失業保険については，建設・土木・造船・機械・製鉄・車両製造・製材の7業種に限定し，失業給付を支給したがその給付はラウントリーの貧困線の水準を辛うじて保障するものであり，家族の扶養は考慮されなかった。

　これらの制度は，今日から見れば，労働者の生活やニーズからは不十分なものといわざるを得なかった。とはいえ，この制度が，救貧制度の動揺の要因となっていた労働能力者を救貧法から分離し，救貧法の慈恵性を断ち切り，「劣等処遇の原則」を法的に廃棄したという意味では非常に大きな意義があった。

　もはや破綻寸前の救貧法は，改革が必要とされる1905年「王命救貧法委員会（Royal Commission for the Poor Law and the Unemployed）」が組織された。この委員会は，慈善組織教会出身委員を中心とする保守的な「多数派」と，ベアトリス・ウェッブを中心とするフェビアン主義者らによる「少数派」に分かれ，1909年にそれぞれ別の報告書を提出した。「多数派」は，「救貧法の拡大，強化，人間化」をスローガンにした。一方の「少数派」は，救貧法を廃止し，貧困の原因は老齢，疾病，災害，精神病，一家の働き手の喪失，低賃金，失業などにあるとして，必要な専門的行政サービスを確立し，労働省を設置して失業の防止・減少をはからせることを主張した。この「少数派」による報告は，「ナショナル・ミニマム（最低生活保障）」の制度化を提起し，今日の社会保障理念の先駆けを築いた。鋭く対立した両者の主張には大きな開きがあった。しかし，「多数派」自身が救貧法の厳しい処遇を「治療的，回復的」処遇へと改めることを主張せざるを得なかったように，救貧法はその内容を改めざるを得なかった。救貧法の解体は時間の問題であった。

　1929年の世界大恐慌以降，資本主義の矛盾はさらに深刻なものになっていた。イギリスでは失業者数が増大した。1935年には失業法が成立する。それは失業保険を新たに導入した失業扶助で補足し，失業による犠牲者にナショナル・ミニマム保障を行うものであり，社会保険と公的扶助の組み合わせで所得の保障を行う社会保障制度の原型を作り出した。こうして残存していた救貧法は実質的に解体された。

　イギリスの「福祉国家」の形成の中で社会保障のあり方に大きな影響を与えたのはベヴァリッジであろう。「ベヴァリッジ報告」といわれる「社会保険及び関連サービス」（1942年）は，その後のイギリスの社会保障制度を準備する設

計図となった。この報告では，社会保険を中心とした所得保障制度の創設を提案した。ベヴァリッジは戦後社会が解決しなければならない社会保障の課題を「5つの巨人」として表した。すなわちそれは，「貧困」（所得保障），「怠惰（無為）」（「完全雇用」政策と職業訓練サービス），「疾病」（国家保健医療サービス），「無知」（就学前教育から高等教育までの充実，とくに義務教育年限の中等教育までの延長），「不潔」（人間的な住居および環境の保障）であるとし，すべての国民に対してナショナル・ミニマムの保障を確立することをかかげた。この報告書は「窮乏の根絶は単に生産の増強のみによっては達せられないのであって，正当な配分を必要とする」と主張するように，所得再分配を通じた生活保障の考えを展開した点で画期的であった。

　「ベヴァリッジ報告」は，国内のみならず，国際的にも注目を浴びたが，当時のチャーチルを首相とする戦時内閣は，この報告に冷ややかで，この報告が具体化されたのは戦後に入り労働党政権が成立して以降である。この報告がもととなり，戦後イギリスでは「ゆりかごから墓場まで」として体系的な社会保障制度の確立により「福祉国家」が形成されていく。

4．戦後福祉国家の建設と再編

4-1．戦後福祉国家の確立と「貧困の再発見」

　「ベヴァリッジ報告」は，戦後のイギリス福祉国家の成立に，大きな役割を果たした。その具体化は，1945年から48年にかけての一連の関連諸制度の制定にあらわされた。1945年の第2子から手当が支給された家族手当法を皮切りに，同年の国民（業務災害）保険法，46年の国民保険法やすべての国民に，全額国庫負担によって予防・治療・リハビリテーションを含む包括的な医療保健を提供した国民保健サービス法，48年には国民扶助法と児童福祉法が制定された。さらに，国民扶助法は，国民保険の受給者を含む16歳以上の生活困窮者にたいして国民生活の最低限を保障する公的扶助制度として制度化された。

　戦後，イギリスでは社会保障制度が急速に整備されていった。その一方で，こうした制度の充実によって「貧困はもはやなくなった」という議論がされはじめる。

　チャールズ・ブースやシーボーム・ラウントリーは，これまで貧困の原因を

個人の責任とする「個人貧」に対して，その所得が不十分なために引き起こされた「社会貧」が先進資本主義国であるイギリスで約 3 割も存在しているという事実をつきつけたという点で大きな意義があった。

　しかし，こうした所得を基準とした「貧困線」は，第 1 回調査から第 3 回貧困調査（1950年）になると，貧困者が全人口の1.6％にまで減少した。これが福祉国家による「貧困の消滅」という議論の根拠とされたのである。

　これに対して，P. タウンゼントは，1979年の『イギリスにおける貧困（*Poverty in the United Kingdom*）』において「相対的貧困」の概念を打ち出す。これは，「貧困を肉体的運動能力によって決定された単純な分断線とは見ないで，ある社会に支配的な一般的生活水準と比較された相対的なものとみなす」ものであった。

　タウンゼントは，これまでの「絶対的貧困」の概念がその厳格な貧困の規定の仕方に問題があり，これが「貧困はもはやなくなった」とする議論の根拠にされることを批判し，「相対的剥奪（relative deprivation）」という概念を用いることによって，「貧困生活者が暮らすコミュニティ全体の平均的生活水準との関連」で貧困をとらえ，「貧困生活者が自分の暮らす社会での生活にどの程度参加できるのかを問題に」することによって，なおも存在し続けるイギリスの貧困の実像にせまろうとするものであった。

4-2. コミュニティ・ケアへの注目，そして福祉見直しによる福祉国家再編

　1960年代頃になると，これまで地方自治体がバラバラに行ってきたサービスを一本化し，福祉サービスを「パーソナル・ソーシャル・サービス」として全体的・総合的に対応していこうとする動きがあらわれ始める。特に，シーボーム委員会による勧告（「シーボーム報告」：『地方自治体と福祉サービス』1968年）は，地方自治体の社会サービス部局の再編を促した。この提言に基づいて，1970年に，地方自治体ソーシャル・サービス法が成立し，これによって，地方自治体は，社会サービス部を設置することが義務づけられた。

　包括的で専門的なサービスの提供が促進され，それに伴う社会支出にしめる対人社会サービスの割合も増大していったイギリス福祉国家は，こうした社会支出の増大への対応を余儀なくされた。一連の「シーボーム改革」は，こうした背景を基にしながら，コミュニティ・ケアの思想を次第に普及させる役割も

もつ。それは，高齢者や障害者らに対するケアを長期滞在施設や入所施設で提供するよりも，可能なかぎり，在宅のままでケアする方がよいという考え方である。コミュニティ・ケアは，それまでのインスティテューショナル・ケア（施設ケア）から地域・在宅へとケアの力点を転換させる役割をもつ。

　1979年5月に政権についた M. サッチャー率いる保守党は，これまでイギリスが推進してきた福祉国家政策から明確に離脱する政策を打ち出した。これは，他の資本主義国と同じように，「新自由主義」を指向するものであり，その政策理念は「サッチャーリズム」と呼ばれるようになった。この「サッチャーリズム」は，社会保障・社会サービスの公共支出については可能な限り削減を求め，国家の役割を限定すると同時に個人の「自助努力」を人々に強要した。

　こうした個人の自助努力を強調するサッチャー政権は，貧困に対して懲罰的なものであり，それは，かつての抑圧的な救貧法制度を想起させるものであった。1979年から1990年まで首相であったサッチャーは，市場重視の改革を行い，福祉の見直しを推し進めていった。サッチャーの思惑は，社会保障・社会福祉予算の削減であったが，炭坑の閉山，国有企業の民営化，労働市場の自由化などにより，かえって社会保障予算と受給者を増大させていた。

　1997年に保守党から政権を奪ったブレア政権は，翌年グリーン・ペーパー「わが国の新しい野心——福祉のための新しい契約（New Ambitions for our Country: A New Contract for Welfare)」を発表し，旧来の労働党政権のような社会保障支出を向上させるこれまでの政策とは一線を画し，いわゆる「第三の道」を目指す一連の改革を行った。ブレア政権による福祉改革の中心は，「福祉から就労へ（Welfare to Work)」を柱とする「ニューディール」と呼ばれる政策であった。具体的には，これまでの完全雇用政策や所得保障政策を採用せず，市場競争と規制緩和を進め労働市場の弾力化を進め，一方で職業訓練や就労促進策といった就労支援策を行った。当初は若年失業者や長期失業者を中心としていたが，その後障害者，ひとり親，高齢者及び失業者の無収入の配偶者へと対象を拡大していった。ブレア政権によって行われたニューディール政策は，福祉と就労を結びつける政策に特徴があったが，こうした政策は条件等の違いはあるものの各国の福祉政策に採用され，「ワークフェア政策」と呼ばれ，近年の福祉国家再編の政策的基調になっていった。

━━ 演習問題　考えてみよう・調べてみよう ━━━━━━━━

　　貧困の認識が，「個人貧」から「社会貧」へと転換していった経緯をふ
　まえ，貧困の社会的原因について考えてみよう。

参考文献

高島進（1995）『社会福祉の歴史──慈善事業・救貧法から現代まで』ミネルヴァ書
　　　房。

右田紀久恵・高澤武司・古川孝順（2001）『社会福祉の歴史 新版』有斐閣。

さらに学ぶために

伊藤周平（1994）『社会保障史──恩恵から権利へ』青木書店。

古川孝順・庄司洋子・定藤丈弘（1993）『社会福祉論』有斐閣。

第7章 社会保障・社会福祉を支える理念・思想

桜井啓太

本章のねらい

本章は社会保障・社会福祉と理念・思想の関係について3つの視点から取り扱う。第1節では近代市民社会・近代的個人の誕生と社会福祉・社会保障の関係性について「福祉（well-being）」の成り立ちから取り上げる。第2節では異なる他者（それも社会的に支援が必要な人々）を保障する社会保障・社会福祉を正当化する理念・思想をシティズンシップ・社会連帯・再分配／承認・基本的人権の諸側面から考察する。第3節では目指すべき社会のための価値としてノーマライゼーションの理念を端緒にインクルージョンと共生という価値について解説する。

― キーワード ―

福祉（well-being），シティズンシップ，連帯思想，生存権，ノーマライゼーション，ソーシャルインクルージョン

1. 社会保障・社会福祉の成り立ちと理念・思想

1-1. 近代以前

　福祉という言葉のイメージに「助ける（助けられる）」を想起するのはそう珍しいことではない。しかしこれは「福祉」をあまりに狭く捉えすぎている。援助（関係）や支援というのは，「福祉（well-being）」を実現するためのあくまで手段の一つであって，「助ける（助けられる）」の側面に目を取られすぎると「人間が当然のものとして享受できる権利」という視点が弱くなってしまう。

　語源から辿ると，英語の welfare は well（よく，健康な）と fare（暮らす，なりゆく）から成り立ち，「しあわせに暮らす」という意味をもつ。漢字の「福祉」についてもこの言葉は欧米由来の外来語ではない。古くは後漢時代（紀元100年頃）にすでに見られ，福という字は「神の与える（授けられた）さいわい」を，祉の字は「神のたまもの」，すなわち福祉とは「神が与えたたまものとし

てのさいわい」を意味する（西尾，1979）。welfare と well-being はいずれも福祉と訳されるが，well-being は状態に重きが置かれており（幸福な状態，健康な状態），welfare は well-being を実現するための制度や仕組みという手段の意味合いが強い。これは日本語の「福祉」も同様であり，目指すべき状態（福祉）を満たすための社会福祉を単に「福祉」と呼ぶことも多い。目的と手段がしばしば同語で使われているところが，この語の困惑を招いている一因でもある。

　福祉を well-being を実現するための「助けあい」「支え合い」といった援助や支援の文脈から理解すると，原始社会の相互扶助にまでその源流を遡ることとなる。もっというと群れを作り集団で生活する生物（サルなど）は互いにたすけあって生活しているのだから，人間以外の動物の中にも福祉の萌芽を見出すこともできるかもしれない。しかし近代以降に確立した社会福祉（welfare）とは区別されて考えるべきであろう。

　古代社会・中世社会における慈善救済や近世の都市における救済制度（七分積金制度など），村落共同体における相互扶助の仕組み（「ゆい」や「もやい」などの共同労働や「講」と呼ばれる互助組織など）は，原始社会に比べてはるかに組織化・制度化された相互扶助の形態である。

1-2.　近現代の社会保障・社会福祉

　産業資本主義の勃興と市場経済の浸透，国民国家の誕生，基本的人権思想の確立，これらを背景に近代的個人による自助原則とそこからの対応（補塡）としての近現代の社会福祉（社会事業），生活リスク対応としての社会保障が誕生・展開してきた。人々の「よく生きる」「しあわせに暮らす」ための制度（仕組み）とそれを支える理念についてみていこう。

1-2-1.　近代個人と自助原則[(1)]

　近代市民社会における基本原則は生活自己責任（自助原則）である。私たちは，自らの生活に対して自らの判断で責任をもたなければならない。同時に私たちは，他者から不当な支配を受けない一個の自由な個人（権利主体）として尊重されている。「自助原則」と「個人の尊重」というのはセットとされている（このことの是非は後に論じる）。今日では当たり前のように思われている自由に関する諸権利（婚姻の自由，職業選択の自由，居住・移転の自由，思想信条の自由など）は，前近代の時代には当然に保障されているものではなかった。これら

諸権利は，近代資本主義社会の誕生と密接に関係している。

　近代資本主義社会において，市場を中心とした経済活動に個々人が参加する中で必要となるのが所有権（財産権）を中心とした自由権であった。市場経済の中で努力して富を蓄えても，それが不当に奪われては元も子もない。蓄財（利潤追求）による私有財産の形成は資本主義を加速させる，その時に前近代的な身分制度や村落共同体のしがらみは資本主義を追求する上で，むしろブレーキになる。そこで「自由で自立した近代個人」が生み出されたのである。

1-2-2.　自助原則の綻びと社会福祉

　人間が一生涯において生きるために必要なモノすべてを，市場から調達できるわけではない。資本主義の発達は自由で自立した個人を生み出したが，同時にそのような個人とは他からの支えや庇護を失った個人でもあった。

　大部分の資本家を除けば，個人は自らの身体を労働力として市場に売り出して生計を立てる。ここでの個人というのは，市場において労働力として評価される存在，若くて健康な（男性の）個人が想定されている。しかし，少し考えればわかるように，社会はそのような労働力をもつ個人だけで構成されているわけではない。障害や疾病により労働できない個人も存在する。どんな個人も成人する前（子ども期）や老年期は労働力をもたない。昨日まで働いていた労働者だっていつクビを切られ無職となるかわからない。このように考えると生活自己責任（自助原則）というのは，実はフィクション（仮構）であることがわかる。ともあれ，自助原則が基本原則の近代市民社会において，それでも社会を存続させる（できるだけ多くの社会の成員とともに生きる）ため，自助原則を補完するための「仕組み」として社会福祉が必要とされた。

1-2-3.　リスクの増大と社会保障

　社会保障の「保障」の語源は，「保」は小城，「障」は砦であり，いずれも守られた場所，安全な状態を指す。英語では Social Security だが，Security は外の危険・脅威から守られた状態を意味する。日本語の「安全」（英語の Safety）と類似した意味であり，いずれも危険から守られた状態であるが，「保障（Security）」は，「外敵」「外からの脅威」をより強調している（堀編，2004）。

　では社会保障の想定する「危険（外敵）」とはなんだろう。極端な話，他国から侵略や攻撃も「外敵からの危険（脅威）」であるが，これは社会保障が想定している「危険」とは異なる（この場合の外交や軍事戦略などを行うことを安全

保障と呼ぶ)。ここで想定されている危険 (リスク) とは, 人々が日常生活をいとなむ上で生じる「社会的な危険」であり, このリスクを低減・予防しつつ, リスクに直面した個人に補償するための法制度が社会保障である。

逆説的であるが, 社会の発展に伴って個々人の社会的なリスクは増大する (リスクの個人化)。長寿化が進めば老齢リスクは高まる。定年延長など労働する時期が長くなれば失業リスクは高まる。少子化や離婚, 非婚の増加は家族扶養の余地 (子や配偶者のケア) を縮める。また, 地震などの自然災害による原子力施設への影響や地球温暖化による豪雨災害など人間の経済的活動が, リスクを以前より大きくする側面もある。大規模災害により生活基盤を根こそぎ奪われた人間が自助のみで生活再建することは困難である。

もちろん社会の発展に伴い, 低減された社会的リスクもある。とりわけ医療・公衆衛生の発展 (や栄養状態の改善) により人類が克服した疾患や感染症は数多い。ただし, 人類の経済活動の増大とグローバリズムの進展は, 地球を全地域的につなげるため, あらゆる地域のウイルスを呼び込み, 以前では想像できないような速度で拡散・変異させる (COVID-19 など)。

リスクの定量的な多寡だけでなく, 社会の発展は人々が要求する保障水準を引き上げる。「ベヴァリッジ報告」が示した5つの課題「貧困, 怠惰, 疾病, 無知, 不潔」は代表的な社会的リスクであるが, 当時の「窮乏」や「無知」を測る水準と現代のそれは同じではない。社会の発展はそれまでリスクではなかったものをリスクとする。同世代の半分以上が中卒である時代において高校を中退することは必ずしもリスクではないが, 現代日本のように8割以上が高等教育へ進学する時代において高校中退とは社会的リスクとされてしまう。

また, 「稼ぎ手との離死別」は現代では代表的な社会的リスクであるが, 日本においては寡婦 (夫を亡くした未亡人, とりわけ戦争未亡人) については戦後すぐに寡婦福祉政策が実施されていたが, 離別 (離婚による別離) や婚外子への対応は極めて動きが遅かった。離婚をあくまで個人的なものと捉え, 戦死を除いて社会的リスクとはみなさない社会であったといえる。社会福祉・社会保障の発展は, その元となる事象を社会的リスクとみなしていく展開過程でもある。

1-2-4. 近現代の社会福祉の限界
──強い個人というフィクション・資本主義体制の補完物

社会福祉という仕組みは, 近代資本主義社会が想定している自助原則を果た

す「自立した個人」（強い個人）以外の存在（＝社会的弱者）を手当てし，補完する役割を果たしてきた。なお，ここでの「弱者」というのは極めて相対的なものであることには注意したい。障害概念はもちろん，疾病や（労働能力の）不能は，たえず当人と環境との相互作用により構築される。

　強い個人"ではない"「弱者」を，社会が社会福祉によって守るのはいかなる理由だろう。一つ重要なことは，社会福祉をはじめ近代の諸制度，その産物は「弱者」を「強者化」することを目的としている。人格の発達としての教育，疾病や障害の克服としての医療，貧困や不利の是正としての社会福祉。近代社会において人権として保障されているこれらは，実はかなり「戦略的」なものであり，社会福祉を単に「優しい」ものとみなすのは不適切である。それは，一人前の（役に立つ）市民と「なる」ことを目的としている。

　近代的個人（市民）像というのは，人間存在を human being（人で在る）ではなく，human becoming（人に成〔為〕る）とみなしている。そこで手段として用いられる福祉は，well-being（よく在る）のためではなく，well-becoming（よく成〔為〕る）のために用いられる。近年，日本では社会福祉の目的概念に「自己決定」「自立支援」が多用されており，人を強者化させる傾向はさらに加速している（桜井，2017）。注意をしなければ，これら「自己決定」や「自立支援」という理念は「自己責任（論）」に周到に絡みとられるおそれがある。

　社会福祉学者の岩田正美は，社会福祉の（対象を強者化させる）目的志向的な性格に疑義を呈し，「強い個人」への押し上げの強調が結果的に「弱い人間」の自由や権利を抑圧する危惧を表明している（岩田，2016）。できなかったことが「できる」ようになることは深い喜びを伴う。しかし，「できない」ことや「やらない」ことは価値がないことなのだろうか。もっというならば，役立ったり価値をもたなければ保障は要求できないのだろうか。

　また「強者化させる」福祉は制度主義・国家主義的なものでもある。これに反して，障害当事者の自立生活運動やノーマライゼーションの主張といった草の根の市民要求は，人を強者化させるための福祉ではなく，ありのままの私たちを認めさせる可能性を追求した運動でもあった。

2．社会保障・社会福祉を支える理念・思想

　人間の福祉（well-being）を実現する仕組みとしての社会保障・社会福祉は，制度化されている／いないにかかわらず，その維持には多大なコストがかかる。顔の見える特定の関係同士のみで負担する場合，それは社会福祉ではなく，相互扶助（互助）である。相互扶助やただの福祉ではなく，わざわざ"社会"福祉と呼ぶのは負担（と受益）を，顔も知らない誰か同士が社会全体で分かち合う（社会化）からである。以下では，社会全体で分かち合うことを正当化し，社会福祉の仕組みを支える理念と思想を取り上げよう。

2-1．社会保障・社会福祉を支える思想

2-1-1．シティズンシップ

　「"権利"だから」という主張は，社会福祉を主張する上でどれほど説得的だろうか。有用性（役に立つ／立たない）に絡みとられがちな現代において，慈善や恩恵ではなくストレートに権利として要求することは悪くない。しかし，すべての人間が享受すべき権利ならば，先進国と発展途上国の間で享受できる権利や生活水準に差があるのはなぜだろう。また，その権利を具体的に認めて保障する主体は誰が想定されるだろう。

　T. H. マーシャルは，福祉の権利を，ある社会（国を含む）へ帰属する人々に保障される平等な権利として「シティズンシップ」の思想を展開した。シティズンシップは権利であり義務でもある。「市民である」（地位を有する）ことそれのみをもって平等にその社会の完全なメンバー（一員）とみなして扱われ，その役割を果たす。完全なメンバーとして参加するために不足（所得や教育，医療など）があれば，諸制度を通じてその不足を補うことが正当化される。マーシャルの議論は国民国家における福祉の権利をうまく説明している。一方でやや抽象的で形式的との批判も存在する。完全なメンバーとしての諸権利をどのように決めるのか，差別や剥奪，不平等をどのように可視化し具体的な改善へとすすめるかという視点があわせて重要である。またグローバル化の進展による移民問題など，福祉"国家"の限界という今日的な課題もある。

2-1-2. 連帯思想

社会保障や社会福祉について，シティズンシップを基盤とした個々人の条件（権利義務）とみなす考え方とは別に，社会の成員同士の「連帯」を強めるという連帯思想がある。フランス出身のこの概念はL.ブルジョワが社会保険制度と結びつけて提唱したものである。

ブルジョワによると，人間社会はそもそも社会福祉・社会保障の有無にかかわらず，集団・組織・群れとして相互に依存しあい結合している。これを「自然的連帯」（事実としての連帯）とする。しかし，このような自然発生的な連帯構造においては不平等や不正義は十分には是正されない。そのためこれらの社会問題を解決するための「社会的連帯」（義務としての連帯）をビルトインした社会に移行することが求められる。

社会的連帯を正当化づける理由として，社会の中で生まれた諸個人はすべて，先行する過去の人類や同時代の人々によって作られた「社会的ストック」の恩恵を受けている。恩恵の種類や程度は様々であっても何らかの利益を受けている以上，人は生まれながらにして常に社会に対して「債務」（社会的債務）を負っている。ここから，社会の成員は社会に対して貢献する義務を果たす必要があることが導き出される。この一連の社会的債務→社会的連帯への義務を「準契約」と呼ぶ（田中，2006；岩田，2016）。

個々人はすべて社会からの恩恵を受けている（社会的債務）がゆえに，見知らぬ他者であっても同じ社会の成員を助けあう「義務」を負っているという社会連帯の思想は，今日の社会福祉・社会保障の礎となっている[2]。

2-1-3. 再分配と承認

福祉国家の役割・価値の中で，「再分配」と「承認」という2つの軸がある（山森，1998）。福祉国家は，徴税と社会保障（社会福祉）の制度を通じて，富者から貧者への所得移転を実現する。これは「財」の不平等を是正する「再分配」といえる。再分配を根拠づける代表的な思想としてJ.ロールズの正義論がある。ロールズは両立が困難な「自由」と「平等」の維持可能性を突きつめた政治哲学者である。ロールズの提唱した「正義の二原理」では，第一原理（各人は最大限の平等な自由を持つべきである）において基本的自由を認め，第二原理の(1)格差原理（社会的・経済的不平等は，最も不遇な立場にある人の便益を最大限に高める場合にのみ許容される）によって，不平等を制限し分配を正当化した

（Rawls, 1999 = 2010；川本，1997）。一定の社会的格差（不平等）は容認しつつも，むしろ積極的な分配（格差の是正）を後押しするその思想は，社会保障・社会福祉を考える上で重要である。

　ロールズの議論を批判的に発展させた論者に A. センがいる。ロールズの議論が「財」の分配に焦点づけられている点を問題とし，センは「潜在能力」（ケイパビリティ）アプローチを提唱した（セン／後藤，2008）。私たちはしばしば所得などの経済的側面や効用（心理的側面）によって政策（制度）の効果を測ろうとするが，本来これは二次的なものである。福祉が目指すべきは「個人が実際になすことができるかどうか」であり，それは個々人のおかれる状況で異なる。センは，ファンクショニング（機能）とケイパビリティ（潜在能力）によって，個々人のニーズの多様性とその充足に関する議論を深化させた。

　ロールズらの議論を基盤とした「再分配」に対して，「承認」のパラダイムがある（山森，1998）。C. テイラーや I. M. ヤングらが代表的な論者である。再分配のパラダイムは，不平等や搾取，差別的待遇により平等と自由が損なわれた状態に対して補償（保障）を主な方法としてきた（経済的困窮者に経済給付を与え，難病患者に医療処置を施すイメージ）。このように差異を埋め合わせることによって平等化しようというパラダイムに反して，承認の政治は「差異」をそのまま承認することを目指す。黒人差別などの「アイデンティティ・ポリティクス」はこの承認の政治とされる。例えば，「障害者」をめぐる様々な課題についても「健常者」と同じ状態へ「補償」したり，「回復」させたりすることは重要であるが，「障害」そのものを承認させる政治もまた必要であろう（障害を欠落や不平等ではなく，「承認の欠如」と捉える）。

　再分配も承認も，福祉を考える上で共に大切な視点を与えてくれる。なお，再分配／承認はどちらがどちらかを代替するものではない。ただし，承認のポリティクスは，再分配の視点が欠如すれば，財政緊縮による福祉切り下げなど再分配政策からの撤退に利用される恐れもある点には注意が必要である。

2-2. 社会保障・社会福祉と人権

　社会福祉に関する日本国憲法の重要条文として，第25条（生存権）と第13条（幸福追求権）が挙げられる（堀，1997）。

　第25条の条文（巻末資料参照）は，国民の権利である生存権規定が注目され

るが，第2項の国家の義務は社会福祉・社会保障における国家責任の根拠規定である。私たちはしばしば権利と義務はバーターである（権利を要求するならば義務を果たさなければならない）と考えるが，これは明らかに歪な理解である。権利と義務の関係は一個人の中で完結して果たすべきものでなく，「国民の権利と国家の義務」というのが正しい（これは戦後の日本国憲法が国家の暴走（権力）を縛る形で成立した以上当然である）。基本的人権とは，（義務の履行によらず）すべての人間には権利があるという思想が根幹にある。人にはまずもって権利だけが在る。（勤労や納税の）義務を果たしていないから権利が制限されても仕方ないという考え方は，人権という基本的価値を否定する考え方といえる。

　第25条が規定する「健康で文化的な最低限度の生活」はナショナル・ミニマム（国民最低限）と呼ばれる。保障される基準（水準）を規定し，その公的責任[3]を定めた第25条は日本の社会保障関連法の基礎となっている。なお，この条文の権利性を高めるために，①最低限度（ミニマム）で良いのか（たとえば，最適（オプティマム）という視点も考えられる（木下，2012）），②「"生存"権」より「"生活"権」が望ましいのではないか（字面からただ身体的に生存していればよいと誤用されかねない）（一番ヶ瀬，1994）などの指摘もある。また，「国民」という範囲の限定性（「市民」との違い）といった指摘も検討に値する。

　社会福祉・社会保障の法理念について，日本国憲法第13条（巻末資料参照）を基盤とするという主張もある。この規定は，一般的には幸福追求権と個人の尊重として個々人の諸活動に対する国家からの自由（自由権）として取り上げられることが多いが，加えて，国家による積極的な幸福追求（＝より良き生）への後押し（推進）を規定しているとされる。より良き福祉を求める根拠として第13条に価値を見出す主張は一定の合理性を有する。ただし第25条の規定に比べると，公的責任が曖昧である点（義務ではなく「最大の尊重」にとどまる）や「公共の福祉に反しない限り」という限定性など論じる点も多い。また，第13条を基盤とした社会福祉の向上という主張には，多くの場合，個々人の自由な契約からなる幸福追求（に用いられる社会福祉）という，契約型福祉社会（措置から契約へ）という考え方がある。このような強い個人による幸福追求というのは自由主義社会の論理であって，そこからの矛盾や不正義に対応すべき社会福祉がこのような原理を基調とすべきなのかという疑念もある（山本，2005）。

　第25条も第13条も共に抽象的な内容にとどまっており，解釈の余地が多分に

残されている。そこで語られる権利は，実際の制度や保障水準として活かさなければ絵にかいた餅となろう。「健康で文化的な最低限度とはどの程度か」「公共の福祉に反しないとはどの範囲か」「最大の尊重とは具体的にどこまでか」は，常に論争的である。これらは実定法が整備されて制度化し，実際の運用場面を経て，人々の普通のくらし（well-being）を支える。これら権利を具体化していくこと，それを保持・向上させることはその社会の成員である私たちに与えられた責務であり，その意味でこそ日本国憲法は私たちに「義務」を課しているといえるのである（日本国憲法第12条〔巻末資料参照〕）。

3．社会保障・社会福祉が拓く理念・思想

3-1．ノーマライゼーションの理念

　重要な理念や思想は，社会福祉の領域にとどまらずより普遍的な価値を持つ。社会保障・社会福祉を支え，そこからさらに切り拓く理念の一つにノーマライゼーションがある。バンク–ミケルセンによれば，ノーマライゼーションとは，「社会的支援を必要とする人々（例えば障害をもっている人々）を，いわゆるノーマルな人にすることを目的としているのではなく，その障害を共に受容することであり，彼らにノーマルな生活条件を提供すること」（Bank-Mikkelsen, 1976 ＝ 1978；河東田，2007，p. 296）である。あらゆる人々にノーマルな生活状況を提供するという点では前述したシティズンシップ概念にも近いが，この理念の特徴はノーマルな生活条件が得られていない人々の存在を明らかにし，具体的権利として勝ち取っていくところにある。ニィリエによるノーマライゼーションの8つの基本枠組みは以下のようなものである。[4]

　　①1日のノーマルなリズムを提供すること，②ノーマルな生活上の日課を提供すること，③家族とともに過ごす休日や家族単位のお祝いや行事等を含む1年のノーマルなリズムを提供すること，④ライフサイクルを通じて，ノーマルな発達上の経験をする機会を持つこと，⑤本人の選択や願い・要求が可能な限り十分に配慮・尊重されなければならないということ，⑥男女両性がともに住む世界に暮らすこと，⑦ノーマルな経済水準が与えられること，⑧病院・学校・グループホーム・施設などの物理的設備基準が一般の市民の同種の施設に適用されるのと同等であるべきだということ。

　人間はすべて（もちろん障害者も）「ふつうの（ノーマルな）生活」を営む権利を有しているとして，生活のための具体的な諸権利をわかりやすく示したことによりノーマライゼーションの理念は全世界へと広がった。ノーマライゼーションの原理を誕生させ発展させた北欧諸国（ベルギー，スウェーデンなど）では，知的障害者（児）のノーマルとはほど遠い隔離施設での保護や処遇の実態を明らかにした人々の努力と運動が原点にある。それは今でも人々の基本理念として，障害者差別の禁止や脱施設化（地域生活支援）を支えている。

3-2. 共生という価値

　ノーマライゼーションについて，前節で「社会的支援を必要とする人々をノーマルな人にすることではない」と述べた。ノーマライゼーションの理念自体も当初は同化的側面（特定の対象者をある社会の中に同化させていく。生活水準などの向上を達成する代わりに，文化・習慣などの規範の同化も求められる）が強かった。しかし，現在のノーマライゼーションは異化的側面（特定の対象者をほかの市民と対等な存在として平等に扱い，異なる他者が存在しあう社会自体をノーマルなものとする）を重視した共生の原理へと昇華したといわれる（河東田，2007）。

　異なる他者から成る社会形成のあり方について，①排除，②分離，③統合，④インクルージョン（包摂）として分類した図7-1を参考に考えてみよう。

　①排除（Exclusion）とは，マイノリティ（社会的弱者：高齢者，障害者，病者，セクシュアルマイノリティなど）をその名の通り“排除”する（直接／間接的に機会を剥奪するなど）。その結果，同一の価値規範をもつマジョリティだけで構成された均一な社会となり，マイノリティは，ノーマルな生活様式からは除外され，社会の周縁に追いやられる。

　②分離（Ségrégation）とは，別の場所に隔離しておくことを指す。マイノリティだけのための法律や規制を別途設けることで，結果的にマジョリティのノーマルな生活とは別の場所に切り離すことを実現する。

　③統合（Intégration）とは，主流社会の中にマイノリティを統合することであり，分離のように別の場所に隔離することはしないが，統合された個人はマジョリティの標準化された価値規範に適応することが求められる（社会の側は変化せず，特定の個人が主流社会に適応するよう求める）。

　④インクルージョン（Inclusion）とは，障害のあるなし，能力の程度によら

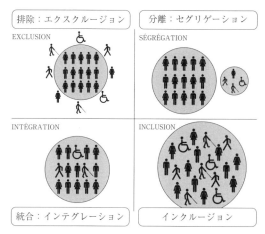

図7-1　障害者権利条約における，排除，分離，統合，
　　　　インクルージョンの違い[5]
出所：一木（2020，p.51）。

ず，すべての人が社会に参加する機会と権利をもち，異なる個人として異なる
まま承認される。特定の個人（マイノリティ）だけに適応を求める「統合」で
はなく，社会の側が異なる個々人の多様性を尊重し認め合う包摂的な共生のた
めの社会へと変容することを意味する（そこでは当然マジョリティの側の負担や価
値規範の変容が必要となる）。

　ここでの「インクルージョン」は，目指すべき社会像を考える上で参考にな
る。ノーマライゼーションの理念を下敷きに，共生の原理をもつ包摂的な社会
形成のあり方が求められている。ただし，近年の日本の社会政策・教育政策の
実際場面において「ソーシャル・インクルージョン（社会的包摂）」や「インク
ルーシブ教育」として実施されている政策・制度の多くが，実は単なる従来型
の②分離や③統合の焼き直しにすぎないことは注意したい。

　低賃金で非正規雇用に依存した劣悪な労働市場を放置したまま，経済的弱者
（ひとり親家庭，障害者，生活保護受給者）に就労（劣悪な労働）を求める就労支援
施策は，主流社会の価値規範（人はみな労働すべきである）に統合しつつ，社会
の中に「二流の仕事」を設けてそこに押し込んでいるにすぎない。

　「個々人の障害特性に応じた特別な支援を」というスローガンで通常学級・
学校から分け隔てる特別支援学級・学校の存在は（実際は分離別学のまま），通

常学級の均一な空間は維持存続され，マジョリティの価値規範はなんら変容されない。このような「特別支援」はインクルージョンとはまったく異なる。

　このように社会保障や社会福祉，教育政策が，社会的弱者とされた人々を主流社会の中に組み込んだり，体良く隔離することに利用されてしまう（しかもそのことが主流社会の価値規範を温存させることに貢献してしまう）。結局，個人モデルから社会モデルへ転換できるかということが鍵となるのである。

3-3. 社会福祉が拓く価値

　本章では，社会保障・社会福祉をめぐって古代社会からの相互扶助やその成り立ち，また，近代市民社会の自立した個人と社会保障・社会福祉の関係性を取り上げた（第1節）。第2節ではシティズンシップや社会連帯思想，基本的人権といった近現代の社会保障・社会福祉を支える理念と思想について，そして第3節ではノーマライゼーション／インクルージョンの概念を題材に社会福祉が拓く共生の社会像を述べてきた。実際の制度内容や援助技術に比べると，社会福祉の理念や思想というのは抽象的で退屈に感じるかもしれない。しかしながら，価値や理念，思想に基づいた目標とすべき社会像なしには，どのような制度も援助も内実を伴うことはない。そればかりか，むしろ社会福祉が分断の道具として抑圧的に利用される恐れさえある（「統合」や「隔離」に加担する）。

　「人は自分の生活に責任をもたなければならない」と「人は一人では生きていけない」の矛盾の中に社会福祉はある。その中で社会の成員が抱える生活上のリスクを個人ではなく，社会として対応する形で社会保障は展開してきた。「人にはふつうの生活が保障されるべきだ」というのはもっともであるが，その「ノーマル（ふつう）」をどれだけ深くまで問い直すことができるか。私たちは，見も知らぬ他者と共に生きる社会の福祉（well-being）をどのような理念と価値によって高めていけるだろうか。過去からの絶え間ない追求に今があり，それは未来に向けても同じである。

> ── 演習問題　考えてみよう・調べてみよう ──
>
> 　なぜ現代社会は，「社会的弱者」に対して社会保障や社会福祉などを提供しているのだろうか。本章で扱った社会保障・社会福祉の理念や思想を踏まえて，考えてみよう。

注

(1)　近代社会における生活自己責任（自助原則）と，近年の日本国政府や社会福祉士
　　のテキストなどで頻発される「自助・共助（互助）・公助」は別物と考えた方がよ
　　い。本来は社会福祉・社会保障の必要性や公的責任を強調するために用いられてい
　　たこの言葉は，現在では自助努力の強調（自己責任論）と国家（公的）責任の撤退
　　を追認するための内容に作り替えられている（この点について里見〔2013〕参照）。

(2)　厚生労働省編『厚生労働白書 2012年版』第 1 部第 2 章参照。同年の厚生労働白
　　書は社会保障制度の意義・理念から原理的に取り扱っている。

(3)　ナショナル・ミニマム概念を初めて用いたのはウェッブ夫妻である（1879年）。

(4)　Nirje（1969），訳は河東田（2007, p. 297）より引用した。

(5)　元出典は France. Conseil économique, social et environnemental, & Prado, C.
　　(2014). *Mieux accompagner et inclure les personnes en situation de handicap : un
　　défi, une nécessité.* Direction de l'information légale et administrative. p. 21。フ
　　ランスの障害者の就労に関する通知が元となっている。

参考文献

一番ヶ瀬康子（1994）『社会福祉とは何か』（一番ヶ瀬康子社会福祉著作集①）労働旬
　　報社。

一木玲子（2020）「障害者権利条約から見た日本の特別支援教育の課題――誰も排除
　　しないインクルーシブ教育を実現するために」『大阪経済法科大学アジア太平洋
　　研究センター年報』17, 49-56頁。

岩田正美（2016）『社会福祉への招待』放送大学教育振興会。

河東田博（2007）「ノーマライゼーション」仲村優一・一番ヶ瀬康子・右田紀久恵監
　　修，岡本民夫・田端光美・濱野一郎・古川孝順・宮田和明編『エンサイクロペデ
　　ィア 社会福祉学』中央法規出版，296-299頁。

木下秀雄（2012）「最低生活保障と生活保護基準」日本社会保障法学会編『ナショナ
　　ルミニマムの再構築』法律文化社，142-145頁。

桜井啓太（2017）『〈自立支援〉の社会保障を問う――生活保護・最低賃金・ワーキン
　　グプア』法律文化社。

里見賢治（2013）「厚生労働省の『自助・共助・公助』の特異な新解釈――問われる
　　研究者の理論的・政策的感度」『社会政策』5(2), 1-4頁。

セン，アマルティア／後藤玲子訳（2008）『福祉と正義』東京大学出版会。

田中拓道（2006）『貧困と共和国――社会的連帯の誕生』人文書院。

西尾孝明（1979）「福祉」『年報政治学』30, 157-166頁。

古川孝順（2003）『社会福祉原論』誠信書房。

堀勝洋（1997）「社会保障の法的基盤」『季刊社会保障研究』32(4), 463-472頁。

堀勝洋編（2004）『社会保障読本　第3版』東洋経済新報社。

山本隆（2005）「社会福祉と権利——権利は私たちの運動で獲得するもの」加藤直樹・峰島厚・山本隆編著『人間らしく生きる福祉学』ミネルヴァ書房。

山森亮（1998）「福祉国家の規範理論に向けて——再分配と承認」『大原社会問題研究所雑誌』473，1-17頁。

Bank-Mikkelsen, N. E.（1976）*Normalization,* FLASH on the Danish National Service for the Mentally Retarded Ⅱ, No. 39.（＝1978，中園康夫訳「ノーマリゼーションの原理」『四国学院大学論集』42，143-153頁。）

Nirje, B.（1969）"The normalization principle and its human management implications." in Kugel, R. B. & Wolfensberger W.（eds.）*Changing patterns in residential services for the mentally retarded,* Washington, D. C.: President's Committee on Mental Retardation. pp. 179-195.

Rawls, J.（1999）*A Theory of Justice: revised edition,* Harvard U. P.（＝2010，川本隆史・福間聡・神島裕子訳『正義論 改訂版』紀伊國屋書店。）

さらに学ぶために

セン，アマルティア／後藤玲子共著（2008）『福祉と正義』東京大学出版会。

田中拓道（2006）『貧困と共和国——社会的連帯の誕生』人文書院。

ロールズ，ジョン／川本隆史・福間聡・神島裕子訳（2010）『正義論 改訂版』紀伊國屋書店。

岩田正美監修／岩崎晋也編著（2011）『社会福祉とはなにか——理論と展開』日本図書センター。

<table>
<tbody>
<tr><td>第 8 章</td><td>社会保障・社会福祉の財政</td></tr>
</tbody>
</table>

長谷川千春

本章のねらい

　本章では，日本の社会保障・社会福祉について財政の観点からその機能と実態を見てみよう。社会保障・社会福祉の政策目標を実現し，その機能を発揮できるよう支える基盤の一つが財政である。社会保障・社会福祉の仕組みは，大きく社会保険と社会扶助に区分され，その目的や機能に応じて，財源調達の仕組みが選択され，また様々な要件のもとに給付が行われていることを確認する。

　高齢社会の深化と少子化の進行，そして国全体での財政赤字が膨らむ中，広く国民にとって生活基盤として機能している社会保障・社会福祉の改革については，国民的な議論と合意が不可欠である。

——— キーワード ———

社会保険，社会扶助，公費負担，財政調整

1．社会保障・社会福祉を財政から考える

　日本の社会保障・社会福祉は，日本国憲法の理念に基づいて創設・整備されてきた諸制度からなる。特に，第25条第2項に規定された国家（市町村・都道府県などの地方公共団体も含め）による生活保障の義務そして責任は，人々の暮らしや社会経済状況に応じた社会保障諸制度の整備，改革を行い，そしてそれらの制度に基づく活動を支える基盤を確保する義務と責任があるということである[1]。その基盤の一つが，社会保障・社会福祉の財政である。

　財政とは，国や地方公共団体，あるいは公的な役割を果たす諸主体が行う経済活動のことであり，国民から租税や社会保険料などによって財源を調達し，社会保障・社会福祉や公共事業等の様々な活動に支出したり，投資や融資，財産を所有するなどの経済活動を行っている。「国民の生活の安定が損なわれた場合に，国民にすこやかで安心できる生活を保障することを目的として，公的

責任で生活を支える給付を行う」(社会保障制度審議会, 1993) 社会保障・社会福祉の諸制度においても，それぞれの財源調達の方法や国及び地方公共団体の費用負担，給付の内容について規定されており，財源が確保されて初めてその政策を実施することができる。つまり，社会保障・社会福祉の財政は，その政策目標を実現し，その機能を発揮できるよう支える基盤であるといえる。

　以下では，社会保障・社会福祉を支えるための財源はどのように調達しているのか，また給付と負担のバランスはどのように図られているのか，国や地方の費用負担はどのようになされているのか，など，社会保障・社会福祉における財政の仕組みについて見ていこう。

2. 社会保障の仕組みと費用と財源

2-1. 社会保障の仕組み

　社会保障の仕組みとしては，あらかじめ保険料を拠出することで生活上のリスクに備える社会保険の仕組み（社会保険方式）と，それでは防ぎきれない生活困窮への救済や生活支援に対応する租税を財源とした社会扶助の仕組み（税方式）に区分される。

　社会保険とは，病気やけがのリスクや長生きしたときのリスク，さらに失業のリスクなど，多くの人にとって生活を送る上で直面しうるリスクに備えて，被保険者集団を形成してあらかじめ保険料を拠出し，そのリスクが現実化したときには保険給付を行う相互扶助の仕組みである。具体的には，年金保険，医療保険，介護保険，雇用保険，労働者災害補償保険がある。保険を管理・運営する保険者は，国や地方公共団体あるいはそれらに代わる公的な団体であり，法律に基づき被保険者とされた対象者は加入が義務づけられている（強制加入）。保険料の負担は，被保険者とその被保険者を雇用する事業主が行い，所得に応じた定率負担が一般的であるが，一部定額負担のものもある。所得に関係なく強制加入としていることから，低所得者や家計急変者に対しては保険料軽減の仕組みが設けられている。

　社会保険の主な財源は保険料だが，被保険者集団の所得が低いことなどによって保険者によっては財政力が脆弱であることから，その機能を支えるため公費負担（国及び地方公共団体の一般財源）が重要な位置を占めているものもある。

　社会扶助とは，租税を財源として給付を行うものであり，厳しい資力調査を
要件として貧困者を救済する生活保護制度，生活保護ほどの厳しい資力調査は
行わないが所得制限を課すなど一定の要件を満たす人を対象に生活支援を行う
社会手当（児童手当等），所得を問わず社会的に支援すべき人を対象とした児童
福祉，障害福祉，高齢者福祉などの各種福祉サービスがある。これらの社会扶
助は，住民に最も身近な市町村が行政の窓口となり，その費用の支弁者となっ
ているが，財源としては市町村の一般財源だけではなく，国による負担や都道
府県からの支出金も入っている。福祉サービスの利用にあたっては，所得に応
じた利用者負担が求められるものもある。

　また疾病予防や健康づくり，母子保健，食品や医薬品の安全性を確保する公
衆衛生も，社会保障制度の柱の一つといえる。

2-2. 社会保障の費用と財源

　社会保障の全体像を，社会保障給付費からみてみよう（巻末資料図8，図9）。

　社会保障給付費は，1970年代の社会保障・福祉の充実政策とその後の高齢化
の進展に伴い年々増加しており，社会全体における社会保障に関する経済活動
は大きな位置を占めるようになっている。社会保障給付費を部門別にみると，
年金が最も多く，次に医療，福祉その他となっている。福祉その他には介護が
含まれる。社会保障給付費は社会保険や社会扶助を通じた個人に対する給付に
かかる費用であり，医療には医療保険からの給付だけでなく，生活保護の医療
扶助や労災保険の医療給付，公費負担医療も含まれる。また年金には公的年金
からの給付だけでなく，公務員を対象とした恩給や労災保険の年金給付なども
含まれる。福祉その他には医療と年金以外の項目すべてということになるが，
社会福祉サービスや介護保険からの給付，医療扶助以外の生活保護の各種扶助，
児童手当などの社会手当なども含まれる。なお，社会保障給付費には，医療保
険の患者一部負担や福祉サービスでの利用者負担などは含まれていないため，
実際の社会保障に係る費用はより大きい。

　社会保障給付費を対国民所得比でみると，1970年度は5.8％であったが1980
年度には12.2％，1990年度は13.7％，2000年度は20.3％，2010年度は29.1％と
なり，近年では30％に迫っている。特に，医療ニーズが高く，また年金受給者
となる高齢者が増加するに伴い，医療及び年金における給付が膨張している。

また高齢者は介護ニーズも高まるため，介護保険が導入された2000年以降，福祉その他も増加傾向にある。

　これらの社会保障給付費を支える財源は，第1に被保険者と事業主が負担する社会保険料，第2に国が支出する国庫負担，第3に市（区）町村及び都道府県が支出する地方負担，第4に資産収入その他から構成される。第1の財源である社会保険料は，社会保障財源の約5割を支えている。医療保険，年金保険，介護保険等の社会保険は，被保険者とその被保険者を雇用する事業主に保険料の拠出義務があり，強制加入によってその財源を確保している。

　そして第2，第3の財源である国庫負担と地方負担は合わせて公費負担ともいわれるもので，社会保障財源の約4割を支えている。国，都道府県，市町村ともに各年度の一般会計予算において，一般財源から支出している。国では社会保障関係費，都道府県及び市町村では民生費として支出され，社会扶助だけではなく，社会保険の財源の一部にも充てられている。

　第4の財源である資産収入その他は，主に年金保険における積立金の利子・利息・配当金等や積立金からの受入等である。

3．社会保障・社会福祉諸制度の目的と財政の仕組み

3-1．社会保険の目的と財政の仕組み

　社会保険の財源は，主に社会保険料と公費負担であるが，制度によってまた保険者によって保険料と公費負担の割合，保険料の算定方法，公費負担の位置づけ等が異なる。またそれぞれの目的に応じた給付を行っている。年金保険，医療保険，介護保険それぞれの財政の考え方とその具体的な仕組みを見てみよう。

3-1-1．高齢期の所得保障──年金保険

　年金保険は，老齢，障害または生計維持者の死亡等により，長期にわたって所得が喪失したり減少したりすることに対応し，これを補塡するため，定期的に現金給付を行う所得保障を目的とした社会保険である。高齢者収入の6割は公的年金（恩給含む）であり，高齢者の5割が公的年金収入のみで生活している（厚生労働省，2019a）。公的年金制度は，「社会全体での高齢者を支える仕組み（社会的扶養）」「世代間の支え合いの仕組み（世代間扶養）」といわれるが，

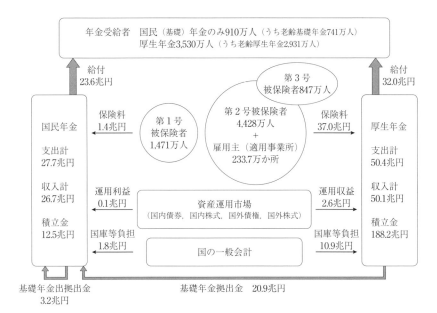

図 8 - 1　公的年金の加入と資金の流れ（2018年度）
出所：厚生労働省（2019b；2019c）を基に筆者作成。

その意味するところを年金の財政構造から見てみよう（図 8 - 1 ）。

　公的年金制度は，国民（基礎）年金と厚生年金の 2 つからなり，それぞれか
ら老齢，障害，生計維持者の死亡という理由に対応して老齢基礎（厚生）年金，
障害基礎（厚生）年金，遺族基礎（厚生）年金が給付される。年金受給者及び
年金給付総額の 8 割が老齢年金である。例えば，老齢基礎年金は，原則として
65歳以上の人を対象とした年金給付で，10年以上保険料を納付していることに
より受給資格を得られる。年金額は20歳から59歳までの保険料の支払い月数に
応じて決定され，40年間（480カ月）保険料を納めた場合に65歳から受け取れる
年金額（満額）は月額約 6 万5,000円（毎年度改定）である。

　老齢厚生年金は，老齢基礎年金に上乗せされる部分で，民間被用者や公務員
等として厚生年金や共済に加入した月数とその時期の平均給与の水準（標準報
酬）によって決定される。老齢基礎年金の受給要件を満たし，厚生年金保険に
1 カ月以上加入期間がある場合に受け取れる。

　一方，公的年金の主な財源は，保険料，国庫負担，資産運用収入である。

　第 1 の財源である保険料は，国民（基礎）年金のみに加入する第 1 号被保険

者については定額（物価や賃金の動向に応じて毎年度改定）であるが，厚生年金に加入する第2号被保険者（民間被用者や公務員等）については毎月の給与と賞与に共通の保険料率をかけて算出され，これを被用者本人と事業主で折半して負担する。国民年金保険料は，2005年度以降毎年280円ずつ引き上げられ，17年度に1万6,900円（2004年度価格）に固定された。厚生年金保険料率も，2005年度以降毎年0.354％ずつ引き上げられ，2017年9月以降18.3％で固定された。

　日本の公的年金制度の財政方式としては，給付に充てられなかった保険料を積立金として管理・運用しつつ，現役世代が納める保険料を財源としてその時々の高齢世代の年金給付を行うという賦課方式が採用されている。国民年金及び厚生年金の保険料（率）の決め方は，2004年年金改革によって大きく転換した。2004年改革以前では，物価や賃金の変動に応じて改定する年金額に基づく将来見通しを作成し，必要な年金給付を賄うためにどれだけの負担が必要かを5年ごとに再計算して保険料（率）を設定していた。つまり，年金財政の収支バランスをとるために，年金を受給する高齢者が増加するにつれて，現役世代が負担する保険料を引き上げることが繰り返されてきた。しかし2005年度以降は，前述のように一定の水準まで保険料（率）を引き上げたのちはそれで固定し，その固定された保険料水準で確保される財源の範囲内で給付を賄うように給付水準を自動的に調整することにした（マクロ経済スライドの導入）。国は5年ごとに経済成長や労働参加などの試算に基づく財政検証を行い，その中で将来の給付水準やマクロ経済スライドの開始・終了年度の見通しを作成し，財政の健全性を検討する。その際，年金給付水準の指標である所得代替率（モデル世帯が65歳に年金を受給開始する段階で受け取る年金額の，現役男子の平均手取り収入額に対する比率）が50％を下回らないような財政運営が目指されている。

　第2の財源である国庫負担は，もっぱら国民（基礎）年金の財源に集中している。2004年年金改革で，長期的な負担と給付の均衡を図り，年金制度を持続可能なものとするため，段階的に国庫負担割合を引き上げ，2009年度までに国民（基礎）年金の給付費の2分の1に引き上げることとなった（それ以前は3分の1）。2014年4月からの消費増税（5％→8％）により財源が確保されたことで，国庫負担は「国民（基礎）年金給付額の2分の1」に恒久化された。

　第3の財源は，積立金の運用収益である。2004年改革では，この積立金についても概ね100年をかけて活用するとされた。公的年金の積立金は年金積立金

管理運用独立法人（GPIF）が管理，運用を行っている。国内外の株式・債券市場等での運用を開始した2001年度以降，累積収益額及び収益率はプラスとなっているが，国内・外における株式・債券市場の変動に大きく左右されている。[6]

3-1-2. 医療サービス費用の保障──医療保険

　医療保険は，万が一の病気やケガの際に必要となる医療費の一部または全部を保険給付する，医療サービス利用に関わる費用を保障する社会保険である。医療保険は，年金保険による現金給付とは異なり，医療サービスの利用が保障される必要があるため，病院・診療所や薬局などの医療機関や医師・看護師などの医療従事者による医療提供体制の整備が前提となる（サービス供給については第 9 章参照）。

　日本はすべての国民が，分立するいずれかの公的医療保険に加入する国民皆保険体制をとっている。主な公的医療保険は，75歳未満の人を対象とした国民健康保険と 3 つの被用者保険（健康保険組合管掌健康保険，全国健康保険協会管掌健康保険及び共済組合），そして75歳以上の人を対象とした後期高齢者医療制度に区分され，さらにその中で複数の保険者が分立している。[7]それぞれの保険者が独立した財政運営を行う一方，国や地方公共団体による公費負担もあり，高齢者医療については制度をまたいだ財政調整あるいは財政支援が行われている。

　国民医療費を制度区分別でみると，[8]第 1 に公的医療保険からの保険給付，第 2 に患者一部負担，第 3 に公費負担医療を通じて支払われている（巻末資料図12）。第 1 の公的医療保険からの保険給付は国民医療費の約 8 割を支えている。加入者が保険診療を行う医療機関を受診した場合の医療費や処方箋に基づく薬などの費用の 7 割（70歳以上の高齢者と 6 歳以下の子どもについては 8 〜 9 割）が保険から給付される。医療費の自己負担分が一定の水準を超える場合には，年齢・所得別の自己負担限度額の超過分についても保険給付され（高額療養費制度），また介護サービス利用の負担との合算でさらに負担軽減された分についても保険給付される（高額医療・高額介護合算療養費制度）。なお，国民医療費の統計には含まれていないが，被用者保険には，出産した時や業務外での病気・ケガで仕事を休んだ時などに給付される現金給付もある。

　第 2 の患者一部負担は，実際に医療サービスなどを利用した際に利用者自身が保険医療機関に直接支払うものであり，国民医療費の約 1 割を支えている。患者一部負担は原則医療費の 3 割であるが，70歳以上の高齢者と 6 歳以下の子

どもについては1〜2割に軽減されており[9]，また医療機関や薬局の窓口で支払う医療費が1カ月（1日から末日まで）で上限額を超えた場合，その超えた額を支給する高額療養費制度等により自己負担が軽減されている。

第3の公費負担医療は，具体的には生活保護制度による医療扶助や障害者総合支援法や児童福祉法による自立支援医療，母子保健法に基づく療育医療，地方公共団体が独自に行っている医療費助成（子ども医療費助成制度等）である。

一方，国民医療費の主な財源は，患者負担分を除くと，保険料及び公費負担である。保険料は，国民医療費の約5割を支えており，被保険者負担が約3割，事業主負担が約2割である。公費負担は，国民医療費の約4割を支えており，医療保険における国庫負担や交付金，そして公費負担医療分ということになる。

被用者保険は被用者本人とその扶養家族が加入するが，保険料拠出の義務は被用者本人と事業主にある。保険料は，毎月の給与と賞与に保険者が定めた保険料率をかけて算定する応能負担であり，基本的に労使折半である（ただし，健康保険組合や共済組合では，規約により事業主拠出の割合を増やしていることが多い）。被保険者である被用者本人の報酬に応じた保険料であるため，扶養家族の人数によって保険料が変わることはない。また，健保組合や共済組合には事務費以外に公費負担はないが，協会けんぽは比較的中小企業の被用者が多く，平均所得が低いことから，保険料引き上げ抑制と財政安定化のため，給付費等の13〜20％の範囲内での国庫補助金がある（〜2009年度13％→2010年度〜16.4％）。

国民健康保険は被用者保険に加入しない75歳未満の人すべて，具体的には農業や自営業の人，年金受給者などの無職者，あるいは勤め先の健康保険の適用がない被用者やその家族が加入する。国民健康保険料は世帯単位で算定され，加入する世帯員各々の所得額や固定資産税額等に定率の保険料率をかけて算定する応能負担分と世帯人員1人当たりや1世帯当たりの定額負担を求める応益負担分との組み合わせであるが，その算定方式の組み合わせや保険料率は市町村ごとに異なる[10]。例えば，徳島市は所得割（総所得金額から基礎控除（33万円）を差し引いた額に保険料率をかけて算定）と資産割（固定資産税額に保険料率をかけて算定），均等割（世帯1人当たり定額），平等割（1世帯当たり定額）を組み合わせて算定する4方式であるが，京都市の保険料は所得割と均等割，平等割の3方式，八王子市は所得割と均等割の2方式である。

国民健康保険の財源は，保険料と公費（国，都道府県，市町村），そして前期

高齢者交付金（後述）である。前期高齢者交付金を除く給付費の50％を保険料
で，残り50％を公費で賄うことを原則としているが，市町村によって保険料収
入に差がある一方で，給付条件は一律であることから，保険給付財源を支える
ために，市町村の一般会計からの繰り入れも含め，より多くの租税資金が追加
投入されている。

　公費については，国が41％（定率国庫負担32％，調整国庫負担〔都道府県間での
財政力の不均衡を調整〕9％），都道府県が9％を負担するよう予算が組まれてい
るが，保険料収入は50％を賄うには不足している。足りない部分については，
国による市町村への地方財政措置や高額医療費に対する国や都道府県による財
政支援，低所得者数に応じた財政調整や保険料軽減による収入減分を賄うため
の財政支援によって補填している。それでも赤字になる国民健康保険について
は，地方の一般会計予算からの決算補填を目的とした繰入が行われている。

　高齢者医療費については，2006年医療制度改革により導入された前期高齢者
（65～74歳）に係る財政調整制度と後期高齢者医療制度のもとで，社会連帯によ
る相互扶助の考えに基づき財源が確保されている。改革以前においても，高齢
者医療費については制度間で費用分担するということで運用されてきたが，被
用者保険から老人医療費拠出金の負担増大と現役世代と高齢者との費用負担の
関係が不明確であるとの批判が高まっていた。2006年医療制度改革は，制度間
での年齢構成や所得の違いを踏まえた上で，保険者間の負担の公平化を図り，
高齢者間の保険料負担の公平化[11]，世代間の負担割合の明確化を図った。

　前期高齢者に係る財政調整制度は，保険者間での前期高齢者の偏在による負
担の不均衡を調整するため，前期高齢者の全国平均加入率を基準に，それより
加入率が下回れば納付金を拠出，上回れば交付金を受け取ることで財政調整を
行う。前期高齢者の加入割合は，国保が高く被用者保険が低いため，被用者保
険が拠出，国保が交付金を受け取っている。

　後期高齢者医療制度は，75歳以上の後期高齢者を対象とした独立した医療制
度であり，その財源は，高齢者の保険料，国保及び被用者保険からの支援金，
公費である。後期高齢者に係る医療費については，患者負担を除く残りの部分
を，後期高齢者保険料で1割，社会連帯による相互扶助の考えに基づき各保険
者が後期高齢者支援として4割負担するというように，高齢世代と現役世代の
負担が明確化され，残りの5割は公費負担（国：都道府県：市町村＝4：1：1）と

された。後期高齢者の保険料は，都道府県単位で均一の保険料率で，応益負担部分である均等割と応能負担部分である所得割で構成される。ただし，低所得者の保険料は均等割のみで，その額も段階的に軽減されている。国保及び被用者保険からの後期高齢者支援金は，それぞれの保険者において「後期高齢者支援分の保険料」として，各々の医療保険給付分の保険料との区別を明確にしたうえで拠出されている。

3-1-3. 介護サービス費用の保障──介護保険

　介護保険は，加齢に起因する疾病や寝たきり，認知症などで介護が必要となった場合や，日常生活を送る上で家事援助などの支援が必要となった場合に必要な保険給付を行う，介護サービス利用に関わる費用を保障する社会保険である。高齢者の介護を社会全体で支えあう「国民の共同連帯の理念」（介護保険法第1条）を実体化する枠組みとして，給付と負担の関係が明確な社会保険方式を採用した。2000年に介護保険制度が開始される前は，高齢者に介護サービスを提供する社会保障制度は，老人福祉法に基づく措置制度と，老人保健法（現・高齢者の医療の確保に関する法律）に基づく医療保険給付の2つの枠組みであったが，措置制度は残しつつ，介護サービスについては，介護保険制度に移行した。医療保険と同様に，介護保険においても，介護サービス利用が保障されるよう提供体制を確保する必要がある（詳しくは第5章・第9章参照）。

　介護保険制度の定着，要介護認定者数の増加に伴い，介護保険からの給付は年々増加している（巻末資料図13）。3年毎の定期的な制度見直しに合わせて，基本的な財源確保の考えに基づきつつ，介護保険料の引き上げを行う一方，介護保険給付抑制のために介護報酬の見直し，サービス事業の見直しなどが行われてきた。また，介護保険の枠組みの中で対象とするニーズそのものを見直し，利用者負担の増加が行われている。

3-2. 社会扶助財政の考え方と仕組み

　社会扶助は，原則として公費，すなわち国及び地方公共団体の租税を財源として給付を行うものであり，国，都道府県，市町村の財源確保の責任と費用負担については，それぞれの法律で決められている。社会扶助には，厳しい資力調査を要件として貧困者を救済する「最後のセーフティネット」といわれる生活保護制度だけではなく，所得制限を課すなど一定の要件を満たす人を対象に

生活支援を行う社会手当，所得を問わず社会的に支援すべき人を対象とした子ども・子育て支援や障害福祉等の各種福祉サービスが含まれる。保育サービスや障害福祉サービス等の福祉サービスを利用するにあたっては，利用者負担が求められるものもあり，その利用者負担のあり方は制度によって異なっている。

3-2-1. 最低限の生活保障と自立支援——生活保護

生活保護制度は，国民が生活に困窮したときに，現金や必要なサービスを給付する制度であるが，本人による申請に基づき，厳しい資力調査を要件として貧困者を救済する「最後のセーフティネット」といわれる。生活保護では最低限度の生活を保障するため，日常生活に必要な費用の給付（生活扶助）だけでなく，家賃などの住宅扶助，義務教育での教材費などを含む教育扶助，必要な介護サービスや医療サービスの現物給付（医療扶助及び介護扶助）などが，個別の事情に応じて「最低生活費」の不足分として支給される。また，自立の助長も生活保護の目的の一つであり，ケースワーカーによる家庭訪問，自立に向けた就労指導等の対人サービスも行われる。

生活保護の実施責任はすべての市（及び東京23区）及び福祉事務所を設置する町村である。生活保護費の財源は，国が75％，地方が25％を負担するとされ，憲法第25条による国家責任の原理が体現されている。地方分は実施責任を負う市（区）町村が負担しており，福祉事務所を設置していない町村については都道府県が負担する。生活保護費の9割以上が扶助費として直接生活保護受給者に現金あるいは現物として支給されており，国が国庫支出金として都道府県及び市町村に配分している。

3-2-2. 現金給付による子育て支援——社会手当

社会手当には，子ども・子育て支援の観点から子どもを養育する者に支給する児童手当，ひとり親世帯を対象として支給する児童扶養手当，障害児・者を対象とした手当がある。児童手当及び児童扶養手当は，生活保護ほどの厳しい資力調査は行わないが所得制限を課すなど一定の要件を満たす人を対象に，現金給付による生活支援を行う。生活保護制度では，保護受給者の個別の事情に応じた必要額を給付するが，児童手当・児童扶養手当は，子どもの年齢や子どもの人数に応じた定型的な給付である。

児童手当制度は扶養児童数に応じた所得限度上限額を設定しているが，所得制限を超える子どもについても，特例給付を支給している。児童手当及び特例

給付の財源については，基本的に国と地方が2：1で按分して負担するが，被用者の0～3歳未満の児童手当財源については，15分の7は事業主拠出を充てるとし，残りを国と地方が2：1で分担する。また公務員の子どもの児童手当及び特例給付の財源は所属庁が負担する。

3-2-3.　サービス提供による子育て支援──保育サービス

社会保障には，所得を問わず社会的に支援すべき人を対象とした高齢者福祉，児童福祉，障害福祉等の各種福祉サービスが含まれる。例えば，児童福祉法は，児童福祉分野における様々な福祉サービスについて規定しているが，基本的に，都道府県に実施責任のある児童福祉に関わる経費については，国と都道府県とが1：1で按分して財源を確保しており，市町村に実施責任のある児童福祉にかかわる経費については，国と都道府県，市町村で2：1：1で按分して財源を確保している。ただし，市町村が設置した児童福祉施設の設備費及び運営費や公立の保育所・認定こども園などの運営費については，市町村が100％一般財源から充てる。

保育サービスについては，消費増税等による財源確保により，すべての子ども・子育て家庭を対象に，幼児教育，保育，地域の子ども・子育て支援の質・量の拡充を図ることを目的とした制度改革が行われ，新たに子ども・子育て支援新制度により実施されている（巻末資料図14）。主たる財源は，国及び都道府県，市町村による公費であるが，所得に応じた利用者負担が求められる。市町村ごとに，3歳未満か3歳以上か，保育標準時間か短時間かの組み合わせにより利用者負担（保育料）が所得階層別に設定されている。さらにひとり親世帯かどうか，在宅障害児（者）のいる世帯かどうか，多子世帯かどうか等の事情を勘案して，個別の利用者負担が決定される。国は利用者負担の上限額基準（これは，国及び都道府県負担金の基準ともなる）を定めているが，実際には多くの市町村がそれを参考にしつつ，これより低廉な保育料となるよう設計している。2019年10月からは，子どもの保護者の経済的負担の軽減を目的に，国，都道府県，市町村が2：1：1（ただし，市町村立の保育園等については市町村が10/10）で財源を確保して，幼児教育・保育の無償化（利用者負担分の租税による補塡）が実施されている。

4．持続可能な社会保障制度をどう考えるべきか

　社会保障の財政は，社会保険や社会扶助の様々な制度に基づく活動を支える基盤である。しかしその一方で，実際の財源確保のあり方や給付水準の見直し等によっては，それぞれの社会保障制度が掲げる目標の実現が阻害され，あるいは十全な機能の発揮が制約されることにもなりうる。高齢化社会の深化と少子化の進行によって，年金・医療・介護などの社会保障給付費が膨張していること，その財源確保における現役世代の保険料や租税の負担が増大していること，さらに国債などの将来世代の負担によりその財源を確保しており，社会保障制度自体の持続可能性も問われている，という現状認識のもと，国は，消費増税という税制改革とともに給付と負担の見直しなどの社会保障制度改革を行ってきている。現代社会における社会保障・社会福祉は，貧困や生活困窮からの救済・予防だけではなく，広く国民にとっての生活基盤として機能していることから，一連の社会保障制度改革による社会保障・社会福祉の役割や機能の見直し，そしてそれを支える財源の確保や給付水準といった給付と負担の見直しについても，国民の合意のもとに進める必要がある。

　その際には，現行の社会保険や社会扶助の諸制度における財源調達の方法や負担の実態，生活保障としての役割・機能を果たすような水準の給付が行われているのか，まずはきちんと検討し，評価する必要がある。そして，実際に広く国民にとって生活基盤として機能している社会保障・社会福祉が，十全にその機能を発揮できていないとすれば，その機能を十全に発揮しうるようにどのような改革を進めるべきか，財政制約によって生活保障の国家責任を狭めるのではなく，その財政制約をどのように乗り越え，ニーズ優先の生活保障を図っていくのか，国民的な議論により合意できる道を模索しなければならない。

─── 演習問題　考えてみよう・調べてみよう ───
　社会保険や社会扶助にはどのような制度があり，それらの財政の仕組みはどうなっているのか，調べてみよう。生活保障としての機能を十全に果たしているのか，人々の生活実態と照らして検討してみよう。

注

(1)　政府により設置された社会保障制度審議会が1950年に発表した「社会保障制度に関する勧告」では「国民には生存権があり，国家には生活保障の義務がある」と明確に述べており，また社会保障制度の枠組みとして，生活保障の義務と責任が示されたといえる。

(2)　老齢年金の受給資格は，国民年金の保険料納付済み期間あるいは申請免除を受けていた期間，厚生年金加入期間等の合計が10年（120カ月）以上あると得られる。2017年8月より前は，25年間であった。

(3)　国民年金加入者のうち，第2号被保険者に扶養されている20歳から59歳の配偶者（年収130万円以内）は，第3号被保険者として個別の保険料負担なく，基礎年金を受給する資格が得られる。第3号被保険者の保険料（基礎年金給付財源）は，第2号被保険者が加入する厚生年金や共済が一括して負担している。

(4)　マクロ経済スライドとは，社会全体の公的年金を財政的に支える現役被保険者の数と平均余命の伸びに伴う年金給付の増加というマクロでみた給付と負担の変動に応じて，年金給付水準を調整する仕組みである。具体的には，年金額を改定する際に，賃金や物価による上昇率から，現役被保険者数の変動率（2～4年度前の3年間の平均変動率）と平均余命の伸びを勘案した一定率（2020年は0.3％）によって算出したスライド調整率を割り引くことで年金改定率を引き下げる。

(5)　モデル世帯は，夫が平均的収入で40年間就業し，妻がその期間すべて専業主婦であった世帯とされている。

(6)　年金積立金管理運用独立行政法人は，毎年度，運用実績報告書を公表している。

(7)　失業や退職等で被用者保険の適用がなくなれば，国民健康保険に加入しなければならない。75歳未満の国民にとって，公的医療保険の基盤的な保険は，国民健康保険といえる。

(8)　国民医療費には，保険診療の対象とならない医療に要した費用や正常な妊娠・分娩に要する費用，健康診断や予防接種等の費用などは含まない。

(9)　ただし，70歳以上の高齢者の中で現役並み所得の場合は，3割負担となる。

(10)　2018年度から国民健康保険は国民健康保険の運営主体（保険者）が，市町村及び特別区から，都道府県及び当該都道府県内の市町村（特別区含む）が，国民健康保険の運営を協力して行うということになった。都道府県は財政運営の責任主体となったが，市町村は都道府県が提示する標準保険料を参考にしつつ独自に保険料を決定し，賦課・徴収している。

(11)　後期高齢者医療制度が創設される前には，年齢で区分して被保険者集団を形成させるような公的医療保険は存在しなかった。75歳以上の人は，子ども等の被扶養者として被用者保険に加入していた場合，自身の年金収入などから保険料を負担する必要がなかった一方，被用者保険に被保険者として加入するあるいは国民健康保険

に加入する場合には，保険料負担が必要であった。

参考文献

厚生労働省（2019a）「平成30年 国民生活基礎調査」。

厚生労働省（2019b）「平成30年度 厚生年金保険・国民年金事業の概況」。

厚生労働省（2019c）「公的年金の単年度収支状況（平成30年度）」。

社会保障制度審議会（1993）「社会保障将来像委員会第 1 次報告」。

さらに学ぶために

木下武徳・吉田健三・加藤美穂子（2017）『日本の社会保障システム　理念とデザイン』東京大学出版会。

渋谷博史・塚谷文武・長谷川千春（2018）『福祉国家と地方財政 改訂版』学文社。

厚生労働省『厚生労働白書』。

国立社会保障・人口問題研究所『社会保障費用統計』（http://www.ipss.go.jp/site-ad/index_Japanese/security.asp）。

総務省『地方財政白書』。

<table>
<tr><td>第9章</td><td>社会保障・社会福祉におけるサービス提供
——必要と給付の間で</td></tr>
</table>

松田亮三

本章のねらい

> 社会保障制度の機能の一つに，人々が生活の上で必要とするさまざまなサービスを実施し，保障していくということがある。このために，医療，介護，保育，生活の支援など各種の制度が設けられ，その制度の上で，非営利団体，行政，営利団体等のさまざまなサービス供給主体が，利用者にサービスを実施している。このようなサービスを行うための制度は，徐々に拡充してきたが，貧困や所得格差が増大し，社会保障費用全体の大きさも政治的な争点となる中で，何を必要なサービスと見なすかは，しばしば緊張をはらむ問題となる。

── キーワード ──

必要（ニーズ），福祉サービス，提供の編成，実施方式，社会保険，行政サービス

1．なぜ福祉サービス提供の仕組みが重要か

　現代日本では多様なケアが行われている。例えば，身心に不自由のある人が，移動，食事，入浴といった日常生活を行うためのケアは介護と呼ばれている。仕事などのために保護者が子どもの世話をできない場合には，代わりに世話をすることが行われる。病気やケガの時には，病院や診療所で治療が行われる。

　こうしたケアのかなりの部分は，社会保障の一部として行われており，そのための費用は税・社会保険料などの公的なお金により支払われる（第8章参照）。同時に，ケアそのものは，単に個人間の関係ではなく，法制度に基づく公的な性質を帯びたものとして行われている。介護の場合には介護保険制度があり，この骨格は介護保険法によって定められている。保育の場合には，「子ども・子育て新制度」に位置づけられており，その骨格は子ども・子育て支援法，児童福祉法などによる。医療の場合は，健康保険法，医療法などによる。

　福祉サービスが，そのサービスを必要としている人々に実際に届くようにす

るこのような仕組みを，ここでは福祉サービス提供の仕組みと呼ぶ。福祉サービス提供の仕組みを理解することは，生活を行う上でさまざまな困難に直面している人々に対して支援する仕組みを実際的に考えることである。それを考える意義としては，次の点を挙げることができる。

　まず，福祉サービスが提供されるのは，サービス利用者とサービスを行う主体（供給者）が出会う場面であり，福祉制度の結果を生み出す福祉の現場であり，そこでどのような問題が出現していくか，そしてそれに対してどのような対応を行うかを考える基礎を与えるものとなるからである。

　この場面における課題や問題はともすれば社会の中では見過ごされる場合もあることに注意しなければならない。例えば，病児保育や通院が困難な人への訪問看護など今日ではどこでも行われている──といっても，課題がないとは限らない──サービスも，かつてはそうであった訳ではない。厚生省（当時）による病児保育の全国的展開は1990年代になってからであり，高齢者への訪問看護は1980年代になってようやく公的な仕組み（公的医療保険制度）の中で認められたのである。現場では人々の生活支援に必要と考えられる事柄が，制度化されていないという状況では，福祉サービス提供場面において利用者・サービス提供者が難しい状況に直面することとなる。

　3つ目の意義としては，福祉サービスの事業者（供給者）が多様になる中で，社会保障・福祉制度がサービスの実施に対してどう支払うかを理解し，それを検討していくことが重要だからである。制度からの支払いが十分でなければ，供給者は──特にそれが非営利団体あるいは営利企業等の民間事業者である場合には──事業の存続が困難になるかもしれない。必要なサービスに対する費用が支払わなければ，そのサービスを供給者が継続することは難しい。さらに，支払いの方法に含まれる経済的インセンティブが，事業者の望ましくない行動を引き起こすかもしれない。このように，サービス提供場面におけるお金の問題は，第8章で議論された財源の問題とは異なる重要性を持っている。

　なお，人々の生活を具体的に支援するのには，障碍のある人が用いる自助具や情報技術を利用したコミュニケーション機器が利用できること，病気の治療に向けた医薬品が利用できること，住宅を改造して生活しやすくすることなど，人が人に行うサービスではなく物に関する事柄もある。こうしたことについては，サービスとは異なる仕組みが必要となる場合が多いが，煩雑になるためこ

こでは省略する。ただし，本章で述べる多くの事柄は，それらについても概ね該当する。

　以下では，まず社会保障・福祉制度の下で，サービス提供がどのように編成されていくかを，福祉サービスの必要を軸に説明した上で，行政サービスの委託，制度の下での契約といった実施方式を説明する。次いで，サービスの量・質に関する政策について，介護，保育等の例を示しつつ議論し，必要と給付との狭間に注意し，継続的な取り組みを行う重要性を説明する。

2．福祉サービス提供の編成
——制度の下で実施されるサービス——

2-1．福祉サービス提供の編成

　福祉サービス提供の編成とは，人々の生活を支えていくために行われるサービスを社会の中で行っていく仕組みのことである。この仕組みは，市場で売買されているサービスとは異なり，社会として必要と認められるサービスを実施するためのものである。病気の人に対しては医療が必要であるし，保護者が就労している子どものいる世帯であれば保育等の子育て支援サービスが必要である（なお，必要は英語で need といい，これをカタカナにしてニードあるいはニーズという用語が同じ意味で用いられることがある）。このような必要を充足するために，社会はいろいろな仕組みを設けている。以下では，この仕組みを制度と呼ぶ。

　福祉サービスの制度にはそのサービスの提供を通じて追求する目的があり，制度の枠組みを定める法律では，通常その目的が示され，その実現に向けた具体的な内容が設定される。この目的は，幅広く抽象的に与えられるのが普通である。例えば，児童福祉法では，児童の生活保障，愛され保護されること，心身の健やかな成長及び発達と自立が図られることが宣言された上で（第1条），保育や療育などさまざまな具体的施策が定められている。

　このような個別分野を越えて福祉サービスに共通する事項は，社会福祉法や医療法によって定められている。社会福祉法第3条では，「福祉サービスは，個人の尊厳の保持を旨とし，その内容は，福祉サービスの利用者が心身ともに健やかに育成され，又はその有する能力に応じ自立した日常生活を営むことができるように支援するものとして，良質かつ適切なものでなければならない」との理念が定められている。また，同第5条ではサービス実施者の運営上の理

念が述べられている。

2-2.　サービスの対象・内容・事業者

　では，実際にどのようにして，福祉サービスの提供体制が編成されていくのであろうか。通常，どのような状態の人を対象としたどのようなサービスなのかといった基本的事項は，立法府（国会）が制定する法律によって大枠が決められ，より詳細な事項が行政——たいていは厚生労働省——の定める政省令によって決められる。これは，サービス提供の編成を住民の必要と合致させる上で，最も重要な事項の一つである。居宅で暮らす障碍のある人で長時間の介護を必要とする人がいて，それに対応するサービスがなければ，その人の生活は著しい困難に直面するであろう。

　サービスの種別がどのように設定されるかは，個々の領域で異なる。介護サービスや障害福祉サービスでは，サービスの形態——居宅介護，施設介護など——をもとに法律で定めているが，医療では法律上は「療養の給付」という抽象的な表現にとどめ，どの検査や治療法が制度の対象となるかは，医師会や健康保険組合など関係者のコンセンサス形成を行った上で厚生労働大臣が決める（サービスごとの単価を合わせて診療報酬と呼ばれる）仕組みとなっている。

　サービスを実施する上で不可欠な要素は，サービスを実際に利用者に対して行う事業者，実施事業者である。実施事業者とは，保育所，子ども園，病院，訪問看護ステーション，グループ・ホーム，就労継続支援，特別養護老人ホーム，児童養護施設など，さまざまな福祉サービスを実際に行っている組織である。このような組織には，自治体，社会福祉法人，各種の公益法人，非営利法人（NPO），株式会社などの営利法人など，さまざまな種類の法人がありえる（第14章参照）。福祉サービスを実施する主体は20世紀においては自治体や社会福祉法人（医療は医療法人も）に限られていたが，21世紀においては多様化してきている。例えば，2000年の介護保険の創設により居宅サービスが拡充され，営利法人が福祉サービス事業者として参入できる制度になった。ただし，制度の適正な運営という観点から，サービスの種別によっては，従来通り社会福祉法人等のみに供給が許されている場合がある。例えば，介護老人福祉施設（特別養護老人ホーム）の設置は，自治体，社会福祉法人などに限られている。

　福祉サービスの実施事業者についての具体的設計も，必要なサービスを必要

な人に届けるという意味で極めて重要な事柄である。例えば，病院で病気の治療を医師としての教育・研修を受けていない人が行うことが許されていれば，どうなるであろうか。また，保育所のスタッフが保育を学んだことがない人ばかりであれば，保育所に通う子どもは適切なケアを受けられるであろうか。施設については，入所者が生活を行う介護老人福祉施設において，入浴設備が移動に不自由のある人に対応し，廊下での移動が車椅子で円滑に行え，また娯楽や見た目など生活の場としてふさわしいものでなければならない。

　福祉サービスについてはこうした具体的事柄について，多かれ少なかれ制度によるルールが課せられており，サービス事業者はこれを遵守して実施することを要請されている。例えば，医師の資格は医師法によって定められ，保育士の資格は児童福祉法によって，社会福祉士の資格は社会福祉士及び介護福祉士法によって定められている。介護施設や保育所の基準は，直接は都道府県が定めることとなっているが，その際厚生労働省の定める基準を参酌することとされている。こうしたルールはサービスの質を保証する上で重要なものであるが，一方で制限が過度になると事業者の工夫や新たな取り組みを抑制してしまう可能性もあり，悩ましいところである。

2-3.　福祉サービス制度の枠組み

　以下では，どのような福祉サービスが，どのように行われていくかを，「福祉サービス制度の枠組み」という用語を用いて説明していこう。前述した，サービスの対象者，内容，実施事業者（供給者）に加えて，実施方式，財源，事業者への支払いを含めることができる（表9-1）。以下，順番に説明していくが，これから福祉サービスと呼ぶ場合には，医療や介護を含めた幅広い社会保障制度によるサービスのことを意味しており，障害福祉サービスだけに限定していないことに注意されたい。日本を含め社会保障を幅広く行っている国家のことを，福祉国家というが，ここでの「福祉」は，特定の人を対象としたサービスのことではなく，そこで暮らす人々の生活を安定させていくための様々な施策を大まかに示しているものである。

　福祉サービスの実施方式とは，サービスを利用する住民，サービスを供給する事業者，サービスが法に掲げられる目的に合致するように制度を運用する行政（社会保険の場合には保険者も含む）が，サービスを行う際に取り結ぶ関係の

表9-1　福祉サービス制度の枠組みの例（2020年現在）

領　　域	子ども・子育て支援	障害福祉	医　療	介　護
根拠法	児童福祉法，子ども・子育て支援法など	障害者総合支援法など	健康保険法など	介護保険法など
対象者	小学校就学前子どもの保護者など	障害者・障害児など	「疾病又は負傷」のある被保険者	要介護・要支援である被保険者
サービスの総称	子ども・子育て支援給付	障害福祉サービス	療養の給付	介護給付予防給付
具体的内容	保育所，こども園の利用など	居宅介護，施設入所，自立訓練など	診察，薬剤，処置など	ホームヘルパー，施設介護など
実施方式	制度下の契約	制度下の契約	制度下の契約	制度下の契約（要介護度による給付上限の設定）
財　源	税	税	保険料（補助金を含む）	保険料（補助金を含む）
利用者負担	無償／応能負担（保育の場合）	応益負担・応能負担の併用（上限，一部軽減あり）	応益負担（一部軽減あり）	応益負担（一部軽減あり）
事業者への支払い	児童1人当たり基本単価と加算（保育所の場合）	障害福祉サービス等報酬（基本単価と加算など，サービスにより多様）	診療報酬（サービス，疾患分類による単価など多様）	介護報酬（基本単価と加算など，サービスにより多様）

注：枠組みの一部の例を示したものであり，各制度を包括的に説明しているものではない。法律に対象者の条件が詳しく書き込まれている場合などもあるが省略している。内容については，法律上の名称ではなく，一般的な説明である。なお，子ども・子育て支援の現金給付などのように，サービス以外の仕組みが法律で定められている場合があるが，ここには記載していない。
出所：法律・政令・行政資料を基に筆者作成。

ことであり，サービス給付方式とも呼ばれる（菊池，2018）。このように書いてもなかなかわかりにくいと思われるので，図を用いて説明する。

　図9-1は，伝統的な社会福祉サービスの実施方式を示したものであり，今から50年ほど前には，多くの社会福祉サービスはこの方式によっていた。今日においても，虐待を受けている子どもを緊急に児童養護施設で保護する場合など，行政がその直接の責任において実施すべき領域において用いられている。住民は生活上の困難など何らかのサービスの必要に応じてサービス利用の申請を行い，それが行政によって認められることがサービス実施の出発点である。当人の申請だけでなく，児童養護の場合などのように，客観的に必要が認定さ

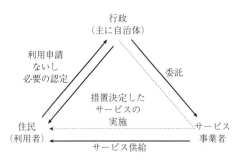

図 9 - 1　行政措置による福祉サービス
出所：筆者作成。

れてサービスが行われる場合もある。行政は自ら設置した施設で，あるいは事業者に委託しサービスを実施する。この行政措置によるサービス実施方式では，住民は事業者についての要望を行政に伝えることはできるが，必ずしも要望通りになるとは限らない。なお，ここでいう行政とはほとんどの場合地方自治体（市町村ないし都道府県）であり，サービスの内容によって担当が決まっている。

　図 9 - 2 は，21世紀になって増えてきた実施方式で，2020年においては，介護，保育，障害福祉サービスにおいて用いられている。詳細にはかなりの違いがあるが，その特徴は，住民（利用者）とサービス事業者が制度の下で契約を結ぶことにある。例えば，要介護認定がなされて介護保険から費用が支払われる人の場合，複数ある事業所から実際に介護サービスを受ける事業所を選ぶのはその人であり，その事業所の設置主体とその人が契約を結ぶということとなる。保育所の場合は2012年に子ども・子育て支援法が制定され，公立保育所などについて，保護者と設置主体である自治体が契約を結ぶ仕組みが導入された。この仕組みでは，選ばれる事業者となるために，事業者が質の向上や利用者の経験に配慮することが含意されているが，事業者が圧倒的に不足しているような状況ではそうした効果はさほど期待できないであろう。なお前述した事業者の運営主体の多様化は，この制度下での契約による実施方式の導入と呼応する形で進展してきた。

　図 9 - 3 は，医療の実施方式，特に法により加入が義務づけられている法定医療保険（健康保険・国民健康保険等）についてのものである。この方式は，日本における普遍的給付（universal health coverage），いわゆる国民皆保険を実現するものであり，公的医療保険とも呼ばれている。図 9 - 1 ・ 2 と異なるのは，個別のサービスについて行政に対する利用・給付の申請という手続きがないという点である。利用者は強制保険に加入している資格（保険証）を医療機関で示すことが求められるが，それさえ行えば保険給付としてさまざまな医療サー

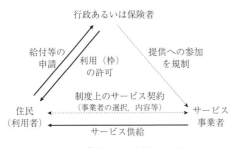

図9-2　契約による福祉サービス
出所：筆者作成。

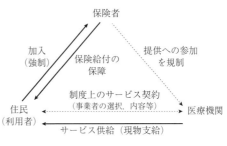

図9-3　法定強制医療保険
出所：筆者作成。

ビスを受けることができる。医療では，疾病・外傷という専門職により判断される必要を基礎としてサービスが行われ，この判断は医師など自律性が高い専門職のものとして尊重されている。

3．福祉サービスの実施に関する政策

前節で述べた福祉サービス制度の枠組みにより，その実施のための政策は異なってくる。とはいえ，想定利用者にある——社会が対応すべき——必要を基準としつつ，サービスの量と質を考えていくということでは，大枠は同じである。例えば，保護者全員が就労など子どもの世話をする状況に直面している世帯が増加すれば，保育サービスの量は拡充することが求められる。加えて，子どもが病気になった場合にどのように対応するかは，就労の場面における対応とともに，保育サービスにおける細やかな対応が求められるであろう。

本節では，社会における福祉サービスをめぐる政策について，上記の量と質それぞれに関わる計画等の政策と，それを各事業者が実施していくための仕組みを述べる。

3-1．必要に応じたサービスの提供に向けて

住民（潜在的な利用者）の必要を社会が充足していくためには，サービスの数量的な側面と，その内容についての質的側面の両方を考慮しなければならない。なお，どちらも必要をどう捉えるか，ということに関わっており，それは人によって意見が異なる——論争的な——主題の一つでもある（第7章参照）。

表 9-2　福祉サービスについての政府の方針・計画の例

市町村・特別区	都道府県	国
介護保険事業計画	介護保険事業支援計画	介護保険事業基本指針
子ども・子育て支援事業計画	子ども・子育て支援事業計画	少子化社会対策大綱
子ども・若者計画	子ども・若者計画	子ども・若者育成支援推進大綱
障害福祉計画	障害福祉計画	障害福祉計画・障害児福祉計画基本指針
地域福祉計画	地域福祉計画	地域福祉計画策定ガイドライン
	医療計画（地域医療構想を含む）	医療提供体制基本方針地域医療構想策定ガイドライン

注：2020年度における例。法律上の正式名ではなく，通称・略称等も含まれている。計画には，義務的で
　　ないものもある。
出所：筆者作成。

3-1-1. 量的確保の計画

　サービスの量的な側面について，日本では多くの分野で，政府（国）が5～
10年先を見据えた方針を策定し（表 9-2），自治体が当該地域における計画を
策定している。この方針・計画にはたいてい数値目標が含まれている。地方分
権により，地方自治体は法律によって定められた事業を行う際に幅広い裁量が
認められているが，しばしば国が定める指針等を考慮して計画を定めることが
義務づけられている。さらに，医療計画の場合にあるように，疾患や小児医療
といった個別領域について，計画策定に関わる詳細な技術的助言を国が行って
いる場合もある。

　なお，自治体が定める計画の中には，法律によって策定が義務づけられてい
るものもあれば，そうでないものもある。介護，保育等の福祉サービスの多く
は市町村が責任を持つ仕組みとなっているが，都道府県に責任があるサービス
もある。

　計画が実現していくためには，そのための資源が必要である。例えば，サー
ビス量拡充に向けて事業所数を増やすには，新たな資金が必要となる。また，
サービス量を減らす，あるいは別のサービスに転換していくような場合にも，
そのための資源が必要である。このように計画実現には資金面の考慮が欠かせ
ない（第8章参照）。

3-1-2. 質保証のための仕組み

　サービスを受ける人の立場は弱く，ともすればサービス事業者と交渉力をもたない場合があるため，福祉サービスにおいては，人々の人権を保障し，質を向上させていく仕組みが求められる。ただ，サービスの質保証は，質をどのように捉えるかという意味で多様な考え方があり，なかなかに込み入っている。とりわけ，サービスは一人ひとりの状況にあわせて，その場で行われることなので，自動車のような物の質より複雑である。そうしたこともあり，質保証のための取り組みは，多面的に行われている。

　日本の福祉サービスにおいては，概してサービスをより良くしていこうという態度や過程，いわば現場での改善が重視されているが，政府がサービスの質の定義や考え方を整理し，それについての指標を作成することはあまりなく，「サービスの質」という言葉が具体的に何を指すかについて必ずしも明確な合意がないと思われる。しかし，このような定義と考え方の整理と指標作成は，現場での改善を支え，新たな資源を調達する措置を考える上で重要である。

　例えば，イギリスにおける自治体社会的ケア（疾病・障害のある人を対象とした各種のサービス）の成果検討の枠組みでは，①ケア・支援の必要がある人の生活・生存の質（quality of life）を高めること（10指標），②ケア・支援がなるべく必要とならないようにしていくこと（6指標），③人々のケア・支援に関わる経験が確実に良いものとなるようしていくこと（5指標），④状況により傷つきやすくなっている人の安全を確保し，対応可能な危害から保護すること（2指標），という4領域を設け，それぞれ括弧内で示した数の指標を設けている（UK Department of Health and Social Care, 2018；長澤, 2020）。地域でのケアがどの程度この成果を満たすかが，地域全体でのケア・支援の質の物差しともなる。

　福祉サービスでは，地域だけではなく，施設が満たすべき基礎基準が設けられ，その遵守が点検される仕組みが通常設けられている。イギリスの例でいえば，基準は，パーソン・センタード・ケア，尊厳と尊重，同意，安全，虐待からの保護，食事・飲み物，建物と危惧，苦情，良いガバナンス，職員配置，職員の適切さ，率直さの義務，格付けの提示，について設けられている（長澤, 2020）。

　日本でも福祉サービスの諸領域において，人員，設備，運営上の基準が設け

られ行政による規制が行われている。その内容は，かなりのところイギリスのものと重なっているが，その基準がどのような考え方で，どう作成され，実施されているかの情報公開の仕方は自治体ごとによって異なっている。自治体は事業者が基準に合致しているかを自から点検するための資料（自主点検表）を作成して，それぞれの基準の遵守を促している。

　こうした政府が行う規制（指導監督）とは別に，施設外の専門機関が行う第三者評価も福祉サービスの質保証に関わり重要な役割を果たしている。第三者評価は，利用者の評価，事業者の評価に加えて，福祉サービスの事業所がそのサービスの質向上に向けて行うもので，都道府県それぞれで実施する組織が設けられている。ただし，評価を受けるかどうかは事業所が決める。通常，利用者の満足度や体験を聞く調査が行われ，そうした情報の収集，第三者からの指摘により，サービス見直しへのきっかけが生まれることが期待されている（利用者調査は，第三者評価の場合以外でも積極的に行われている場合もある）。なお，この仕組みは高齢者，児童など領域を超えて行われているが，病院については全国的組織（日本医療機能評価機構）による別の仕組みがある。

　質に関わる情報の公開も重要な施策である。例えば，政府はインターネットを利用した介護サービス情報公表システムを設け，全国の介護事所の情報を検索できるようにしている。ここでは，基本的な情報とともに，後述する介護報酬の加算など，施設の取り組みに関わる事項が掲載されている。

　最後に，利用者からみて何か問題がある場合に対応する仕組み——苦情処理・権利擁護の仕組み——も，質保証の点で重要である。社会福祉法第82条により，福祉事業経営者は利用者の苦情を適切に解決するようにすることが求められており，子育て支援事業でも同様の措置を行う体制を確保することが求められている。そして，高齢，障害，児童等での一般的な福祉サービスでの苦情に都道府県社会福祉協議会におかれる運営適正化委員会が対応することとなっている。一方，介護保険についての苦情については，同じく都道府県に置かれている国民健康保険組合連合会が対応する。さらに，行政相談などの行政一般に関する仕組みがあり，人権に関わる問題の場合は法務省の人権相談や日本弁護士連合会の人権救済申立て，などがある。なお，行政への不服申し立てについても制度ごとにその手続きが定められている。

3-2.　事業者への支払いとその制度的意味

　福祉サービスにおいて，税・保険制度から事業者に対してなされる支払いは，事業者が当該のサービス提供に参入する基盤であるが，同時に，事業者の取り組みを促し，支える経済的な誘因（インセンティブ）ともなっている。

　サービス提供としての基盤というのは，制度の下で行われる契約であれ行政が実施するサービスであれ，介護，子育て支援などの制度から事業者に対する支払いがなければ，事業者はそれらを行うことができないからである。例えば，訪問看護という今日ではあたりまえとなっているサービスでも，1970年代においては公的医療保険での給付対象となっておらず，一部の先進的地域・医療機関の取り組みとして行われていただけであった。1980年代初頭に老人保健制度が創出された際に，訪問看護の制度的位置づけが行われ，全国的に普及した。さらに2000年に給付が始まった介護保険制度の下での位置づけが追加され，より幅広い場面で実施されるようになり，今日にいたっている。

　こうしたそもそもサービスが制度化されているかどうか，制度上の支払いの対象となっているかは決定的に重要であり，障害，子育て，心身の脆弱化等に関わるさまざまな必要に対して，その必要を充足するサービスが制度化されることは決定的に重要である。この制度化は，法律・条例の制定という政治的な過程を経て行われる。

　歴史を振り返ると，今日ではあたりまえとされているサービスがなかなか制度化されずに，当事者やその支援者による長い取り組みがあって初めて制度化された例にしばしば遭遇する。今日においても，充足されていない必要（unmet needs）がないかどうかは，常に点検されるべき事柄である。

　事業者の取り組みを促し，その活動を支える経済的な誘因（インセンティブ）の一つの典型は，サービスを行う上である条件を満たした場合には追加的な支払が得られるというものである。例えば，保育所への支払いは，定員，年齢，保育時間などで決まる基本額に加えて，職員が多めに配置された場合やリーダー的役割が担える保育士（主任保育士）が多く配置された場合に，追加で支払われる加算額が加えられて決まる（内閣府・文部科学省・厚生労働省，2015）。この加算により，より手厚い人員の配置を促している訳である。

　介護保険と医療保険では，支払いのルールがそもそも複雑で，それぞれ介護報酬，診療報酬と呼ばれる体系になっている。ここでの加算は，非常に複雑に

なってきており，特に在宅ケアに関わる加算はうまく機能していない面も指摘されている（坪井，2020）。とはいえ，加算も含めた支払いの仕組みを，事業所がよいサービスを実施し，利用者の必要を的確に満たしていくようにすることは極めて重要である。

　この点を理解するために，介護報酬での加算から一つ特徴的なものを示しておきたい。それは，「介護職員処遇改善加算」であり，需要が高いにもかかわらず離職率が他産業に比べて比較的高いといわれる介護職員の処遇を改善し，定着を図ることを意図した加算である。介護事業所がこの加算を得るには，賃金改善等の計画作成と周知，介護職員改善の実践の都道府県知事への報告，キャリアパスに関する要件の実施，そして職場環境等要件を，部分的にあるいは全て満たすことが求められる。

　福祉サービスの多くは人的資源を多く必要とし，サービスの質を高めるには，やりがいだけでなく処遇の改善などの総合的な取り組みを行い職業としての魅力を高めることが重要となる。支払いの仕組みはそれを支えるものである。

4．必要と給付の狭間

　本章では福祉サービス提供の複雑な仕組みについて，その骨格と重要な考え方について述べてきた。福祉サービスが必要な人々に届くためには，サービスの目的と対象，内容，事業者，実施方式などを定めるサービス提供の編成が決定的に重要である。福祉に関する必要には，児童虐待への緊急対応のように強制的にかつ迅速に行う必要もあれば，利用者によるサービス選択が望ましい場合もある。そのため，今日の福祉サービスの実施方式には，大きくは，行政が措置決定し直接ないし事業所に委託して実施するものと，利用者と事業者とが制度の下での契約を結ぶものとに分かれている。

　歴史的にみると，福祉サービスは，当事者，その家族，支援者等によるアドボカシーの中で，より広い範囲の必要を満たすように拡充していった。今日においても，必要と給付の狭間を見定めそれに対応していくこと，充足されていない必要を福祉サービスの給付とし提供体制を構築していくことは，継続的に取り組まれねばならない課題である。

― 演習問題　考えてみよう・調べてみよう ―

　人々が生活を行う上で必要とする福祉サービスとして，どのようなものがあるかをいくつか考え，そのためにどのような社会保障・社会福祉制度が具体的に設けられているのかを調べてみよう。

参考文献

菊池馨実（2018）『社会保障法　第 2 版』有斐閣。

内閣府・文部科学省・厚生労働省（2015）「子ども・子育て支援新制度ハンドブック（施設・事業者向け）（平成27年 7 月改訂版）」。

長澤紀美子（2020）「イギリスの社会的ケアに係る自治体評価と事業者評価の動向――ケアの質の合意及びアカウンタビリティのメカニズムの視点から」『高知県立大学紀要　社会福祉学部編』(69), 15-30頁。

坪井良史（2020）「訪問介護において加算の算定が困難となる要因――訪問介護と通所介護における加算項目の比較をとおして」『社会福祉学』61(1), 17-31頁。

UK Department of Health and Social Care (2018) The Adult Social Care Outcomes Framework 2018/19: Handbook of Definitions.

さらに学ぶために

武川正吾（2011）『福祉社会――包摂の社会政策』有斐閣。

松田亮三・鎮目真人編著（2016）『社会保障の公私ミックス再論――多様化する私的領域の役割と可能性』ミネルヴァ書房。

松本勝明編著（2015）『医療制度改革――ドイツ・フランス・イギリスの比較分析と日本への示唆』旬報社。

Mor, V., Leone, T. & Maresso, A. (eds.) (2014) *Regulating Long-term Care Quality: An International Comparison,* Cambridge University Press.（＝2018, 今野広紀訳『長期療養ケアに対する質の規制――国際比較研究』現代図書。）

<table>
<tr><td>第 10 章</td><td>多様な社会と福祉国家</td></tr>
</table>

鎮目真人

本章のねらい

有史以来，公的な福祉サービスが提供されるようになったのは，比較的最近のことである。今日では多くの国において多様な福祉国家が成立している。そこで，本章では，最初に，国や自治体による福祉がどのような権利に基づいて歴史的に保障されるようになったのか，また，その内容はどのようなものであったのかということについて明らかにする。次に，福祉国家の分析理論を取り上げ，日本はどのようなタイプの福祉国家であるのかということを解明する。そして最後に，日本の福祉国家で生じている諸問題とその解決の糸口について解説する。

── キーワード ──

社会的基本権，福祉レジーム，男性稼ぎ主モデル，新しい社会的リスク

1．福祉国家と福祉レジーム

1-1．福祉国家

　福祉国家とは，出生から死亡までの生活上のリスクに対して，国や自治体が完全雇用と社会保障を提供して国民に対して健康で文化的な生活を保障する現代国家のあり方を指す。

　福祉国家は，19世紀末から20世紀初頭から成立してきたが，その背景にあったのは，産業革命を起点とする資本主義社会の進展である。それ以前の農業や毛織物業を中心とする中世社会では，貧困や疾病，傷害などの生活上の問題は，宗教的な慈善のほか，国や領主によって，就労能力がなく親族もいない「救済に値する貧民」だけを対象とした救貧事業による施しによって対処されていた。救貧事業の対象者は基本的に救貧施設に収容され，そこで与えられる施しは一般の者の生活水準を上回るものであってはならないという「劣等処遇の原則」に基づいて提供され，刑務所のような規則正しい生活や労働が強制された。

　しかし，資本主義社会の進展ともに，失業や労災をはじめとする生活上のリスクが増大するにつれて，旧来の慈善や救貧では人々を救うことが不可能になってきた。そこで，疾病，労災，老齢などの生活上のリスクを保障するための社会保障制度が整えられていった。マーシャルによれば，こうした社会保障の進展は，社会的基本権に裏打ちされたものであり，それは，第一段階の市民的基本権（人身の自由，言論・思想・信条の自由などの権利），第二段階の政治的基本権（参政権）に続く新しい権利概念である，労働，社会保障，教育などに関する権利の保障を意味するものである（Marshall & Bottomore, 1992 = 1993）。

　福祉国家の発展の初期段階では，資力調査を課して対象を低所得者に限定した上で社会扶助を給付する選別主義的制度が中心であったが，第二次世界大戦以降，社会権的基本権の普及とともに，老齢，疾病，傷害などの必要が生じた場合には，低所得者に限らずに国民広く一般に現金や対人福祉サービスを給付する普遍主義的制度が広まった。そのため，現在，民主主義の確立した先進資本主義国は，国によって給付の水準や適用の仕方に違いがあるものの，福祉国家として，選別主義的制度に加え，普遍主義的制度を保障するのが一般的になっている。

1-2.　福祉レジーム

　福祉国家における福祉サービスは，国や自治体以外といった公的なサービス以外にも，民間企業などによる市場を通じた営利サービス，家族や近隣の助け合いによるインフォーマルサービス，NPOやボランタリーな組織などによって提供される非営利サービスなど様々なサービスよって構成されるが，それらのサービスを統治する体制を福祉レジームという。

　エスピン・アンデルセンは老齢年金制度，医療給付制度，失業保険制度について脱商品化と社会階層化という指標を作成し，それに基づいて福祉レジームを類型化した（Esping-Andersen, 1990 = 2001）。脱商品化とは，国民が「仕事や所得あるいは一般的な厚生を喪失することなしに，必要と認めた際に，労働から離脱することができる」程度とされ，労働市場への依存の程度を表す。つまり，脱商品化の程度が高いということは，労働市場への依存度が高いということを意味する。具体的な脱商品化の指標としては，年金については，①平均賃金を得る標準的製造業労働者に対する最低保障水準と標準的給付水準，②標準

表10-1　エスピン・アンデルセンによる脱商品化（1980年）

国	失業脱商品化	医療脱商品化	年金脱商品化	脱商品化（合計）
オーストラリア	4.0	4.0	5.0	13.0
アメリカ	7.2	0.0	7.0	13.8
ニュージーランド	4.0	4.0	9.1	17.1
カナダ	8.0	6.3	7.7	22.0
アイルランド	8.3	8.3	6.7	23.3
イギリス	7.2	7.7	8.5	23.4
イタリア	5.1	9.4	9.6	24.1
日本	5.0	6.8	10.5	27.3
フランス	6.3	9.2	12.0	27.5
ドイツ	7.9	11.3	8.5	27.7
フィンランド	5.2	10.0	14.0	29.2
スイス	8.8	12.0	9.0	29.8
オーストリア	6.7	12.5	11.9	31.1
ベルギー	8.6	8.8	15.0	32.4
オランダ	11.1	10.5	10.8	32.4
デンマーク	8.1	15.0	15.0	38.1
ノルウェー	9.4	14.0	14.9	38.3
スウェーデン	7.1	15.0	17.0	39.1

出所：Esping-Andersen（1990＝2001, p.50）を基に筆者作成。

的給付を得るのに必要な拠出（あるいは雇用）期間，③拠出に占める労働者本人負担割合の合計得点が用いられている。また，医療給付と失業給付については，①病気や失業による休業期間に対する所得代替率，②受給資格を得るのに必要な雇用期間，③給付までの待機期間，④給付期間の合計得点が用いられている。そして，これら3つの制度の合計得点をさらに合計したものが統合脱商品化得点とされている（表10-1）。社会保障制度が充実していれば，市場への依存度は低くなり，脱商品化の程度は高くなるので，この指標は社会保障制度の充実の程度を表すものともいえる。

　他方，社会階層化指標とは，社会の統治制度や社会保障制度によって，どのような種類の階層化が促進されるかということを表すものである。具体的には，社会階層化指標は，職業に基づく格差を生み出す労使関係の強さの程度，国家

による民衆支配の程度，資力調査付き給付の割合，公的給付の平等性の程度，
民間サービスによる支出の割合などを組み合わせて構成されている。

　エスピン・アンデルセンはこれらの指標に基づく福祉レジームに関する分析
を通じて，アメリカやカナダなどの「自由主義レジーム」，ドイツやフランス
などの「保守主義レジーム」，スウェーデンやデンマークなどの「社会民主主
義レジーム」からなる 3 つの世界を提示している。自由主義レジームでは，民
間の福祉サービスが大きな比重を占める一方，社会保障給付は資産調査付の最
低限保証給付が中心であり，社会保障の受給者と非受給者の間で二極化が進展
している。保守主義レジームでは，社会保障制度が大きな位置を占めるが，そ
の中心は職能別・地位身分別に細分化された社会保険給付であり，それによっ
て階層間格差の維持・再生産が行われている。社会民主主義レジームでは，す
べての階層が単一の普遍的制度（公費負担による制度もしくは社会保険）によって
カバーされ，給付水準も高い。そうした社会保障制度によって社会的平等が図
られるとともに，家族維持のコストが社会化され，女性の社会進出も保障され
ている。

1-3.　福祉レジームの違いを生み出す要因

　福祉レジームが論じられる以前，福祉国家による再分配政策が何によって規
定されるのかという議論の中心に位置していたのは収斂理論であった。収斂理
論では，社会保障収出の規模は，人口の年齢構成，制度の経過年数，一人当た
り GNP と強く相関しているということが，パス解析などによる実証分析を通
じて明らかにされた。つまり，収斂理論は，どのような社会体制であっても，
産業化や近代化によって社会保障支出が増分主義的に増大するというものであ
った。

　これに対して，エスピン・アンデルセンの福祉レジーム論は，産業化や近代
化が進展しても，各国によって福祉国家のあり方は異なるということを示した
ものであった。そして，各国によって福祉国家のあり方が変わる理由は，政治
に求められた。社会民主主義レジームでは，労働者に支えられた左派政党の勢
力が強く，そうした政治勢力によって市場で生じる分配の不平等の是正が図ら
れ，脱商品化が促進される。他方，自由主義レジームでは，そうした左派勢力
ではなく，経営者や株主などに支えられた右派勢力が強く，自由な市場のメカ

表10-2　エスピン・アンデルセンの3つの世界

	自由主義	保守主義	社会民主主義
家族の役割	周辺的	中心的	周辺的
市場の役割	中心的	周辺的	周辺的
国家の役割	周辺的	補完的	中心的
主要な推進勢力	自由主義勢力	カトリック勢力	社会民主主義勢力
社会支出	小	大	大
脱商品化の程度	小	中	大
社会階層化の形態	選別主義	職域ごとに階層化	普遍主義

出所：Esping-Andersen（1999＝2000, p.129）を参考に筆者作成。

ニズムと整合的な社会保障制度が構築される。そのため，社会では富裕層と貧困層の二極化が進展し，社会保障制度による脱商品の程度は低い。また，保守主義レジームでは，職業団体や伝統を重んじるカトリック政党の勢力が強く，旧来の家族や職業による格差を維持する形で社会保障制度が制度化されている。そのため，社会保障制度の給付水準は高いが，その給付は職業ごとに異なり，高い賃金を得ている職業集団への社会保障給付は厚いが低い賃金の職業集団については給付水準が低いという格差が生じ，脱商品化の程度はそれほど大きくない（表10-2）。

2．日本の福祉レジームとその諸問題

2-1．福祉レジームにおける日本の特徴

　日本の福祉レジームは，社会保障制度に関して職域ごとに分立した制度形態と家族主義を特徴とする保守主義的な特徴をもっており，その基本構造は保守主義レジーム型であるが（Esping-Andersen, 1990＝2001；1999＝2000），社会保障制度の給付水準が低いため自由主義レジームに近いという側面もある。

　こうした日本の福祉レジームの特徴をまとめると，社会保障制度に関しては給付水準の低い職業別の社会保険が中軸となっていること，介護や育児などに関して家族による福祉が大きな役割を担っていること，大企業の中核的労働者を中心に退職時の現金給付や住宅保障などの点で企業福祉が充実していることが挙げられる。以下ではそれらの特徴の詳細とそこから生じている問題点につ

いて述べる。

2-2.　家族による福祉とその問題点

　日本の家族のあり方は，男性は仕事，女性は家庭内での家事育児という伝統的な男女の役割分担のもとで成立してきた。こうした家族のあり方は，男性稼ぎ主モデル（male-breadwinner model）と呼ばれる。ここでは，社会保障制度上の諸権利や税制上の優遇措置は扶養者としての夫に対して付与され，妻や子どもに対する権利は被扶養者として不随的に与えられる。別言すれば，これらの諸権利は家族を構成する各個人に対してではなく，家族を単位として付与される。例えば，主婦に対する年金の受給資格は被扶養配偶者として与えられ，児童手当は子どもに対してではなく，扶養者としての世帯主名義で給付されている。

　日本における男性稼ぎ主モデルは，戦後の高度経済成長期を通じて形成されてきた。高度経済成長期には男性は終身雇用制制度のもとで，安定的な雇用と賃金が保障され，長時間労働を行うというスタイルが定着した。他方，女性は主婦として家事や育児を担い，夫の長時間労働を支えた。こうした家庭内の労働は無償労働として女性が担うべきものであるとされ，社会保障制度によるサービスを代替してきた。例えば，介護保険制度が2000年に創設される前の1990年時点でみると，家族介護の形で家族が負担したケアのコストは，介護に関わる社会的費用の55.3％に及んでいたと推計されている（宇野，1994，p.234）。

　こうした無償労働の問題は，その後，女性の社会進出が進むにつれて，家事やケア労働と仕事との二重の負担という問題となって顕在化してきた。1997年以降は専業主婦のいる世帯よりも共稼ぎの世帯の方が多くなっているが，2019年における共稼ぎ世帯で妻の家事時間は夫の約3倍，子育て時間は夫の約2倍となっている（内閣府，2020）。

　この背景には男性の長時間労働のほか，育児休業取得の低さやその期間の短さも挙げられる。男性の育児休業取得率は2019年に約7.5％で，取得期間は8割以上が1カ月未満となっている（厚生労働省，2019）。男性の家庭生活への関与度合いが低く，女性が家庭と仕事生活を両立しにくいというワークライフバランスの問題は，少子化を生み出す遠因となっている可能性がある。なぜなら，先進諸国では，2000年以降，女性労働力率高い国ほど出生率が上昇する関係が

みられ，その背後にはワークライフバランスの問題を解決する社会環境（社会保障，就労条件等）の整備が関与していると考えられているからである。

　男性稼ぎ主モデルに立脚した制度では，主婦の地位を得ない未婚や離婚した女性は，その多くが非正規労働の不利な雇用形態のもとで，社会保険制度の被保険者として制度に加入することになるが，保険料の未納や滞納などの問題に結びつく恐れが高く，同モデルが想定する家族を対象とした政策の対象とはなりにくい。例えば，2017年でみると，国民年金の保険料滞納者は，週30時間以上働くフルタイムに近いパート・アルバイト（週30時間以上）や臨時職で3割に及んでいる（厚生労働省年金局，2019）。

2-3.　企業による福祉とその問題点

　日本の福祉国家の中で，家族とともに大きな役割を担ってきたのは，企業が従業員に対して保障する企業福祉である。その特徴は，退職金と住居の保障にある（藤田ほか，1997，pp. 1-14）。企業による福祉費が労働総費用に占める割合は，2015年では8.1％であった。そのうち，半分以上の5.3％は退職金給付のための費用であり，1％が住宅関連給付のための支出であり，これらで企業福祉の約80％を占めている（厚生労働省，2016）。退職給付は，企業によって，一時金，企業年金，そして両方とも支給するという3通りの支給方法により給付されている。退職一時金は月給に勤続年数を乗じた額が支給されるものであり，40年間働けば，30カ月から40カ月分の給与の受給額になる。また，企業年金には公的年金に上乗せされる厚生年金基金と企業が従業員のために公的年金とは別に掛け金を積み立てる確定給付年金や確定拠出年金がある。また，住宅関連給付は家賃補助，社宅，住宅ローン補助，低利での住宅資金貸付などの形で従業員に対して住宅を保障するものである。

　こうした企業福祉は，男性従業員に対して終身雇用と年功賃金を保障し，労働組合は産業別でなく企業別に組織される「日本型雇用」と整合的なシステムであった。日本型雇用では，大企業を中心に，勤続年数に応じて増える退職金を支給することによって長期的な雇用関係のもとで企業内でスキルを磨く労働者を確保し，老後の生活を支えた。住宅関連給付は，転勤の多い大企業を中心に従業員の地域移動を支え，最終的に従業員に対して持ち家が持てるようなライフプランを描くことを可能とさせ，会社への忠誠心を高めるのに寄与する。

　企業による福祉では企業規模や雇用形態による格差が生じる。従業員1,000人以上の大企業では，1985年から2000年代初頭まで，ほぼ100％の企業が企業年金か退職一時金を保障し，それ以降，若干減少しているものの，2018年には92％の企業がそれらを保障している。大企業の退職給付の支給形態をみると，企業年金と退職一時金の両方を支給する企業は約50％，退職一時金のみを支給する企業もしくは企業年金のみを支給する企業はそれぞれ約25％となっている。他方，中小企業に関しては，従業員の少ない30人から99人の従業員を有する企業をみると，1985年から2000年代初頭まで約85％の企業が企業年金か退職一時金を保障し，2018年段階では，その比率は約78％となっている。その保障の内訳は，退職一時金と企業年金の両方を支給する企業は13％程度，そして，企業年金のみを支給する企業は5％程度にとどまり，82％の企業は退職一時金のみを支給している。

　こうした状況は，退職給付のうち，大企業は従業員に対して企業年金を提供するための財政力があるが，中小企業にはそうした財政的な余地がないことを示している。また，退職一時金の額をみると，2017年では，従業員が1,000人以上の大企業の正社員は2,233万円を受給する一方，従業員30人から99人の小小企業の従業員の正社員は1,407万円を受給する状況であり（厚生労働省，2018），給付額に格差がみられる。

　住宅関連給付に関して企業規模別に給付支給状況をみると，1,000人以上の従業員のいる大企業は，全企業における住宅関連給付の平均額の1.7倍ほどの給付を保障し，従業員が30人から99人の企業では，同平均額の0.25倍ほどの給付を保障している。両者の間には6倍ほどの格差が存在している（厚生労働省，2016）。

　企業福祉にはこうした企業規模間格差が存在するが，これらは，日本型雇用の対象となる正規の社員にだけ適用され，パートや派遣等の非正規社員に対しては基本的に給付されない。非正規労働者の割合を男女別でみると，2017年時点で，男性では非正規労働に就いている者の比率は22％なのに対して，女性では56％となっており，女性労働の多くが非正規労働者となっている（内閣府，2018）。つまり，企業福祉の適用は専ら男性の正規労働者であり，男性稼ぎ主モデルを補強する形で制度化されている。そのため，主婦の地位を得ない未婚や離婚した女性が不利になるという点は，企業福祉でも共通した問題となって

いる。

2-4. 公的な福祉とその問題点

　日本の社会保障制度は，民間被用者，公務員，自営業者等といった職業ごと
に分立した制度構造を有してきた。公的年金制度を見ると，1985年以前では，
民間被用者を対象とする厚生年金，公務員等を対象とする共済年金，そして，
自営業者や第一次産業従事者等を対象とする国民年金に制度が分立していた。
1985年に国民年金制度が全国民を対象とする制度となり，基礎年金給付を保障
する制度として再編された。また，公務員等を対象とした共済年金制度は2015
年から厚生年金制度へと統合され，公務員は民間被用者と同じ制度に加入する
ことになった。その結果，現在では，公的年金制度は，民間被用者と公務員等
を対象とした厚生年金とそれにカバーされない非正規労働者，自営業者，第一
次産業産業従事者を対象とした国民年金の2つに分立している。他方，医療保
険制度に関しては，主として大企業の被用者を対象とする組合管掌健康保険，
中小企業の被用者を対象とする協会けんぽ，公務員等を対象とする共済組合，
船員を対象とする船員保険，そして，それによってカバーされない者を対象と
した国民健康保険といった形で，制度が職業に応じて細かく分立している。

　日本の社会保障制度では，年金制度に関しては，分立した制度のもとでは，
産業構造の変化や高齢化の進展により，各年金制度で年金受給者と年金被保険
者とのアンバランスが生じるため，年金財政の安定化を図るために制度の統合
がなされてきたが，医療制度を中心に，職業ごとに分立した保障構造という保
守主義レジームと共通した性格を有している。

　こうした日本の社会保障制度における問題点は所得再分配機能が弱い点であ
る。所得の中央値50％以下の人が社会保障制度によってどれだけ減少したのか
という所得再分配効果をみると，日本は56％となっている（2008年）。同様の効
果は，スウェーデンでは89％，ドイツでは79％，フランスとイギリスでは77％，
イタリアでは66％，アメリカでは51％であった（2010年）。日本の社会保障制度
の再分配効果は自由主義レジームのアメリカと同様に低い部類に属する（Cami-
nada ＆ Wang, 2019）。

　年金制度では，1985年の基礎年金給付創設時には，およそ単身世帯で30％の
給付が減額された。さらに，2004年に概念上の確定拠出制度（Notional defined

表10-3　医療保険の種類ごとにみた被保険者の所得に対する医療保険の割合（％）

医療保険の種類	支払い者	1985	1990	1995	2000	2005	2010	2015	2018
国民健康保険	被保険者本人	6.3	6.3	6.7	7.6	8.5	9.9	10.2	10.2
協会けんぽ／政府管掌健康保険	被保険者本人／事業主	8.4	8.4	8.2	8.5	8.2	9.34	10.0	10.0
		(4.2)	(4.2)	(4.1)	(4.25)	(4.1)	(4.67)	(5.0)	(5.0)
組合管掌健康保険	被保険者本人／事業主	8.1	8.2	8.3	8.5	7.4	7.7	9.0	9.2
	事業主	(4.6)	(4.7)	(4.7)	(4.8)	(4.1)	(42.2)	(4.9)	(5.0)
	被保険者本人	(3.5)	(3.6)	(3.6)	(3.7)	(3.3)	(3.5)	(4.1)	(4.2)

出所：厚生労働省「国民健康保険実態調査」，健康保険組合連合会「健康保険組合の現勢」，全国健康保険協会「事業年報」。

contribution）のアイディアを採り入れた年金制度改革が実行され，将来的に保険料を固定し，その範囲内で給付を保障するという制度改革がなされた。その改革によって，厚生年金では給付が25％ほど削減され，国民年金では，それ以上の30％ほどがカットされることなった。

　医療保険制度については，受診の際の自己負担が引き上げられた。2002年の改正によって，70歳以上で現役世代と同等以上の所得のある者については，それまで医療費の１割の負担であったものが２割に引き上げられた。また，組合管掌健康保険や協会けんぽの自己負担は，1997年にそれまで１割負担であったものが２割に引き上げられ，2003年にはさらに３割に引き上げられた。また，各医療保険の被保険者が支払う保険料が加入者の所得に対してどれほどの割合を占めるのかをみると，2018年で，国民健康保険では約10％なのに対し，協会健保では５％，組合管掌健康保険では4.2％となっており，他の医療保険と比べて低所得者が多い国民健康保険に加入する者の負担が相対的に重くなっている（表10-3）。

　さらに社会手当に目を向けると，単身家庭に支給される児童扶養手当は，2003年の改正によって，５年以上の受給者の手当が一部支給停止になる場合が生じ，その給付額は１カ月に児童１人につき約４万3,000円ほどであることから，女性のひとり親家庭の平均年間収入が348万円（2015年）にとどまる要因の１つになっている（厚生労働省，2017）。

　このように日本の社会保障制度は再分配効果が弱いという点は，高齢期の女性と女性のひとり親の貧困という問題を生み出している。所得の中央値の50％

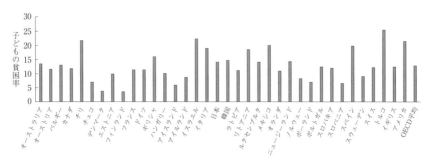

図10-1　18歳未満の子どもの貧困率（％）

注：(1)可処分所得の中央値の50％以下の18歳未満の子どものいる世帯の相対的貧困率。
　　(2)オーストラリア，フィンランド，イスラエル，ノルウェー，スウェーデン，イギリス，2018年：デ
　　　ンマーク，フランス，ドイツ，イタリア，メキシコ，オランダ，2016年：アイスランド，日本，トル
　　　コ，2015年：ニュージーランド，2014年：その他は2017年。
出所：OECD（2020）Income Distribution Database（IDD）: Gini, poverty, income, Methods and Con-
　　　cepts（http://www.oecd.org/social/income-distribution-database.htm. 2020.8.1.）

　に満たない世帯員の割合は，2015年時点で，65歳以上になると女性の貧困率は
年齢が高くなるにつれて急速に増加し，25％を超えるが，特に65歳以上の女性
の単身世帯に限定すると，46.2％の者が相対的貧困に陥っている。これは，65
歳以上の男性単身世帯の相対的貧困率が29.2％であるのと比べても相当高い水
準であるといえる。また，20歳から64歳の勤労世代に属する女性のひとり親の
相対的貧困率は31.5％となっており，ほかのどの世帯の相対的貧困率よりも高
い（阿部，2020）。

　また，これと関連して，18歳未満の子どもがいる現役世帯の相対的貧困率は，
日本は13.9％（2015年）であり，スウェーデンの9％（2018年），フランスの
11.2％（2016年），ドイツの11.3％（2016年），イギリスの12.4％（2018年），イタ
リアの18.7％（2016年），アメリカの21.2％（2017年）である（図10-1）。日本と
諸外国を比較すると，イタリアやアメリカよりは低いがOECD平均の12.8％
を上回っており，相対的に高い水準にある（OECD, 2020）。

3．福祉国家と新しい社会的リスク

3-1．新しい社会的リスクと福祉国家

　日本の福祉レジームは，高度経済成長を通じて形成された保守主義型の男

性稼ぎ主モデルに立脚したものであり，社会保障制度に関しては，職業ごとに制度が分立している。このモデルは，製造業を中心とした第二次産業のもとで形成されてきた日本型雇用社会において発生する稼得者の健康リスクや退職リスクに対するには合理的なシステムであったが，ポスト産業社会においては，女性の労働力化に伴う共稼ぎ世帯の拡大，非婚やひとり親世帯の増加，高齢化社会の進展，グローバル化による不安定・非熟練労働の増大などによって，新たな社会的リスク（NSR: New Social Risks）が発生し，それに対する社会的対応が必要となってきている（Esping-Andersen, 1997）。

　ここでいう新しい社会的リスクとは，グローバル化や産業構造の変化（サービス経済化）に伴って発生する，家庭生活と仕事との両立リスク，単親家庭におけるリスク，ケア提供のリスク，低熟練の非正規・不安定就労のリスクなどを総称したリスクを意味する（Esping-Andersen, 1990＝2001）。

　旧来の社会的リスクは一家の家計を支える者において発生する病気や失業，退職等であったため，それらは人生の後半期（高齢期）に主として生じていた。しかし，新しい社会的リスクは，女性や若者が労働市場に参入する際や，家族の成員がワークライフバランスを図る際に生じるものであるため，旧来の社会的リスクと異なって，それらは人生の前半期（幼児期や若年期）に生じるという特徴がある。また，旧来のリスクは日本型雇用の対象となる中高年の男性といった比較的同質の高い集団に降りかかるものであったが，新しい社会的リスクは，女性や若者のほか，非正規労働者，ひとり親，外国人労働者などの多様な属性をもつ様々な集団に対して降りかかってくるものである。特に，グローバリゼーションに伴って増加する技能実習生をはじめとする外国人労働者は，短期間の不安定就労のもとで，福祉サービスへのアクセスが保障されていないため，多くのリスクを抱えている。

　現在の日本で生じている諸問題は，社会保障制度がこうした新しい社会的リスクに対応して切れていないことによって発生しているという側面がある。

3-2.　新しい社会的リスクに対する社会政策

　旧来のリスクは病気や高齢などによる所得の中断や失業や高齢による労働市場からの退出であったため，それへの対応は，社会保険制度による世代間の所得移転や世代内のリスクプーリングなどによって対処するものと想定されてい

た。他方，新しい社会的リスクに対しては，人々に労働市場への参入を促進し，経済的な競争力を高めることを目的として，雇用・教育訓練のほか，育児や介護などケアサービスを社会的に保障することが求められている。こうした労働市場の参入や移動を促し（＝flexibility），それと整合的な社会保障制度（＝security）の両者を提供することはフレクセキュリティ（flexicurity）とよばれる。

　その政策内容は，①労働市場の外に置かれている人に対して，積極的労働市場政策を提供すること，②働く貧困者（ワーキングプア）に対して，所得保障を行うこと，③家庭と仕事の両立支援のために，保育に対する公的補助，育児休業制度の整備，育児休業中の社会保険料の免除，労働時間の短縮など児童養育のための柔軟な働き方の提供などを行うこと，④高齢者に対して介護サービスを保障すること，⑤非正規労働者にとって不利な雇用条件を改善し，正規労働者との均等待遇を図ること，などが挙げられる（Bonoli & Natali, 2012）。

　こうした新しい社会的リスクに対する社会政策は旧来型の政策よりも負担が少ないものであるが，それは単なる社会的な負担ではなく，様々な社会的なメリットがあるとされる。そうした社会的なメリットとしては，ワークライフバランスの促進により，少子高齢化に伴う労働力の不足を補うことに寄与すること，職業訓練等により雇用可能性を高めることは生産性を高めることにも結びつく可能性があることなどである。例えば，アメリカでは，1962年から1967年にかけて，就学前の低所得家庭の子どもを対象に，手厚い教育と家庭訪問といった社会的教育投資が子どもたちの成人以降もどのような効果を持つのかということを調べる社会実験（ペリー就学前プロジェクト）が行われた。そこから，子どもが40歳になるまでの効果として，社会的教育投資は手取所得に関しては投資した額の3倍のリターンをもたらし，さらに，犯罪関連費減少や生活保護や失業給付費などの社会保障費の減少を通じ，その財政貢献金額は投資額の13倍に及ぶと推計されている（Schweinhart, 2005, pp. 194-215）。日本でも，保育の社会化を進めて女性の労働における新しい社会的リスクを軽減することは，労働生産性を高めることにつながり，企業業績の向上や税収増による財政の健全化に結びつくと指摘する研究もある。例えば，2015年時点の推計で，保育サービスに1.8兆円，児童に対する手当に2.5兆円の合計4.3兆円の追加財源を投じれば，待機児童の解消等によって労働生産性が0.85％ポイント増加し，その結果，GDP比で毎年約0.22％ポイントの財政的余裕が生じると見込まれる（柴田，

2016, pp. 202-224)。また，2013年時点で，子どもの貧困を改善するための政策
がとられれば，子どもの教育機会と雇用機会の拡大により，子どもの生涯収入
が増え，政府に対する収入も1.1兆円増えるという推計がある（日本財団，2015）。

　こうした結果に現れているように，福祉は負担ではなく，社会的な投資とし
てより積極的な意味を持つといえる。福祉国家の建設にはこうした見方も必要
である。

―― 演習問題　考えてみよう・調べてみよう ――
　日本の福祉国家はどのような問題を抱えているのか，所得格差，雇用格
差，男女の格差などの視点から考えてみよう。

参考文献

阿部彩（2020）「貧困統計ホームページ」（https://www.hinkonstat.net/, 2020年8月
　　1日アクセス）。

埋橋孝文（1997）『現代福祉国家の国際比較――日本モデルの位置づけと展望』日本
　　評論社。

宇野裕（1994）「老人介護の社会的費用」社会保障研究所編『社会保障の財源政策』
　　東京大学出版会，215-245頁。

厚生労働省（2020）「令和元年度 雇用均等基本調査」。

厚生労働省（2016）「平成28年労働条件総合調査」。

厚生労働省（2017）「平成28年度全国ひとり親世帯等調査結果報告」。

厚生労働省（2018）「平成30年労働条件総合調査」。

厚生労働省年金局（2019）「平成29年国民年金被保険者実態調査」。

柴田悠（2016）『子育て支援が日本を救う――政策効果の統計分析』勁草書房。

新川敏光（2011）「日本型家族主義変容の政治学」新川敏光編『福祉レジームの収斂
　　と分岐――脱商品化と脱家族化の多様性』ミネルヴァ書房，309-331頁。

武川正吾（1997）「福祉国家の行方」宮本太郎・岡沢憲芙編『比較福祉国家論』法律
　　文化社，250-275頁。

内閣府（2018）『男女共同参画白書 平成30年版』。

内閣府（2020）『男女共同参画白書 令和2年版』。

日本財団（2015）「子どもの貧困対策」（https://www.nippon-foundation.or.jp/what/
　　projects/ending_child_poverty, 2020年8月1日アクセス）。

藤田佳孝・Kojima Seiyou（1997）「企業内福祉と社会保障――研究の課題」藤田至
　　孝・塩野谷雄一編『企業内福祉と社会保障』東京大学出版会，1-14頁。

Amable, B.（2003）*The diversity of modern capitalism*, Oxford University Press.
（＝2005，山田鋭夫・原田裕治ほか訳『五つの資本主義——グローバリズム時代における社会経済システムの多様性』藤原書店。）

Bonoli, G.（2005）"The Politics of the New Social Policies: Providing Coverage Against New Social Risks in Mature Welfare States" *Policy & Politics* 33(3), pp. 431-449.

Bonoli, G. & D. Natali（2012）"The politics of the 'New' Welfare Sates: Analyzing Reforms in Western Europe" in Bonoli, G. & D. Natali（eds.）*The Politics of the New*, Welfare State, Oxford University, pp. 3-20.

Caminada, K. & Wang, J.（2019）Leiden LIS Budget Incidence Fiscal Redistribution Dataset.（https://www.universiteitleiden.nl/en/law/institute-for-tax-law-and-economics/economics/data-sets/leiden-lis-budget-incidence-fiscal-redistribution-dataset-on-relative-income-poverty-rates, 2020.8.1.）

Esping-Andersen, G.（1990）*The Three Worlds of Welfare Capitalism*, Cambrige: Polity Press.（＝2001，岡沢憲芙・宮本太郎監訳『福祉資本主義の三つの世界』ミネルヴァ書房。）

Esping-Andersen, G.（1997）"Hybrid or unique?: the Japanese welfare state between Europe and America" *Journal of European Social Policy* 7(3), pp. 179-189.

Esping-Andersen, G.（1999）*Social Foundations of Postindustrial Economies*, Oxford University Press.（＝2000，渡辺雅男・渡辺景子訳『ポスト工業経済の社会的基礎』桜井書店。）

Goodman, R. & I. Peng（1996）"The East Asian Welfare State: Peripatetic Learning, Adaptive Change, and Nation-building" in Esping-Andersen, G.（ed.）*Welfare State in Transition: National Adaptation in Global Economies*, Sage, pp. 192-224.

Hall, P. A. & D. Soskice（2001）"An Introoduction to Varaieties of Capitalism" in Hall, P. A. & D. Soskice（eds.）*Varieties of Capitalism: The Institutional Foundations of Comparative Advantage*, Oxford University Press, pp. 1-68.

Marshall, T. H. & T. Bottomore（1992）*Citizenship and Social Class*, Pluto Press.（＝1993，岩崎信彦・中村健吾訳『シティズンシップと社会的階級』法律文化社。）

OECD（2020）Income Distribution Database（IDD）: Gini, poverty, income, Methods and Concepts.（http://www.oecd.org/social/income-distribution-database.htm. 2020.8.1.）

Schweinhart, Lawrence J., Jeanne Montie, Zongping Xiang, W. Steven Barnett, Clive R. Belfield, & Milagros Nores（2005）*Lifetime Effects: The High/Scope Perry PreschoolStudy Through Age 40*, Ypsilanti, MI: High/Scope Press, pp.

194-215.

Scruggs, L. & A. James（2006）"Welfare-state decommodification in 18 OECD countries: a replication and revision" *Journal of European Social Policy* 16(1), pp. 55-72.

Siaroff, A.（1994）"Work, Welfare and Gender Equality: A New Typology" in Sainsbury, D.（ed.）*Gendering Welfare States,* Sage, pp. 82-100.

Taylor-Gooby, P.（2004）"New Risks and Social Change" in Taylor-Gooby, P.（ed.）*New Risks, New Welfare: The Transformation of the European Welfare State,* Oxford University Press, pp. 1-28.

Zutavern, J. & Kohli, M.（2010）"Needs and Risks in the Welfare State" in Castles, F. G., S. Leibfried, J. Lewis, H. Obinger & C. Pierson（eds.）*The Oxford Handbook of the Welfare State,* Oxford University Press, pp. 169-195.

さらに学ぶために

鎮目真人・近藤正基編著（2013）『比較福祉国家』ミネルヴァ書房。

武川正吾・森川美絵・井口高志・菊地英明編著（2020）『よくわかる福祉社会学』ミネルヴァ書房。

平岡公一・杉野昭博・所道彦・鎮目真人編著（2011）『社会福祉学』有斐閣。

宮本太郎編著（2017）『転げ落ちない社会——困窮と孤独をふせぐ制度戦略』勁草書房。

コラム2　ベーシック・インカムは人々の権利か

　ベーシック・インカムとは就労や家族形態などの如何にかかわらず，個人単位で
すべての国民に対して最低生活を保障するに足る所得を支給する所得保障制度であ
る。労働と所得を切り離し，無条件に給付を保障するというベーシック・インカム
は，従来の保険料の拠出や資力調査を条件として給付を保障する社会保険や社会扶
助と比べて，非常に突飛なもののようにみえる。このベーシック・インカムの背後
にある思想は，どのようなものであろうか。

　その一つとして，従来の労働概念を拡張して，それに対する対価としてベーシッ
ク・インカムを求めるという考え方がある（山森，2009，pp. 66-129）。1960年代
から1970年代にかけてイタリアやイギリスなどでは，福祉権運動やフェミニズム運
動の一環として「家事労働に賃金を！」というスローガンのもとで，ベーシック・
インカムを要求する運動が展開された。家事や育児は，家庭でそれがなされる場合，
何らかの賃金が支払われる労働ではないため，それに対してベーシック・インカム
のような形で補償を行うことが求められたのである。それによって，シングルマザ
ーなどの福祉受給者が所得保障給付を公的に受ける権利が明確になり，また，無償
の家事労働を専ら引き受けてきた女性たちにとっては，それによって家事労働を必
要に応じて外部から購入することが可能になり，家庭内での家事労働か労働市場で
の賃労働かを選択できるようになると主張された。

　家事・育児労働にまで労働概念を拡張して，ベーシック・インカムをその対価と
して要求することは，労働市場を通じた就労が一般的な世の中では，それに対する
対抗言説として，戦略上理解できるものである。しかし，そうした対抗言説は，通
常よりも拡張された労働とはいえ，ベーシック・インカムをそれに対するある種の
報酬としている点で限界を有しているといえるだろう。労働やそれによる自立をい
くら拡張したとしても，それがあくまで何らかの労働への対価を求めるものである
限り，その枠外に落ちる者が生じる恐れがあるからである。例えば，ニート（教育，
雇用，職業訓練に従事しない者）や引きこもりと呼ばれる人々がその枠外に置かれ
る恐れがある。

　それとは別の思想として，すべての人間はベーシック・インカムに対する権利を
生得的に有しているという考え方もある。ベーシック・インカムに対する権利は，
そもそも18世紀末に思想家のトマス・ペインによって人間が生まれながらにしても
っている権利＝自然権として提唱されていた（山森，2009，pp. 150-156）。その思
想は，文明化以前の社会の状態から紐解けば，土地は人類の共有の財産であり，人
間は生まれながらにしてみな，土地にアクセスする権利をもっているというもので

ある。そのため，私有財産となっている土地に対して相続税を課し，それを平等に分配することが説かれた。これと関連して，トマス・スペンスも18世紀末のイングランドの状況に鑑みて，土地は教区と呼ばれる地域共同体の単位ごとに共有されているものであり，それを居住や農耕などのために占有するには教区に対して地代を払う必要があるが，そうした地代は地区の共同体の成員に等しく分配されるべきと主張した。つまり，ベーシック・インカムは共有の倫理を具現化したものであり，「自然から授かったもの」として捉えるべきであるというのである。別言すれば，土地をはじめとする自然資源は本来，人類の共通財産であり，そうした共通資産から富を平等に分配する手段としてベーシック・インカムの保障を受けることは，賃労働や社会保険料の拠出といった形で社会の富に貢献しなかったとしても否定されるものではないということを意味する（Fitzpatrick, 1999＝2005, p. 69）。

　ベーシック・インカムに関しては，それが保障されるようになると，人は労働を放棄するのではないかという懸念がつきまとってきた。ベーシック・インカムが自然権として付与されるというロジックに基づけば，こうした懸念はそもそも的外れなのであるが，ベーシック・インカムの社会政策上の効果という観点から，これに関しては各国において様々な社会実験が実施されてきた。こうした実験は，古くは1960年代の終わりから70年代にかけてアメリカやカナダで行われ，今世紀に入ってからは，ナミビア，ブラジル，インド，フィンランドなどで実施されている。

　2017年から2018年にかけてフィンランド行われた社会実験では，ランダムに選ばれた2000人に月額560ユーロ（約７万円）が給付された。その結果，ベーシック・インカムを受給したグループの労働日数は，非受給者と比して差がないことがわかった。これは，人々はベーシック・インカムを受給したとしても稼働所得が減らされるわけではないため，就労意欲は減退しないことを示している。他方，ベーシック・インカムを受給した場合には，健康状態やストレスの点で，非受給者と比べて良好な状態が確認された。これと同様の結果は，アメリカやカナダでのベーシック・インカムに関する実験でも確認されている。

　こうしたベーシック・インカムは，空想上の産物から現実のものになるのであろうか。

参考文献

山森亮（2009）『ベーシック・インカム入門』光文社新書。

Fitzpatrick, T. (1999). *Freedom and Security*. Basingstoke, Palgrave, （＝2005, 武川正吾・菊地英明訳『自由と保障』勁草書房。）

（鎮目真人）

第Ⅲ部　人間福祉と福祉実践

竹内謙彰

本章のねらい

　本章では well-being に向かう変化を発達と捉える。そのような福祉観・発達観との関わりから，アマルティア・センの潜在能力アプローチならびに日本の療育実践の中から生み出された発達保障の理念について概説する。また，子どもの権利条約を取り上げ，人間発達を権利としての側面から検討する。

　人間発達の特徴として，ケアの側面を取り上げ，ヒトの発達におけるケアの必要性と他者をケアしようとする行動傾向について述べる。また，アタッチメントならびにアロマザリングを取り上げて解説するとともに，ケアの社会化としての保育の問題について触れる。

── キーワード ──

ケア，発達の権利，人格，能力，well-being

1．福祉と人間発達のつながりをどう見るか

1-1．人間の発達を well-being に向けた変化と捉える

　人間発達とはどのようなものかを考えてみよう。発達とは何かと問われたとき，直観的に「時間が経つにつれて様々なことができるようになっていくこと」というような答えをかえす人も多いことだろう。私たちは，社会の中で一人前と認められるような，様々な能力を獲得していく。それを発達という言葉で呼んでも間違いではない。

　しかし，個人の能力の獲得という視点だけで発達を捉えるとしたら，生身の人間を極めて狭く捉えることになる。例えば，高齢者が徐々に様々な能力の衰えをきたしていくプロセスに，発達という言葉は当てはまらないのだろうか。あるいはまた，重度の知的障害があって，測定される知能のレベルにあまり変化がみられない人には，発達は無いのだろうか。既存の能力の向上があること

だけを発達と捉える狭い発達観であれば，高齢者や重度の障害者に発達はみられないということになるだろう。はたしてそうだろうか。

　本章では，人間の発達を真の福祉（well-being）（第 7 章参照）に向かう変化としても捉えたい。そうすることで，前述したような人々をも発達する主体として捉えることができるのである。

1-1-1. 潜在能力アプローチの福祉観

　1998年にノーベル経済学賞を受賞したアマルティア・センは，潜在能力（capability）を福祉の基準とすべきだという独特の考え方を提唱している。この考え方は，平等な権利保障の基準とは何かを問題とするものだといってよい。

　今日，多くの国々で，生存権や教育権などの社会権が基本的人権として憲法などで保障されるようになってきた。日本においても，憲法第25条が生存権を，第26条が教育権をそれぞれ規定している（巻末資料参照）。ここで注目すべきは，どちらの規定も，「すべて国民は」の文言で始まっている点である。つまりこれらの権利は国民すべてに平等に保障されるものである。

　では，平等の基準とは何だろうか。セン以前の学説では，J. ロールズの正義論に代表される「社会的基本財の平等保障」の考え方が最も有力な考え方であった。社会的基本財というのは，人間が最低限の社会生活を営むにあたって必要とする財貨（所得をはじめとする生活に必要な物質的諸手段）のことである。日本における生活保護制度も，大筋ではこの考え方に沿ったものだといえるだろう。この考え方は，基準がわかりやすい。例えば，何とか生活するためには，これくらいの収入があればやっていけるだろうと考えて金額設定をするなどの例を挙げることができる。

　センも，平等保障を推し進めるものとして，ロールズの提起を肯定的に評価しているが，他方で，well-being を実現するためには，社会的基本財の平等保障だけでは不十分であることを指摘している。この点について，センは以下のように述べている。「簡単な例を挙げよう。身体の不自由な人の困窮の程度は，その人の所得水準からでは適切に判断することはできない。なぜなら，その人が自分の所得を自らが価値を置く成果へと変換する際に，非常に大きな障害をかかえているかもしれないからである」（Sen, 1992 = 1999, p. 36）。これについて具体的には，身体障害があって車椅子が欠かせない人が少し遠距離にある友人の家を訪問するために出かける際に，公共交通機関が使いづらく，その所得の

一部を用いてタクシーを利用しなければならないかもしれない，といった事例を挙げることができる。つまり，身体障害のない人であれば公共交通機関を使って友人宅まで出かけられるのに，身体障害のある人は交通費に余分な出費が必要になりうるのである。こうした例からもわかるように，社会的基本財の平等では，福祉における平等を実現しえないのである。

　では，センのいう潜在能力とはいかなるものだろうか。潜在能力とは，人間が価値を見出し選択できる基本的諸機能（functions）の集合のことであり，そのことによってその人に何ができるかという可能性のことを意味している（Sen, 1992 = 1999）。基本的諸機能とは，食べる，眠る，健康に生きる，走る，描く，対話する，考えるといった，人間であれば誰もが保有しうる機能（能力）のことを指す。様々な機能が獲得され洗練されることとそれを適切に組み合わせて駆使できるようになることとは，人間の個人としての発達と捉えることができる。しかし，組み合わされた諸機能を用いて何かを自由に実際に行うことができるためには，社会の側での条件整備もまた求められるのである。

1-1-2. 発達保障の考え方と人間発達

　発達保障の理念の中核の一つは，筆者なりの理解では，人間の発達を人権として捉え，それを社会として支え保障しなくてはならないとする考え方である。発達を権利として捉える考え方は，次節で紹介する人権条約にも包含されており，今日では，国際的にも認知された，人間発達を理解する上で極めて重要な側面である。日本で独自に形成され，国際的な人権理念とも共通性を持つ発達保障の理念は，第二次世界大戦後に誕生した障害のある人たちのための施設である近江学園やびわこ学園における実践の中に，そのルーツがある。

　近江学園は，1946年11月，糸賀一雄らにより滋賀県大津市に，当初，戦災孤児や生活に困窮する子どもたちを受け入れる施設として開設された。当初より，入所児の中には知的障害児が含まれていたが，年数を経て次第に戦災孤児問題が解決されるにつれ，学園は純粋な知的障害児施設となっていった。障害が重い子どももできる限り受け入れることで，重度の知的障害に運動障害を併せ持つ子どもが増えていくことになる。1960年代はじめに重症心身障害児施設の建設計画が持ち上がり，1963年4月に「発達保障」の理念を掲げてびわこ学園が開設され，続く1966年には第二びわこ学園も開設された。

　発達保障の理念のもとで障害の重い子どもたちとともに生きる意味を，糸賀

は「この子らを世の光に」という言葉で表現している。「『この子らに世の光を』あててやろうというあわれみの政策を求めているのではなく，この子らが自ら輝く素材そのものであるから，いよいよみがきをかけて輝かそうというのである。『この子らを世の光に』である。この子らが，生まれながらにしてもっている人格発達の権利を徹底的に保障せねばならぬということなのである」（糸賀，1968，p. 177）。

　発達保障の理念や考え方は，1966年に結成された研究運動団体である全国障害者問題研究会に引き継がれ，理論的な発展とともに多様な実践を生み出していく。ここでは，発達保障論において保障されるべき発達とはどのようなものと考えられているかについて，簡単に触れておきたい（丸山・河合・品川，2012）。一つは能力的な側面であり，この点については田中昌人らによって，詳細な段階的変化を捉えることができる「可逆操作の高次化における階層‐段階理論」として理論化がはかられている（田中，1980）。ただし発達は，より高い段階に移行する「タテの発達」を捉えるだけではなく，能力を発揮できる幅が広がることについては「ヨコへの発達」として捉える視点も提案されている。つまり，たとえ発達段階に変化がなくても，生活の中で柔軟性が増すことや人との関係が豊かになることをも発達と捉える見方である。もう一つは，先に引用した糸賀の言葉にあったように，人格の発達という点が重要である。人格を捉えるとは，その人の内面を考えるということであり，例えば，気持ちの育ちや価値意識の深まりといった，その人らしさを尊重する態度が求められるものである。

2．権利としての側面から人間発達を捉える

　ここでは，発達を権利として捉える見方について整理して述べたい。取り上げるのは，日本政府も批准している国際条約である「子どもの権利条約[(1)]」である。権利の側面から発達を考える上で，この国際条約を取り上げた理由は，日本国内における法的な有効性を考慮してのことである。日本において人権条約を批准し交付されると国内法としての効力を有するようになり，国内法の序列としては，学説上も実務上も，条約は憲法の下位にあるものの，少なくとも国会の制定法よりも優位の法的効力を持つものとみなされている。つまり，条約

の求めがあれば国内法を新たに制定しなくてはならないし，また，条約に反する国内法があれば改正が必要となるのである（荒牧，2009）。すなわち，日本が批准した国際条約において発達の権利が規定されているのであれば，それは少なくとも日本国内において尊重されなければならない権利としての意義をもつこととなるのである。

　まず子どもの権利条約から見てみよう。条約が子どもを権利主体として捉えているという特徴と関わって，荒牧（2009）は，条約が発達という観点を重視していることを指摘している。すなわち条約は，「人格の全面的かつ調和のとれた発達のために家庭環境を重視し（前文6段），発達のために十分な生活水準を保障する（第27条），発達に有害な労働から保護する（第32条）というように発達を権利保障の目的や基準にしている。条約が，詳細な教育の目的規定を独立条文（第29条）として，人格や能力の発達をその中核理念にしていることや，少数者・先住民の子どもの文化的権利に言及し（第30条），休息・余暇・遊び・文化的芸術的生活への参加の権利を規定している（第31条）ことなども，発達という観点の重視である」（荒牧，2009，p.7）と説明している。

　子どもの権利条約で用いられる発達とは，そもそもどのように定義されるものなのだろうか。それを考えるための一つの鍵は，「教育の目的」を規定する第29条にある。第29条第1項は，「締約国は，児童の教育が次のことを指向すべきことに同意する」と述べ，列記される最初の目的として，「(a)児童の人格，才能並びに精神的及び身体的な能力をその可能な最大限度まで発達させること」を挙げている。ちなみに，目的(a)の部分の原文は "The development of the child's personality, talents and mental and physical abilities to their fullest potential" である。「最大限度まで」と訳されている原文は "to their fullest potential" であり，その意味をより詳細に述べれば，「潜在的な可能性を最大限まで」となるだろう。日本語の発達という言葉は，development というヨーロッパ起源の言葉の訳語として定着してきたものである。この development という言葉には，もともと，閉じられたものを開いて中身を見るという意味がある。それゆえ，この言葉を人間に当てはめれば，その人間内部に本来的に備わったものが外に現れる，すなわち潜在的な可能性が開花するという意味で用いられるようになったのである。発達という言葉の原義をふまえて考えれば，潜在的な可能性を最大限まで発達させることが教育の目標の第1に掲

げられているのである。

　なお，発達が権利であることをふまえると，発達する主体である子どもは教育によって発達を強制されるという関係性ではなく，子どもの発達を支援するものとして教育が位置づくと考えるべきであろう。また，発達するものを単に能力と捉えるのでなく，人格を挙げている点は重要である。発達は，本章の最初にも触れたように，常識的には，能力の獲得であると考えられやすい。確かに，社会の中で一人前と扱われるためには，何らかの役割を果たしうる能力が必要とされる。とはいえ，その能力をどのように発揮するかは，人格を持った主体である人間が判断し執行するものである。すなわち，人格には主体性の側面があり，主体的に能力を獲得し，それを必要に応じて発揮するように発達を遂げてくると考えられるのである。人格にはまた，独立性という側面がある。子ども時代においても，社会を構成する一員である独立した個人として扱われなければならないのである。つまり，社会の中の一員でありつつ個人としての尊厳をもって生きることを保障するのが人格の独立性である。

3．人間発達におけるケアの側面

3-1. ヒトはケアの必要性が極めて高い状態で生まれてくる

　みなさんは赤ちゃんを間近で見たことや触れたことがどれくらいあるだろうか。また，短時間でも世話をしたことがある人はどれくらいいるだろうか。本書の読者の多くは大学生だと思われるが，今の大学生の世代の人たちは，リアルな赤ちゃんをあまり知らないのではないか。機嫌のよい赤ちゃんは，とてもかわいい。しかし，実際に赤ちゃんを育てるとなると話は別だ。赤ちゃんの世話はとても手間がかかることなのだ。

　スイスの生物学者ポルトマンが指摘するように，ヒトは哺乳類の中でもとりわけ長い妊娠期間を経ながら生活能力という点では極めて無力な形で生まれてくる（Portmann, 1951 = 1961）。そうした特徴ゆえに，赤ちゃんの時期，すなわち乳児期はケアの必要性がとりわけ高い時期なのだ。

　生まれてしばらくの間，赤ちゃんには，昼間は起きていて夜は眠るというような生活リズムはなく，数時間おきに睡眠と覚醒を繰り返す。夜中も目を覚ますから，授乳が必要になる。また，もう少し大きくなって，ある程度昼と夜の

区別がついてきても，夜中に排尿や排便があって目を覚ませば，汚れたオムツを適宜替えなければならない。乳児が命を永らえ健康に育つためには，誰かがきめ細かく気を配る必要があるのだ。乳児期も後半になると，ハイハイからつかまり立ちを経て独り立ち，二足歩行と徐々に子どもは行動範囲を広げていくようになる。そして，2歳頃からの幼児期になれば，言葉でのコミュニケーションも増えてくるし，行動範囲もさらに広がるが，なお，周囲の大人のケアなしには生活は成り立たないのである。

3-2. ヒトは発達の初期から他者をケアしようとする

　ヒトは何歳くらいから，他のヒトのことを思いやって手助けすることができるようになるのだろうか。他のヒトのことを思いやるには，その人の考えていることを知らなければならないが，発達心理学では一時期まで，4歳頃くらいにならないと，他者の考えを推測することは難しいという考え方が強かった。確かに，4歳くらいにならないと，子どもは，「誤信念課題」と呼ばれる問題を解くことができない。つまり，4歳未満の幼児は，「自分が事実として知っていることとは違うことを他のヒトが間違って事実だと思い込んでいる（誤信念）」ということが理解できないようなのだ。しかし，こうした課題に「正答」できないからといって，幼い子どもが他のヒトの心をまったく理解できていないと結論するのは早計だ。発達心理学者のトマセロは，様々な実験的研究の成果をもとに，子どもは幼児期の比較的早い時期，早ければ1歳過ぎから，様々な場面で協力的で援助的な行動，つまり利他的な行動を示すと主張している（Tomasello, 2009＝2013）。そして，利他的な行動ができることは，他者の意図を理解できることを基盤としていることも合わせて主張している。では，トマセロはどのような事実から，そうした主張を行っているのだろうか。

　トマセロが，利他的な行動の一つである援助することの例として挙げているのは，何かで困っている大人の様子を見せられた子どもが，その大人を援助しようとする現象である。その実験での大人は，参加児とは面識のない人であった。実験に参加した24人の18カ月児のうち22人が，少なくとも1回の援助行動を見せている。大人が困惑する場面とは，「洗濯物を干そうとして誤って洗濯バサミを落としてしまうが，洗濯物が落ちないように手で支えているため洗濯バサミを拾うことができない」という場面や「両手でたくさんのものを抱えて

いるために戸棚を開けられずにぶつかってしまう」という場面である。幼い子どもたちは，洗濯バサミを拾って落とした大人に手渡したり，戸棚を開けたりして，困っている大人を援助した。しかし，大人がわざと洗濯バサミを放り投げたり，何か他のことをしようとしていて戸棚にぶつかったりしたときには，子どもたちは何もしなかった。すなわち，子どもたちは，単に洗濯バサミを拾いたかったのではなく，また，戸棚を開けるのが好きだったわけではなかったことが示された。この現象で重要な点の一つは，こうした援助行動を行えるためには，子どもが大人の意図（行動の目的）に気づいている必要があることである。それと同時に，他者を助けたいという利他的な動機づけも必要である。18カ月児は，そうした他者の意図理解と利他的動機づけを兼ね備えているらしいのである。

　また，知らせることによって他者を助ける行動であれば，12カ月の子どもでも可能である。

　このような，発達の初期からの利他性，他者を気遣い思いやるケアの心性は，生まれつきのものなのだろうか。トマセロはそう考えている。確かに，ヒトは近縁のチンパンジーなどと比較して，利他的な行動をとりやすいことが多くの研究で示されている。しかし，1歳過ぎくらいから示される利他的行動は，子どもが育児の中で丁寧にケアされてきたことを反映している面もありそうだ。実際，虐待を受けた子どもはそうでない子どもと比べて利他的な行動を示しにくいことを示した研究がある（Main & George, 1985）。人は，利他的な行動が育ちやすい潜在的可能性をもっているが，それが実際にどのように花開くかは，どのようにケアされたかに影響を受けるのかもしれないのである。

　ともあれ，トマセロを含めた近年の多くの研究から，1歳台から2歳台の子どもは，見知らぬ相手であっても，その人を気遣い援助したり大事なことを知らせたり，あるいは分け与えたりといった利他的な行動をとる傾向があることがわかってきた。しかも，利他性を示すこの時期の子どもたちは，ご褒美をもらえたりほめてもらえたりするからそうするのではなく，人助けをすることが満足をもたらすようだ。実際，大人である私たちも，誰かのためになることをすると気分がよい。こうした心的傾向性は，人間社会が円滑に運営されていくために必要なものであるし，この社会に福祉という考え方や制度が定着してきた要因の一つであろう。とはいえ，現実の人間社会は，すべての人間がお互い

に利他的で協力し合うことが普遍的であるような社会とはいえない。私たち人間は，個人間であれ集団間であれ，しばしば競争的あるいは敵対的な関係に陥ってしまいがちである。

　子どもたちが，発達の過程で福祉に対してどのような意識を持つようになるかは，その社会が持つ価値規範に大きく影響されることになるだろう。

3-3. 子どものケアをめぐる2つの論点──アタッチメントとアロマザリング
3-3-1. 子どものケアとアタッチメント

　児童精神医学者のボウルビィは，WHO の委託を受けて，第二次世界大戦後に親が死亡するなどして施設で育つ子どもたちの状況を調査した。その結果，栄養状態などには特段の問題がなくとも，対人関係や情緒面の問題が生じやすいことを見出したのである。その原因としてボウルビィは，養育者との応答的な関わりの不足を指摘し，そうした状態に陥ることを母性剝奪（maternal deprivation）と呼んだ。ボウルビィはさらに研究を進めて，ヒトが健全な情緒発達を遂げるためには，子どもは乳児の頃から養育者に対する適切なアタッチメント（attachment）を形成しなくてはならないと主張するようになった。

　ただし，愛着とも訳されるアタッチメントという言葉は，母と子の間の情緒的絆のことであるという誤解をされやすい。しかし，ボウルビィ自身（Bowlby, 1969＝1977），少なくとも当初は，アタッチメントを以下のような限定的な意味で定義していた。すなわち，アタッチメントを「危機的な状況に際して，あるいは潜在的な危機に備えて，特定の対象との近接を求め，また，これを維持しようとする個体（人間やその他の動物）の傾性であるとし，この近接関係の確立・維持を通して，自らが"安全であるという感覚（felt security）"を確保しようとするところに多くの生物個体の本性があるのだと考えて」（遠藤編, 2005）いたのである。つまりアタッチメントはあくまで子どもがもつ行動や態度のことであって養育者の側の行動や態度を扱っているものではない。

　ところで，当初，日本にボウルビィの考え方が紹介されるにあたっては，保育所での保育を否定的に捉える根拠として，また母親が育児に専念することが望ましいことを主張する論拠として取り入れられた側面がある。ボウルビィ自身は，アカデミックな研究の中ではアタッチメントの対象となるのは母親には限らないと明言しているものの，他方では，育児における母親役割の重要性を

強調する発言も行っていた（高橋，2010）。ボウルビィによる母親役割を強調する言説は，「三歳児神話」を形成する上で都合がよかったといってよいだろう。

　しかしながら，今日，アタッチメント理論は科学的研究の進展をふまえて，修正が必要であることが指摘されている（Keller, Bard & Lupp, 2017）。乳幼児が，養育者に対する信頼をともなったアタッチメントを形成することは，その後の対人情緒面での安定した発達にとって重要であることは，様々なデータにより支持された知見であり，その点はここでも強調しておくべきであろう。しかし，アタッチメントの対象となるのは母親に限られるものではない。乳児であっても，複数の重要な親しい他者がいる事実にも目を向けるべきなのである（高橋，2010）。

3-3-2.　子どものケアとアロマザリング

　では，誰が実際には乳幼児をケアしているのか。様々な文化において，乳幼児の世話を中心になって担っているのは，母親であることが多い。しかしながら，母親だけが乳児の世話をするわけではない。時代や文化によっては，身近な親族（祖父母，乳児の年上のきょうだい，おじ・おばなど）が様々な関与を行っている。また，核家族化が進行する現代では，父親の役割が重要になってきている。しかし，父親の仕事が忙しくて子育てに参加できず，また頼りにできる親族が身近にいないとすると，母親だけが一人で子どもの面倒を見る，いわゆるワンオペ育児になってしまうのだ。

　しかしながら，母親のみが子育ての負担を担うのは，人間の育児の歴史を考えると，また，人間の乳児を育てることの負担の大きさを考えると，極めて不自然な状態だと言わなければならない。

　子どもを取り巻く母親以外の人（人々）が子どものケアを行うことをアロマザリング（allomothering）という。「『他』を表す allo- が『母親として子どもの世話をする』の意の mothering と結びついた言葉」（根ケ山・柏木，2010，p. 1）である。乳幼児のケアは，ある時期ある局面では母親が中心であるとしても，母親だけが担うものではない。母親以外の人も当然関わるべきものである。人類は，今までの歴史の中で様々な形のアロマザリングを経験してきた。実際，生物学的な観点から見て，ヒトという種はアロマザリングを行いやすいし，ある面ではアロマザリングをせざるを得ない特徴を持っているともいえる。

　ここで，アロマザリングを方向づける重要な条件である母子間の反発性につ

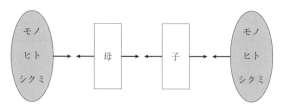

**図11-1　母と子それぞれの相手ならびに周囲にあるものへ
の指向性**
出所：根ケ山（2010，p. 60）ならびに関連記述を基に筆者が改変。

いて指摘を行っている根ケ山（2009；2010）の考え方を紹介しておきたい。な
がらく発達心理学においては，母子関係が取り上げられる場合，アタッチメン
ト理論に代表されるように親和的側面ばかりが強調されやすく，今もその傾向
は持続しているといってよい。しかし，母子関係には親和的側面だけではなく
反発的側面も，関係の適正な要素として存在している。確かに，2人の人間の
関係を親和性という引き合う関係性だけで捉えると，関係の変化や発展のダイ
ナミズムを十分捉えきれないだろう。子どもも母親も，自らを取り巻く環境と
も主体的に関わろうとする存在なのである。そうした関係性を，根ケ山
（2009；2010）は，母子の周囲に存在する「モノ・ヒト・シクミ」の重層性とし
て捉えた。それを図式化したものが図11-1である。母親は子どもをケアしよ
うとし，子どもは母親に対してアタッチメント行動を示すが，これは両者が持
つ親和性である。他方，母子はそれぞれ周囲にある「モノ・ヒト・シクミ」に
も引き寄せられる。これが母子間の反発性となり，母子を分離させることにな
る。母子の分離という点では子別れであり，子どもの面倒を母親以外の人間も
受け持つことにつながるという点ではアロマザリングの契機となるものである。

3-4.　子どものケアの社会化としての保育

　ヒトは長い歴史の中で，さまざまなアロマザリングを工夫してきた。しかし
今日の日本では，むしろ「孤独な育児」が広がり，多くの母親が子育ての困難
に直面する事態になっている。なぜだろうか。これにはさまざまな要因が複合
的に関わっているだろう。核家族化の進行や地域の助け合いの衰退に加え，実
家の親は遠方に居住していたり仕事や介護で忙しかったりして頼れない場合も
増えてきている。高齢出産も増えている。また，子育てを行う親自身が少子化

時代の核家族で育った人が多いため，赤ちゃんに触れたことも育児を行うどころかそれを目にした経験も乏しい場合が多い。にもかかわらず，「三歳児神話」が未だに行政担当者の中だけでなく子育ての当事者の中にも根深く残り，母親が子育ての大変さを訴え，助けを求めることをはばむ呪縛となっている。

　子どもや子育てを取材してきた記者である榊原智子はその著書で，今日の日本における子育ての困難を象徴する現象の一つとして，出産した女性の10人に１人が産後うつに苦しみ，その中で自殺が多発している問題を指摘している（榊原，2019）。昭和半ばに確立された日本の母子保健制度のおかげで，日本の妊産婦死亡率の低さは世界トップクラスといわれてきたが，2018年9月に発表された調査結果によると，「出産から一年後まで対象期間を広げて二〇一五〜一六年に死亡した妊産婦の事例を集めて分析した結果，出産した女性の死亡原因では『自殺』が九二人と最多で，二位だった『疾患』の二四人の四倍近いことがわかった」（榊原，2019，p. 129）のである。実際，出産は母体の心身に多大の負担をもたらす。そうしたことに対応して，かつての日本では，「産後の肥立ち」という言葉で表現されるように，出産後の6〜8週間程度の産褥期のケアが大切にされ，出産経験のある祖母世代や産婆など周囲の人たちが母体を手厚く保護する文化があった。しかし今日ではそうした慣習もすたれ，里帰り出産も減少してきており，誰にも頼れない妊産婦が増えてきているのである。

　そして，出産後しばらくの心身共に大変な時期をやり過ごしたとしても，後に続く子育てが孤立したものであったとしたら，子育てはいよいよ苦役へと転化してしまう。今の日本の子育ての危機的な状況をふまえて榊原は，「子育ての社会化」が求められていることを指摘する。それは，「子育ての責任を親から社会へ丸投げすることや，画一的な集団養育に子どもを取り込むことを意味」するものではなく「家族中心の育児の責任を，保育制度を通して地域や社会もシェアし，親子が行きづらないようにしようという趣旨」のものである（榊原，2019，p. 229）。

　子どもの豊かな発達を保障するケアを確立することは，現代社会における福祉の重要な課題の一つである。

演習問題　考えてみよう・調べてみよう ─────

　章末の「さらに学ぶために」の［文献］と［資料］から，ケアの社会化に
関わるデータを抽出し，どのような傾向がみられるかを整理してみよう。

注

(1) 「子どもの権利条約（Convention on the Rights of the Child）」は，日本政府訳
　では「児童の権利条約」となっている。しかし，"child" を「児童」と訳すと，いく
　つかの国内法での年齢規定との間に齟齬が生じる。例えば，母子及び寡婦福祉法で
　は20歳未満，道路交通法では 6 歳以上13歳未満，学校教育法では小学生を指すが，
　本条約の "child" は18歳未満のすべてのものである。また，今まで十分に権利主体
　と認められてこなかった対象となる人々を，「子ども」という用語で表現する方が
　ふさわしいと考えるため，本章では「子どもの権利条約」の名称を用いることとし
　た。

(2) 「三歳児神話」とは，子どもが小さいうち，特に 3 歳頃までは，母親が子どもの
　そばにいて，育児に専念すべきであるとする考え方である。科学的な根拠が乏しい
　にもかかわらず，1950年代半ば以降の日本における高度経済成長期に意図的に流布
　されたのが，日本中にこの考え方が広がる最初の契機となった（大日向，2015）。

(3) アロマザリングは，ヒトだけに見られる現象ではなく，ヒト以外でも育児行動を
　行う動物種に広く見られる現象であり，特に霊長類はアロマザリングがよくみられ
　る哺乳類である（明和，2010）。

参考文献

荒牧重人（2009）「子どもの権利条約の成立・内容・実施」喜多明人・森田明美・広
　　沢明・荒牧重人編『［逐条解説］子どもの権利条約』日本評論社，3-17頁。

糸賀一雄（1968）『福祉の思想』NHK 出版。

遠藤利彦編（2005）『発達心理学の新しいかたち』誠信書房。

大日向雅美（2015）『増補 母性神話の罠』日本評論社。

榊原智子（2019）『「孤独な育児」のない社会へ──未来を拓く保育』岩波書店。

高橋惠子（2010）「愛着からソーシャルネットワークへ」根ケ山光一・柏木惠子編著
　　『ヒトの子育ての進化と文化──アロマザリングの役割を考える』有斐閣，119-
　　137頁。

田中昌人（1980）『人間発達の科学』青木書店。

根ケ山光一（2009）『発達行動学の視座──〈個〉の自立発達の人間科学的探究』金
　　子書房。

根ケ山光一（2010）「子別れとアロマザリング」根ケ山光一・柏木惠子編著『ヒトの

子育ての進化と文化——アロマザリングの役割を考える』有斐閣，55-70頁。

根ケ山光一・柏木惠子（2010）「人間の子育てを理解する窓としてのアロマザリング」根ケ山光一・柏木惠子編著『ヒトの子育ての進化と文化——アロマザリングの役割を考える』有斐閣，1-8頁。

丸山啓史・河合隆平・品川文雄（2012）『発達保障ってなに？』全国障害者問題研究会出版部。

明和政子（2010）「霊長類のアロマザリング——チンパンジーとヒトを中心に」根ケ山光一・柏木惠子編著『ヒトの子育ての進化と文化——アロマザリングの役割を考える』有斐閣，33-52頁。

Bowlby, J.（1969）*Attachment and Loss. Vol. 1. Attachment.* Basic Books.（＝1977，黒田実郎ほか訳『母子関係の理論〈1〉愛着行動』岩崎学術出版社。）

Keller, H., K. M. Bard & J. R. Lupp（2017）"Introduction" in Keller, H. & K. M. Bard（eds.）*The Cultural Nature of Attachment: Contextualizing Relationships and Development.* Cambridge, The MIT Press, pp. 1-12.

Main, M., & C. George（1985）"Responses of young abused and disadvantaged toddlers to distress in agemates" *Developmental Psychology,* 21(3), pp. 407-412.

Portmann, A.（1951）. *Biologische Fragmente zu einer Lehre vom Menschen,* Benno Schwabe.（＝1961，高木正孝訳『人間はどこまで動物か』岩波書店。）

Sen, A.（1992）*Inequality Reexamined,* Oxford University Press.（＝1999，池本幸生・野上裕生・佐藤仁訳『不平等の再検討』岩波書店。）

Tomasello, M.（2009）*Why We Cooperate.* Cambridge, MIT Press.（＝2013，橋彌和秀訳『ヒトはなぜ協力するのか』勁草書房。）

さらに学ぶために
［文　　　献］
中村隆一（2013）『発達の旅　人生最初の10年　旅支度編』クリエイツかもがわ。
松本伊智郎・小西祐馬・川田学編（2019）『遊び・育ち・経験——子どもの世界を守る』明石書店。
［資　　　料］
厚生労働省「2019年　国民生活基礎調査の概況（概況全体版）」（https://www.mhlw.go.jp/toukei/saikin/hw/k-tyosa/k-tyosa19/dl/14.pdf, 2020年8月19日アクセス）。

第12章　ソーシャルワークの理論と方法

岡田まり

本章のねらい

ソーシャルワークは，人間の福利の増進を目指して，人々が自らの可能性を十分に発展させ，その生活を豊かなものにし，かつ機能不全を防ぐことができるようにしていく専門職による取り組みである。その取り組み内容は，困難な状況にある個人・家族や，そのようなリスクがある人への直接的な支援から，人々が社会参加や社会活動を通して相互支援できるような働きかけ，そして人の生活と発達を支える組織の運営や地域づくりまでさまざまである。本章では，ソーシャルワークとは何かを理解するために，その目的や原理，基盤となる理論・モデル，方法について学ぶ。

─ キーワード ─

ソーシャルワーカー，社会福祉士，クライエント，福祉サービス，エンパワメント

1．ソーシャルワークとは

1-1．ソーシャルワークはなぜ必要か

　私たちは，生活していくなかで，さまざまな問題に直面し，対応を迫られることがある。例えば，病気や怪我のために学校や仕事に行けない状態が長く続いたら？　病気のために差別されたら？　失業して収入が途絶え，貯蓄も底をついたら？　病気や事故で入院し車椅子が必要となったが，家の中は段差だらけで退院後に車椅子での生活など考えられない場合は？　子どもが学校でいじめにあい，登校できなくなったら？　家族が要介護状態になったら？　他にも人権侵害や差別・偏見，貧困，健康問題，身体・知的・精神の障害，介護，家族内の暴力や子育て，子どもの発達，文化適応などに関わるさまざまな生活問題があるだろう。

　これらの問題は個人や家族内で解決可能な場合もあれば，近所の人たちや友

人の助けで対応できるときもある。しかし，どうしても解決策が見つからず，頼れる人もなく，当事者は途方にくれることがある。中には，認知症などのために自分が要支援状態であることに気づかない人がいる。長期間にわたって抑圧された状態に置かれていた人は絶望し，課題に取り組む意欲すらなくしてしまうことがある。また，問題の存在そのものを否認して周りからの支援を拒否する人もいる。周囲に力になりたいと思っている人がいても，問題が複雑で深刻なために普通の人では対応できないこともある。

　このような場合，当事者が問題に対処できるように支援する専門家が必要となる。また，地域住民の助け合いを促したり，地域にあるサービスを整備することで問題に対処しやすくなるように地域環境の改善を行うことも重要である。そのような生活問題の解決・緩和に向けての支援や地域社会の環境改善に専門的に取り組むのがソーシャルワークであり，ソーシャルワークを実践する人のことをソーシャルワーカーと呼ぶ。一方，支援を求めている人あるいは必要だと思われる人のことをクライエントと呼ぶ。

1-2. 日本のソーシャルワーク

　日本では，福祉事務所や児童相談所，婦人相談所，障害者更生相談所などの行政機関，児童や障害児・者，高齢者のための公立あるいは民間の福祉施設，地域包括支援センター，地域生活支援センター，学校，病院や保健所，刑務所，社会福祉協議会，NPO 法人などさまざまな機関や施設でソーシャルワークが行われている。しかし，ソーシャルワークを行う人はソーシャルワーカーと呼ばれず，他の名称で呼ばれることが多い。例えば，相談員，ケースワーカー，児童福祉司，老人福祉司，障害者福祉司，母子福祉司，社会福祉主事，介護支援専門員（ケアマネジャー）などである。これは，日本の社会福祉制度が対象者の属性ごとに創設され，福祉従事者は共通基盤をもつ専門職というより，異なる法律・制度の枠の中にある別個の職務だと捉えられていたからである。

　1990年代に同じ基盤をもつ専門職としてソーシャルワーカーの国家資格が創設されたが，その際にカタカナではなく，漢字での呼称が望ましいとされ，「社会福祉士」と「精神保健福祉士」いう呼称が生まれた。両専門職の養成課程での科目名も「社会福祉援助技術論」とされた。この科目名称は，技術に焦点があるかのように誤解を与えるため，2007年度の法の一部改正に伴う社会福

祉士養成課程の見直しでは「相談援助」に変更された。そして，2回目の見直しを経て2021年度から導入された社会福祉士養成課程では，科目名にある「相談援助」は，すべて「ソーシャルワーク」に置き換えられた。社会状況が変化し，福祉ニーズが多様化・複雑化する中で，個人の支援から地域づくりまで幅広い実践を含むソーシャルワークの機能の重要性が国からも認められるようになってきたからである。

　以上のような経緯により「ソーシャルワーク」と「ソーシャルワーカー」という呼称はあまり使用されてこなかったが，福祉の従事者や研究者の中では共通の基盤を持つ実践であり，専門職であるとの認識があった。そのため，1960年に日本ソーシャルワーカー協会が発足し，1984年には国際ソーシャルワーカー連盟に加入している。その後，日本社会福祉士会，精神保健福祉士協会，日本医療社会福祉協会が創設され，現在では，これら4団体から構成される日本ソーシャルワーカー連盟が国際ソーシャルワーカー連盟との連絡調整を行っている。そして，これらの専門職団体では，ソーシャルワーク推進のための研修や研究事業，社会活動を行っている。

1-3. ソーシャルワークの定義

　ソーシャルワークはその時々の社会状況を背景としてさまざまに定義されてきたが，国際ソーシャルワーカー連盟（International Federation Of Social Workers: IFSW）及び国際ソーシャルワーク学校連盟（International Association of Schools of Social Work: IASSW）は2014年の総会で「ソーシャルワーク専門職のグローバル定義」を採択している。以下は，その一部である。

ソーシャルワーク専門職のグローバル定義

　ソーシャルワークは，社会変革と社会開発，社会的結束，および人々のエンパワメントと解放を促進する，実践に基づいた専門職であり学問である。

　社会正義，人権，集団的責任，および多様性尊重の諸原理は，ソーシャルワークの中核をなす。

　ソーシャルワークの理論，社会科学，人文学，および地域・民族固有の知を基盤として，ソーシャルワークは，生活課題に取り組みウェルビーイングを高めるよう，人々やさまざまな構造に働きかける。

この定義は，各国および世界の各地域で展開してもよい。

（日本ソーシャルワーカー連盟，http://jfsw.org/definition/global_definition/）

日本ソーシャルワーカー連盟と日本社会福祉教育学校連盟（現・日本ソーシャルワーク教育学校連盟）は，2017年に「グローバル定義の日本における展開」を採択している。

グローバル定義の日本における展開（一部抜粋）

- ソーシャルワークは，人々と環境とその相互作用する接点に働きかけ，日本に住むすべての人々の健康で文化的な最低限度の生活を営む権利を実現し，ウェルビーイングを増進する。
- ソーシャルワークは，差別や抑圧の歴史を認識し，多様な文化を尊重した実践を展開しながら，平和を希求する。
- ソーシャルワークは，人権を尊重し，年齢，性，障がいの有無，宗教，国籍等にかかわらず，生活課題を有する人々がつながりを実感できる社会への変革と社会的包摂の実現に向けて関連する人々や組織と協働する。
- ソーシャルワークは，すべての人々が自己決定に基づく生活を送れるよう権利を擁護し，予防的な対応を含め，必要な支援が切れ目なく利用できるシステムを構築する。

（日本ソーシャルワーカー連盟，http://jfsw.org/definition/japan/）

これらの定義にあるように，ソーシャルワークは，人間の福利の増進（ウェルビーイング）を目指し，すべての人々が，彼らのもつ可能性を十分に発展させ，その生活を豊かなものにし，かつ機能不全を防ぐことができるようにすることを目指している。とりわけ，社会的に不利な状況に置かれている人，傷つきやすい人，差別や暴力などにより抑圧されている人，貧困の中にある人が，その状態から開放され，本来もつ力を回復・増進できることを目指している。そして，その取り組みは，人権と社会正義，集団的責任及び多様性尊重に基づき，人と環境が相互に影響しあっていることに着目してさまざまな知識と方法を用いて行われるのである。

2．ソーシャルワークの基盤となるもの

専門職と呼ばれるための要件として，①理論的な知識に基づく技能，②訓練

や教育を必要とする技能，③試験による能力証明，④行動基準の遵守，⑤公共
の福祉のためのサービス，⑥専門職団体の組織化などが挙げられる（Millerson,
1964）。これらの要件をみてわかるように，専門性は，価値，知識，技術から
構成されている。ソーシャルワークの専門性を構成する価値，知識，技術につ
いてみていこう。

2-1. 価　　値

　価値とは，何がよいか，あるいは何が望ましいかを判断する基準である。こ
の判断基準は，私たちの考え方や感じ方，そして行動に大きな影響を及ぼす。
一般に価値は人によって異なるが，専門職には，それぞれ共有する価値があり，
その価値の実現に向けて取り組んでいる。

　ソーシャルワーク専門職の普遍的価値としては，Z. T. ブトゥリムが述べて
いるように，①人間尊重，②人間の社会性，③変化の可能性の3つがある（Bu-
trym, 1976＝1986, pp. 59-66）。

2-1-1. 人間尊重

　人は皆，無条件に尊重されるべき存在だという信念である。これはソーシャ
ルワークの最も中心的な価値であり，ここから受容，個別化，自己決定の尊重，
秘密保持といったソーシャルワークの他の価値や原理原則が引き出されている。

2-1-2. 人間の社会性

　人は常に他者と関わりあいながら生きており，相互に依存する存在であるこ
とを認めることである。共生やノーマライゼーションを当たり前のことと考え，
問題解決のために他者のサポートや地域の資源を活用するのも，社会参加を重
視するのも，この価値に基づいている。

2-1-3. 変化の可能性

　人は成長し，変化する可能性をもっていることについての信念である。自立
支援や自己実現の支援，また，困難な状況においてもあきらめずに取り組み続
けるのは，この価値があるからである。

　専門職の価値を明文化し，行動指針として専門職の組織が宣言したものが倫
理綱領である。日本ソーシャルワーカー協会の「ソーシャルワーカーの倫理綱
領」と日本社会福祉士会の「社会福祉士の倫理綱領」には，「ソーシャルワー

ク専門職のグローバル定義」をソーシャルワーク実践の基盤として認識し実践
の拠り所とするとした上で，6つの原理（人間の尊厳・人権・社会正義・集団的責
任・多様性の尊重・全人的存在）と4つの倫理基準（クライエントに対する倫理的責
任，組織・職場に対する倫理的責任，社会に対する倫理責任，専門職としての倫理責
任）が示されている。ソーシャルワーク専門職は，自らの専門性を維持向上さ
せるとともに社会福祉推進に向けての社会への働きかけのためにも専門職団体
に加入し，倫理綱領を遵守することが求められている。

2-2. 知　　識

　ソーシャルワーカーが究極的に何を目指すかは，価値と倫理から導き出され
る。しかし，目標に到達するためには，知識が必要である。ソーシャルワーク
実践に必要な知識は幅広く，①人間の行動と社会環境，②社会福祉政策とサー
ビス，③ソーシャルワーク実践の方法，④調査，⑤福祉の現場の5つの領域に
分けられる（Hepworth, 2001, p. 13）。これらの知識の中でも，①と③に関わる
ものとして理論・モデルがある。理論やモデルは，状況を理解し，方向づけを
するのに役立つ。ソーシャルワークにおいても状況に応じて様々な理論やモデ
ルが活用されているが，特に人や状況についての基本的な見方や捉え方となっ
ているのが，生態学理論，システム理論，バイオサイコソーシャルモデルであ
る。

2-2-1. 生態学理論──エコロジカル・モデル，生活モデル

　生態学は，生物と環境の適合状態やそのダイナミックな均衡と相互性につい
て解き明かそうとする学問である。生態学的な視点（エコロジカル・パースペク
ティブ）を人間社会に適用してソーシャルワーク実践に活かそうとしたのがC.
B. ジャーメインとA. ギッターマンの生活モデル（ライフモデル）である（Gitter-
man & Germain, 2008）。

　問題が生じるとき，そこには何らかの原因があり，その結果として問題が起
こるという捉え方を直線的思考という。直線的思考では，問題解決のために原
因を探り，それを変えようとする。それに対して，問題発生には，様々な要因
が絡んでおり，結果だと思ったことが原因となって次の問題が起こるという連
鎖があるという捉え方を円環的思考という。生活モデルの特徴は円環的思考で
あり，常に人と環境の交互作用に着目する。生活課題は個人の中に原因がある

からではなく，人と環境が不適合をおこしているのだと考える。そのため，①人が環境の中にある資源を活用できるように支援する，②人の生活や発達に必要な資源が整うように環境に働きかける，③人と環境との交互作用の質をより良い状態にすることの中から状況に合わせて一つあるいは複数の取り組みを行うことで人と環境の適合状態を最大化することを目指すのである。また，生活モデルでは，居住環境や生態的地位も個人や家族，集団に大きく影響することに注意を払い，常に「環境の中の人」として個人を捉える。

2-2-2. システム理論

　システム理論は，1945年に L. ベルタランフィが一般システム理論を提唱してから，他の研究者らによって新たな概念が追加され発展してきた。ここではソーシャルワーク実践に有用なものを紹介する。

　まず，システムとは，複数の要素が有機的に関係しあい，全体としてまとまった機能を発揮している要素の集合体のことである。例えば，細胞，臓器，個人，家族，グループ，組織，コミュニティ，国，地球，これらはすべてシステムである。システムの構成要素は相互に作用しあっているので，一部の変化がシステム全体に変化を及ぼすこともある。システムには境界があり，システム内だけでなく，外部のシステムとも相互作用がある。また，システムの中から環境への出力（アウトプット）と環境からシステム内への入力（インプット）がある。出入力が多いものをオープンシステム，出入力が少ないものをクローズシステムと呼ぶが，出入力が極端に多い，あるいは極端に少ない場合，システムは崩壊する。システムには，変化や発展へと向かう傾向とともに，その構造や機能の恒常性を保つためのメカニズムであるホメオスタシスがある。そのため，一定の範囲を超える変化には抵抗作用が働く。ホメオスタシスは構成員がルールを守ることで維持されるが，ルールには，構成員のニーズに柔軟に対応する機能的なものと，硬直化していて機能不全につながるものがある。システムにはフィードバック機能もあり，この機能を働かせることにより，変容する。

　システム理論は，エコロジカル・モデルと同様に，人間の置かれている困難な状況を個人の問題に還元するのではなくシステムの中で捉え，その困難がシステムの相互作用の中でどのようにして生じ，維持されているのかに着目する。そして，システムに変化を起こすことで困難な状況の解決を図ろうとする。相互作用に着目する点でエコロジカル・モデルと親和的であるため，エコロジカ

ル・モデルとシステム理論をあわせて用いる場合には，エコロジカル・システム・モデル（エコシステム・モデル）と呼ばれる。

2-2-3. バイオ・サイコ・ソーシャル・モデル──生物・心理・社会的モデル

　バイオ・サイコ・ソーシャル・モデルは，精神科医のG. L. エンゲルが，生物的な側面だけでなく，心理的なものや社会的なものも含めて包括的にクライエントを理解することを提唱したものである。バイオ（生理的・身体的状態）には，クライエントの健康状態や日常生活動作（Activity of Daily Life: ADL），能力などが含まれる。サイコ（精神的・心理的状態）には，クライエントの心理状態や意欲，意思の強さ，嗜好，生活やサービスに関する満足度などが含まれる。そして，ソーシャル（社会環境的状態）には，家族の状況，家族や親族・近隣・友人らとの関係，住環境や就労状況，経済状況，利用可能な社会資源，地域の状況などが含まれる。バイオ・サイコ・ソーシャル・モデルでは，クライエントの置かれている困難な状況は，このような生理的・身体的要因，精神的・心理的要因，そして社会環境的要因が相互に関連し合い，複合的に作用し合うことで生じていると捉える。したがって，ソーシャルワーク実践では，生理的・身体的要因，精神的・心理的要因，社会環境的要因が関連しあっている中で，どこに働きかければ状況が改善するかに焦点を合わせるのである。こうした捉え方は，エコロジカル・モデルやシステム理論とも共通するものである。

2-3. 技　　術

　ソーシャルワーク実践のためには，知識を具体的に活用し，専門職がもつ価値を具現するための技術が必要である。いくら豊富な知識をもっていても，確かな価値と倫理に支えられていても，それらを現実の世界に結びつける技術がなければソーシャルワーク実践は不十分なものになる。ダットンとコーリーは，ソーシャルワーカーに必要な技術を5つに分けている（藤井，2002, pp. 55-66）。

2-3-1. 関係形成の技術

　ソーシャルワークの技術の中で最も基本的かつ重要な技術である。利用者や関係者とのあいだに信頼関係とパートナーシップを築くことが，効果的なソーシャルワークを行う第一歩となるからである。そのためには，コミュニケーションの技術が必要である。

2-3-2. 知識を実践に応用する技術

知識は，ただ知っているだけではソーシャルワークの役に立たない。知識に基づいて人や状況についての理解を深め，その理解を態度や言動に反映させることが必要である。

2-3-3. 資源の活用とマネジメントの技術

資源を活用するには，それぞれの資源の長所や短所などの特徴や活用の手続・方法をよく理解して，利用者の状況に応じて使うことが必要である。関係者の連携・協力が必要な場合もあり，さまざまな事柄を調整するマネジメント力も求められる。

2-3-4. 記録の技術

記録には，クライエントの状況についての理解，判断の根拠，方針や計画，実際の取り組み内容と経過，評価などが記述される。記録は，深い理解，情報共有，連携，一貫性のある実践に役立つとともに，実践の証拠ともなるもので，重要である。

2-3-5. 運営・管理の技術

機関や施設がその役割を果たすためには，健全な運営と管理が必要である。理念の明確化，事業の計画・実施・評価，予算，人事，教育研修，安全，地域や他機関・施設との連携など，運営・管理にはさまざまな業務があり，それらについての知識とともに，判断力，調整機能，統率力，実行力などさまざまな技術と能力が求められる。

3．ソーシャルワークの方法

3-1．ソーシャルワークの対象・レベル・実践内容

ソーシャルワーク専門職のグローバル定義にあるように，ソーシャルワーク実践は，社会正義，人権，集団的責任，および多様性尊重の原理に基づいており，①これらの原理に関わる生活課題に直面し，困難な状況にある人を支援したり，②そのような課題に直面するリスクがある人を早期発見・早期介入し，困難な状況になることを予防したり，③そのような課題の発生予防や社会機能の向上を目指して人や家族，グループ，組織，コミュニティなどの社会参加・活動を支援する。つまり，困難に直面したり，そのリスクがある人だけでなく，

すべての人が対象になり得るといえる。

　これらの取り組みを行うためには，ミクロ，メゾ，マクロの 3 つのレベルでの実践が必要とされている。ミクロレベルの実践は，困難な状況にある個人や家族，すなわちクライエントに直接サービスを提供することである。メゾレベルの実践は，グループや組織（学校，職場，施設等），近隣などで，クライエントへの理解やサポートが得られるよう周囲の人たちに働きかけてサポートネットワークをつくったり，クライエントが利用できるプログラムの企画運営やサービス提供にあたっての組織間連携を行ったりすることである。マクロレベルの実践は，社会問題に対応するための社会計画や地域組織化など，社会全般の変革や向上を目指すものである。

　ソーシャルワーク実践は，総体としては，このように対象も内容も多岐にわたるが，多くの福祉施設・機関では，それぞれの理念や方針に基づき，対象を定めてサービス提供を行っている。つまり，ある程度，限定された範囲内で実践を行っているが，1 人のクライエントが複数のサービスを要することはよくあることなので，施設・機関のあいだで連携することが重要である。また，対象外のクライエントの存在に気づいたときには，そのクライエントの課題に応じることができる組織に伝え，自ら助けを求めることができない人々も必要な支援が受けられるようにしていくことが大切である。

3-2.　ソーシャルワーク実践の過程

　ソーシャルワーク実践は，ミクロ・メゾ・マクロのいずれのレベルにおいても図12-1 のように行われる。まず，課題に直面している，あるいは，そのリスクがあるシステム（個人，家族，集団，組織，地域）の存在を認識することから始まり，課題の概要を把握し，共に取り組む合意と信頼関係を形成するのがエンゲージメントである。アセスメントでは，より詳細な情報を収集し，課題の状況やクライエント・システム（個人，家族，集団，組織，地域など）のニーズやストレングス，意向等を理解し，活用可能な社会資源などと確認する。

　プランニングでは，クライエント・システムが合意できる目標を設定し，その目標を達成できるように，いつ，どこで，誰が，何を，どのように行うのか，具体的に計画内容を決めていく。この時，クライエント・システムが合意できる計画にするためには，ミクロレベルではカンファレンスを，メゾ・マクロレ

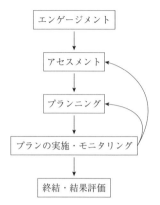

エンゲージメント

↓

アセスメント

↓

プランニング

↓

プランの実施・モニタリング

↓

終結・結果評価

図12-1　ソーシャルワーク実践の過程
出所：筆者作成。

ベルでは会議を開いて，計画内容や役割分担について協議することが重要である。そして，クライエント・システム及び関係者の間で計画内容についての合意ができたら，計画を実施する。なお，大きな課題を抱えていても，支援を求めない，拒否するシステムもある。そのような場合でも，どのような事情があるのか理解し，粘り強く関わり続け，そのシステムのニーズが充たされるように取り組むことが必要である。

　計画実施中には，計画どおりに取り組みが進んでいるか，成果が出ているか，新たな課題が起こっていないかモニタリングを行い，必要に応じて再アセスメントを行い，プランの内容を修正や変更する。ミクロ・メゾレベルでは，目標達成まで，あるいはクライエントが転居や死亡などで対象外となるまでこのプロセスが継続される。マクロレベルでは計画期間が終了したら一旦終結となるが，さらに次の計画が策定されることが多い。

3-3. ソーシャルワーカーの役割

　ソーシャルワーカーは，場面や状況に応じて様々な役割を担う（Sheafor et al., 1999, pp. 55-67）。ここでは，事例をとおしてソーシャルワーカーがどのような役割を果たすか見ていこう。

　夫と二人暮らしのＡさん（70歳女性）は，脳梗塞で入院治療を受けているが，後遺症で右半身の麻痺と軽い言語障害があり，退院後の生活について悩んでいる。主治医が，夫妻を病院に併設されている居宅介護支援事業所のＢソーシャルワーカー（ワーカーと略）に紹介してきたので，Ｂワーカーは，Ａさん夫妻に会って自己紹介し，退院にむけて一緒に取り組んでいく合意を得た。

　Ｂワーカーはアセスメントのために，主治医にＡさんの状態や予後について聴くとともにカルテを確認した上で夫妻の話を聴いた。当初，Ａさんの夫は，車椅子が必要なＡさんが自宅に戻るのは無理なので，Ａさんが施設に入所できるようにしてほしいと言った。Ａさんは，苦しそうに黙ったまま何も

言おうとしなかったが，Ｂワーカーが〈カウンセラーとして〉2人だけでゆっくり話を聞くと，後遺症が残ったことへのショックと夫に迷惑をかけることへの心苦しさを語り，遠慮からどうしても言い出せないが本当は自宅に戻りたいと打ち明けた。そこで，ＢワーカーはＡさんの許可を得て〈代弁者として〉，Ａさんの本当の気持ちを夫に伝え，在宅生活の可能性を探ってみることを提案した。夫ははじめて妻の気持ちに気づき，その思いを理解して，在宅生活にむけて一緒に計画を立てて取り組んでいくことに同意した。

　在宅生活にむけて，まずＢワーカーは〈仲介者として〉，介護保険についてＡさん夫妻に説明し申請の手続きを支援した。介護認定の結果，要介護2と判定され，Ａさんは介護サービスが利用できることになった。退院までに車椅子での生活ができるように家のなかの段差をなくし，玄関には昇降機をつけ，退院後は，Ａさんの希望で，心身の機能を維持するために，水曜日はデイサービスを利用し，月・金曜日はホームヘルプサービスで自宅での入浴ができるようにＢワーカーは〈ケアマネジャーとして〉手配をした。

　退院後，デイサービスを利用し始めて間もなく，ＡさんがＢワーカーにデイサービスの利用をやめたいと言ってきた。理由を聞くと，基本的にデイサービスには満足しているが，他の利用者からＡさんの好みにあわないプログラムに参加しようとしつこく誘われる，言語障害のせいで上手く断れず，いやな思いをしているとのことだった。そこでＢワーカーは〈コーチとして〉誘われたときの断り方を一緒に考えて断る練習の相手を務めるとともに，〈調停者として〉デイサービスの担当者にも配慮を求めた。

　Ａさんや他のクライエントからも食事の宅配サービスがあればよいとの希望を聞いていたＢワーカーは，地域ケア会議のときに，食事の宅配事業ができないか提案した。Ｂワーカーは〈社会変革者として〉，この提案が実現されるように他の参加者らと検討を続けるつもりである。Ｂワーカーは，センターに帰ると，〈管理者として〉センターの予算執行状況などを確認し，〈人材養成者として〉新人ワーカーの指導をはじめた。Ｂワーカーの仕事は続く……。

4．ソーシャルワークの今後の課題

　日本では，少子高齢化などの社会状況の変化により，福祉ニーズが多様化・

複雑化している。その中で，国は生活課題があっても住み慣れた地域で生き生きと暮らせるような「地域共生社会」の実現にむけての取り組みを行っている。その取り組みの一つに包括的な相談支援体制の構築があり，ソーシャルワーカーは，地域住民や他職種との連携や協働を行いながら，困難な状況にある個人や家族を支援するとともに，地域課題にも対応し，必要な資源を開発していくことが求められている（厚生労働省，2018）。

　これまでのソーシャルワークにおいてはミクロレベルでの実践はよく行われてきたが，メゾ・マクロレベルでの実践は，必ずしも十分に行われてこなかった。これは，制度が縦割りになっているところが大きいのであるが，今後はそのような制度の枠を超えて，包括的な支援ができるようになっていくことが期待されている。ソーシャルワーカーは専門職として，常に専門性の向上に向けて取り組まなければならないが，特にメゾ・マクロレベルでの実践に積極的に関わっていくことが必要である。

> ── 演習問題　考えてみよう・調べてみよう ──
> 　人権，社会正義，社会的結束，多様性の尊重に関わるような生活課題として，具体的にどのようなことがあるのか考えてみよう。

参考文献

厚生労働省社会保障審議会福祉部会　福祉人材確保専門委員会（2018）「ソーシャルワーク専門職である社会福祉士に求められる役割等について」。

日本ソーシャルワーク教育学校連盟（2020）「ソーシャルワーク演習のためのガイドライン」『社会福祉士養成課程の見直しを踏まえた教育内容及び教育体制等に関する調査研究事業実施報告書』（厚生労働省令和元年度生活困窮者就労準備支援事業費等補助金　社会福祉推進事業）。

藤井美和（2002）「ソーシャルワーク実習の前提となる価値・知識・技術」岡田まり・柏女霊峰・深谷美枝・藤林慶支編『ソーシャルワーク実習』有斐閣，34-70頁。

Butrym, Z. T. (1976). *The Nature of Social Work,* The Macmillan Press.（＝1986，川田誉音訳『ソーシャルワークとは何か──その本質と機能』川島書店。）

Gitterman, A. & Germain, C. B. (2008) *The Life Model of Social Work Practice 3rd ed.: Advances in Theory & Practice,* Columbia University Press.

Hepworth, D. H., Rooney, R. H., and Larsen, J. A. (2001) *Direct Social Work Practice: Theory and Skills 6th ed.,* Brooks/Cole.

Millerson, G.（1964）*The Qualifying Associations : A Study in Professionalization,* Routledge and Kegan Paul.

Sheafor, B. W., Horejsi, C. R., and Horejsi, G. A.（1999）. *Techniques and Guidelines for Social Work Practice 5ᵗʰ Ed.,* Allyn and Bacon.

さらに学ぶために

一般社団法人日本ソーシャルワーク教育学校連盟編（2021）『ソーシャルワークの基盤と専門職』中央法規出版。

一般社団法人日本ソーシャルワーク教育学校連盟編（2021）『ソーシャルワークの理論と方法』中央法規出版。

公益社団法人日本社会福祉士会 HP（https://www.jacsw.or.jp/）。

国際ソーシャルワーカー連盟（International Federation of Social Workers: IFSW）HP（https://www.ifsw.org/）。

日本ソーシャルワーク教育学校連盟 HP（http://jaswe.jp/index.html）。

日本ソーシャルワーカー連盟 HP（https://www.ifsw.org/）。

<table>
<tr><td>第 13 章</td><td>地域での暮らしを支える</td></tr>
</table>

黒田　学

本章のねらい

　私たちの暮らす地域社会は，生活の場であり，様々な社会資源からなる。社会の変化が具体的に現れる場所でもあり，様々な福祉問題が発生している。また，台風や豪雨による災害，大規模な地震が頻発する中で，防災や減災に向けた地域社会での取り組みが改めて求められている。市民社会の一人の市民・住民として，その共同性を発揮した取り組み，地域福祉の実践に参加することが求められている。

　本章では，地域福祉の理念をひもとき，その概念を説明し，地域での暮らしを支える社会福祉協議会や地域福祉計画，地域包括支援体制を取り上げ，京都府北部の与謝野町を事例にして，福祉のまちづくりについて解説する。

――― **キーワード** ―――

福祉避難所，社会福祉法，社会福祉協議会，地域福祉計画，地域包括支援体制，福祉のまちづくり

1．災害に備えた地域社会をつくる
――防災と地域福祉――

　私たちの暮らす地域社会は，生活の場であり，社会の変化が具体的に現れる場所でもあり，様々な福祉問題が発生している。また，地域社会での私たちの生活を支えるための様々な社会資源が必要であり，市民社会の一人の市民・住民として，その共同性を発揮した取り組み，地域福祉の実践に参加することが求められている。他方で，私たちの日常生活では，地域社会でのつながりや近所づきあい，共同性をあまり意識することなく過ごしがちである。

　しかしながら，このところの台風や豪雨による水害や土砂被害，大規模な地震が頻発する中で，防災や減災に向けた地域社会での取り組み，地域社会の共同が改めて求められている。特に，身体の不自由な高齢者や障害のある人など，避難に配慮が必要な人や避難そのものが難しい人にとっては，生命に関わる問題となる。2011年の東日本大震災では，NHKによると，障害者手帳を持つ人

の死亡率は，全住民の死亡率の2倍にのぼったという[2]。

　ケアの必要な人にとっては，避難所での良好な生活環境の確保や福祉避難所[3]の設置も必要となっている。避難先での心身機能の低下，疾患の発生や悪化といった避難生活での問題，さらには被災後の生活の再建には多くの課題がある。避難計画をもとに，地域社会での防災訓練や防災への取り組みが求められているところだ。したがって，防災と地域福祉は密接な関係にある。

　災害対策基本法[4]（1961年）は，東日本大震災をきっかけに，近年の災害の頻発を受けて改正が続けられている。例えば，2013年の改正法によって「避難行動要支援者名簿制度」が作られ，災害時に自力での避難が困難で支援が必要な人（避難行動要支援者）をあらかじめ自治体に登録しておくことになった[5]。視覚障害者にとっては，台風が接近しても情報を得るのが難しく，避難するかどうかの判断を躊躇することもある。発達障害のある人にとっては，災害によって強い不安感を抱くことやパニックを引き起こすこともある。24時間，ヘルパーの必要な人であれば，どのようなタイミングでヘルパーの誰が入るのかというように，避難のための具体的な準備が必要になる。災害時に自力で避難することが難しい場合に，ヘルパーや家族だけでなく，地域の人たちの協力，声を掛け合う関係を日常的につくっておく必要があるだろう。

　このように災害に備えた地域社会をつくることが，現代の地域福祉にとって重要な課題の一つになっている。

2．地域福祉の理念をひもとく

2-1．地域福祉とは

　本節では，地域社会の生活問題，社会的困難の解決に向けて，地域の暮らしを支える取り組みとしての地域福祉について考えることにしたい。

　地域福祉とは何か，という問いへの答えは実は容易なことではない。地域福祉の理念や背景にある思想に降り立ち，その歴史的展開を振り返り，地域社会の生活問題，社会問題に対する種々の取り組みを把握することが必要であり，さらに地域福祉を構成する法や制度の枠組みにも言及しなければならない。

　しかしながら，ここでは，地域福祉とは「それぞれの地域において人びとが安心して暮らせるよう，地域住民や公私の社会福祉関係者がお互いに協力して

地域社会の福祉課題の解決に取り組む考え方」(全国社会福祉協議会)[6] としてひとまず捉えておくことにしよう。また，社会福祉法(2000年，以前の名称は社会福祉事業法〔1951年〕)において，その第4条にある「地域住民，社会福祉を目的とする事業を経営する者及び社会福祉に関する活動を行う者(以下「地域住民等」という。)は，相互に協力し，福祉サービスを必要とする地域住民が地域社会を構成する一員として日常生活を営み，社会，経済，文化その他あらゆる分野の活動に参加する機会が確保されるように，地域福祉の推進に努めなければならない」という文言にも注目しておきたい。

2-2.　地域福祉の背景にある理念とは

　日本における地域福祉の理念としてよく取り上げられるのが「社会福祉協議会基本要項」(全国社会福祉協議会，1962年)[7] における「住民主体の原則」である。それは，住民が地域社会を構成する主体として捉えられ，社会福祉の単なる対象，客体としてのみ捉えられるものではないことを示している。また同要項の前文には，「社会保障制度の整備を促進し，その効果をあげるためには，国民の一人一人がこれに深い理解と関心を持ち，ひろく社会的協力によってこれを推進せんとする気運を高めることが必要」と記している。その上で社会福祉協議会は，「一定の地域社会において，住民が主体となり，社会福祉，保健衛生その他生活の改善向上に関連のある公私関係者の参加，協力を得て，地域の実情に応じ，住民の福祉を増進することを目的とする民間の自主的な組織である」とその役割を自ら定義している。

　「住民主体の原則」は，高度経済成長期における地域社会の変動，前述した産業構造の転換に伴う地域社会の崩壊という事態，新しい生活問題の発生に対して，日本独自に生み出された理念である。しかし，住民が地域社会の主体，主人公となって住民の生活向上と福祉の増進を図るという考え方は，次に見るノーマライゼーション(normalization)やインクルージョン(inclusion)という考え方，理念と共通しており，今日の地域社会における生活問題の解決や「誰一人取り残さない」社会をつくる上でのキーワードといえよう。

　ノーマライゼーションについては，第7章に詳しく記されているので参照してほしい。

　インクルージョンについては，日本語では「包摂」「包含」「包括」と訳され，

図13-1　インクルーシブ社会推進の模式図
出所：筆者作成。

　その反対語はエクスクルージョン（exclusion：「排除」「除外」「排他」）であり，もともとは障害児教育の領域で利用されてきた。

　インクルージョン（インクルーシブ教育）は，従来の障害に加え，学校から排除される（おそれのある）子どもに焦点を合わせつつ，多様なニーズをもつすべての子どもを対象とする教育のことをいう。それは，学校教育全体（カリキュラムや指導法，学級組織などの多様化）を改革すること，多様性を尊重し，子どもの特別（固有）なニーズに対応することを目的としている（荒川，2008，pp. 14-18）。インクルーシブ教育は，障害児学校（特別支援学校）の存在や特別なケア，特別な支援を否定するものではないが，すべての子どもの多様なニーズに対応した学校教育の実現，さらには子どもたちの自立と社会参加という価値を社会全体のものにしようとしている。

　インクルージョンという考え方は，今日ではソーシャル・インクルージョン（social inclusion：社会的包摂）として，教育のみならず新しい社会創造のキーワードともなっている。本章の冒頭に触れたSDGsの基調には，インクルーシブ社会（inclusive societies）の推進がある。性別や民族，社会的地位などの属性によって排除されることなく，誰もが社会の構成員としてその尊厳が認められ，ダイバーシティ（diversity：多様性）を基軸とした社会として，インクルーシブ社会の推進が目指されている。日本ではインクルーシブ社会を「共生社会」という訳されることも多い。なお，図13-1は筆者が作成したインクルーシブ社会推進の模式図であり，インクルーシブ社会という同心円が多様性を尊重して排除（エクスクルーシブ）されている人たちを包み込む過程を表している。

3．地域社会と地方分権の動向

3-1．地域社会とは──コミュニティとアソシエーション

　まず，地域社会とは何か，その定義を整理してみると，地域社会は「ある一定の地域に住む人々から成る社会」（松村編，2019）と一般に説明される。より詳細には「個人の出生あるいは居住などを契機に形成される基礎集団の一つである。一定の地理的範囲内で個人が共同性，一体性などの帰属意識を通して相互に社会関係を取り結んでいる場合，これを地域社会という」（社会福祉辞典編集委員会編，2002）と定義され，地理的範囲，基礎集団，共同性，帰属意識を基本的特性として説明されることがわかる。なお，一般に「地域」という場合には地理的範囲（範域）として理解されている。

　さらに地域社会とほぼ同義語，あるいはその英訳として使われるのがコミュニティ（community）である。コミュニティとは「多義的な概念であるが，一定の空間的範囲としての地域性と，成員の帰属意識によって支えられる共同性という要件によって構成される社会」（社会福祉辞典編集委員会編，2002）と説明される。社会学では特に，アメリカのマッキーヴァーのコミュニティ概念がよく知られており，「一定の地域の上に行われている共同生活」（見田ほか編，1988）と把握されている。

　コミュニティに対して，アソシエーション（association）という概念も地域社会を説明する上で欠かせない概念である。アソシエーションは「歴史的には，結社，協会，連合，非営利協同組織，労働組合など，自発的な集まりをさすときに使われたことば」（社会福祉辞典編集委員会編，2002）と説明され，先のマッキーヴァーによると「地縁的結合のコミュニティの対極」であり，「めざす目的によって結合した人為的団体」（見田ほか編，1988）とされている。

　また，現代における地域社会を理解する上で，資本主義経済社会の成立と商品経済の展開に伴って「伝統的社会」から「近代社会」へと大きく転換してきた点に注目しておきたい。つまり，伝統的社会は農業を軸とした農村社会であり，地縁的・血縁的関係による結びつき（紐帯）に基づいた社会のことをいう。それに対して，産業構造の高度化（農業から工業へ），資本や人口の都市への集中，農村の過疎と都市の過密の進行によって，近代社会は都市社会として，住

民の意思と行動，住民自治に基づく社会へと展開してきたといえよう。

3-2.　地域社会の変動とコミュニティ対策

　高度経済成長期（1955～1973年）の産業構造の転換に伴って，農村部から都市部へ人口が移動し，「都市の過密，農村の過疎」が顕在化した。農村部では血縁，地縁関係が強く，農作業における協働を背景に人間関係は親密で，地域社会の共同性が維持されてきた。それに対して都市部では，人口が過密であるにもかかわらず，様々な地域から集住したため人間関係は希薄であった。また都市部における核家族化，小家族化はこの時期に急速に進展し，保育所や学童保育所の不足などの新しい社会問題が生まれた。

　当時のこのような地域社会の変化に対して，国は，「コミュニティ――生活の場における人間性の回復」（国民生活審議会コミュニティ問題小委員会答申，1969年9月）を発表し，「生活の場において，市民としての自主性と責任を自覚した個人および家庭を構成主体として，地域性と各種の共通目標をもった，開放的でしかも構成員相互の信頼感のある集団を，われわれはコミュニティと呼ぶ」と記し，コミュニティ（地域社会）の再生を課題とした。その他にも，自治省行政局「コミュニティ（近隣社会）に関する対策要綱」（1971年4月），中央社会福祉審議会答申「コミュニティ形成と社会福祉」（1971年12月）などが発表された。このような地域社会と生活の変化に対して，前述したように全国社会福祉協議会は「社会福祉協議会基本要項」（1962年）を定めた。

　さらに，1980年代以降，経済の低成長期を迎えると，地方分権の動きが活発になった。地方分権は国家による中央集権主義に対して，中央の権限を地方自治体に分散させ，地方自治を高めるという本来的な意味を持つ。しかしながら，経済の低迷による財政赤字を背景に，新自由主義政策に基づくいわゆる「小さな政府」論による福祉国家の否定，福祉や教育の公的機能の縮小を図るという意味での地方分権が進められた。

3-3.　地方分権と福祉のまちづくり

　1980年代後半から1990年代以降になると，地方分権の流れは，社会福祉のあり方にも大きな影響を与え，「自治体へ委譲される福祉」へと変化した。この時期は，高齢化社会を迎え「施設ケアから在宅ケアへ」「在宅福祉三本柱（ホ

ームヘルプ・ショートステイ・デイサービス）」を特徴とする「高齢者保健福祉推進十カ年戦略」（ゴールドプラン，1989年），福祉関係八法改正（1990年）に伴って，都道府県・市町村による「老人保健福祉計画」の策定義務化が定められた。さらに，介護保険法（2000年）によって，都道府県及び市町村は介護保険事業計画の策定が義務づけられた。

　国際障害者年（1981年，テーマ「完全参加と平等」）を契機に，障害者の社会参加とバリアフリーに基づく社会形成が目指され，「ハートビル法」（1994年），「交通バリアフリー法」（2000年）が制定され（この2法は2006年に統合され「バリアフリー新法」となる），各地方自治体は「福祉のまちづくり条例」を策定するようになった。さらには阪神・淡路大震災（1995年）を契機に，ボランティア活動が隆盛し，住民主体のまちづくり運動も活発化した。また，障害者基本法（1993年）に基づいて，都道府県及び市町村には障害者計画の策定努力義務が課せられた（後の2004年には都道府県計画の策定義務化，2007年に市町村計画の策定義務化）。なお，その後の障害者自立支援法（2006年，2013年に障害者総合支援法に改称）は，都道府県及び市町村に障害福祉計画の策定を義務化した。

　しかし他方で，地域福祉は，いわゆる「公私分担論」に基づいて，住民組織やボランティアを活用し，福祉の公的責任を後退させる役割や行政補完的役割を担わされてきた。国から地方への権限委譲によって，地方自治体による積極的な地域政策を進めうる時代になったと単純に捉えることはできず，住民自治や住民参加をどのように実質化するのか，地域福祉のあり方が問われる時代にもなったといえよう。特に，社会保障制度審議会の「社会保障体制の再構築――安心して暮らせる21世紀の社会を目指して（勧告）」（1995年）が提出されて以降，社会保障の基礎構造改革による「福祉の市場化」，利用者負担の増加といった社会福祉の転換にも注目しておきたい。

　またこの時期には，国から地方への権限と財源の委譲を図る「地方分権推進法」（1995年）や「地方分権一括法」（1999年7月成立，2000年4月施行）「大規模小売店舗立地法」「改正都市計画法」「中心市街地活性化法」からなる「まちづくり三法」（1998年成立，2000年6月施行）によって地方分権の流れが加速した。しかし，この「三法」は，規制緩和による大規模小売店舗の郊外立地，出店拡大を促進し，中心市街地の空洞化や商店街の衰退（「シャッター商店街」）を招き，先述したような「買い物難民」が顕在化することとなった。

4．地域の暮らしを支える人・組織と福祉のまちづくり

4-1．社会福祉法と社会福祉協議会

さて，地域の暮らしを支える組織には様々な人や集団（民生委員・児童委員，ボランティア・NPO団体，社会福祉法人，各種福祉施設など）があるが，その中心的役割を果たしているのが社会福祉協議会（社協）といえよう。

社会福祉協議会は，社会福祉法（2000年）に基づいて，地域福祉の推進を図ることを目的とした民間組織である。都道府県社協は社会福祉法第110条に，市区町村社協は同法第109条に，全国社会福祉協議会（全社協）は同法第111条にそれぞれ規定されている。なお，市区町村社協の構成については，「その区域内における社会福祉を目的とする事業を経営する者及び社会福祉に関する活動を行う者が参加し，かつ，指定都市にあつてはその区域内における地区社会福祉協議会の過半数及び社会福祉事業又は更生保護事業を経営する者の過半数が，指定都市以外の市及び町村にあつてはその区域内における社会福祉事業又は更生保護事業を経営する者の過半数が参加するもの」と定められており，住民組織と社会福祉関係者の参加が求められている。

社会福祉協議会について，その特徴をより具体的に把握するために，ここでは市区町村社協の一つである「京都市社会福祉協議会」（京都市社協）[8]を事例に説明しておこう。

まず，京都市社協の定款には，その目的を「京都市における社会福祉事業その他の社会福祉を目的とする事業の健全な発達及び社会福祉に関する活動の活性化により，地域福祉の推進を図ること」（第1条）を定めている。第2条には，取り組む事業として，「⑴社会福祉を目的とする事業の研究，総合的企画及び実施，⑵社会福祉に関する活動への住民の参加のための援助，⑶社会福祉を目的とする事業に関する調査，普及，宣伝，連絡，調整及び助成，⑹保健医療，教育その他の社会福祉と関連する事業との連絡，⑺共同募金事業への協力，⑼京都市福祉ボランティアセンターの経営，⒁児童館並びに放課後児童健全育成事業，地域子育て支援拠点事業の経営，⒄地域包括支援センターの経営，㉓生活福祉資金貸付事業，㉔その他の生活困窮者自立支援事業」（抜粋）が規定されており，多岐にわたっていることがわかる。

　京都市社協は，その取り組むべき方向性と内容について，「京都市における社協行動指針2015」(2015年)，「京都市の社協基本構想」(2019年) を定めている。「京都市における社協行動指針2015」では，基本目標を「人に優しく，災害に強い，社協の総合力とネットワークを活かした福祉のコミュニティづくりを進めます」とし，さらに重点目標として「孤立・貧困の課題や災害支援，社会貢献の推進に積極的に取り組みます」「地域の絆づくり，新しい助け合い活動や生活支援サービスの取組みを推進します」「関係機関・団体・施設等と多様な連携・協働を進めます」としている。「京都市の社協基本構想」では，「共に生きる福祉のまち『京都』の実現」を基本目標に，住民自身が主人公として地域を創る（住民主体）こと，「地域生活課題を発見し，学び，話し合い，つながり，地域の創り手になる」ことに基づいて，地域共生社会の形成を目指している。「生きづらさ（困窮・障害・複合問題等）」への対応や「災害に強い福祉のコミュニティづくり」，SDGs の推進などを地域共生社会の視点として位置づけている。

　また同社協は，①地域活動（絆づくり）の充実，②相談支援（セーフティネット），③指定管理事業（施設受託運営）という 3 つの役割を担い，市域（市社協），区域（区社協），学区（学区社協）という 3 層の連携と，それぞれの圏域ごとの関係機関・団体の連携を図ることを目指している。なお，市社協の下には，京都市の全11行政区に対応して区社協が組織されている。

4-2. 地域共生社会を目指して——地域福祉計画と包括的支援体制

　以上のように社会福祉協議会は地域福祉の推進を図る民間組織であるが，地方自治体は行政機関として，地域福祉の推進を図るための総合的な計画を策定する必要がある。地域福祉計画は，2000年 6 月の社会福祉事業法等の改正により成立した社会福祉法に新たに規定された事項であり，市町村地域福祉計画（第107条），都道府県地域福祉支援計画（第108条）から構成されている。地域福祉計画は，各地方自治体が主体的に取り組み，地域住民の意志に基づいて策定される計画であり，地域福祉の総合的推進を図るものである。したがって，社会福祉協議会が策定する「地域福祉活動計画」と自治体による「地域福祉計画」とは別物であり，地域住民が計画策定の主体として，地域住民の生活要求に即した計画づくりを推進する点に注視してほしい。

　ここでも事例として，京都市の地域福祉計画を紹介しておきたい。京都市は
地域福祉計画に位置づけて，2019年3月，「京（みやこ）・地域福祉推進指針」
を策定した。本指針では，基本理念を「京都の地域力を活かし優しさのあふれ
る共生の文化を推進する」とし，2つの重点目標「地域における『気づき・つ
なぎ・支える』力の向上」「行政・支援関係機関等による分野横断的な支援体
制の強化」を掲げている。その上で，多様な機関・団体が連携し地域住民の参
画と協働を図ること，地域生活における様々な困難を行政として受け止め体制
を充実することを通じて，世代を超えた交流や地域のつながりの次世代への継
承，日常的なつながりを通じての災害時でも助け合える地域づくりを目指して
いる。

　また，厚生労働省は，「地域共生社会の実現」と「我が事・丸ごと」の地域
づくりをテーマに，「『我が事・丸ごと』地域共生社会実現本部決定」(2017年)
を発表し，同年，社会福祉法を改正した。そこでは，「地域共生社会」の実現
に向けて，①地域課題の解決力の強化（住民が世代や背景を超えてつながり，相互
に役割を持ち，「支え手」「受け手」という関係を超えて支え合うなど），②地域丸ごと
のつながりの強化（社会保障・産業などの領域を超えてつながり，人々の多様なニー
ズに応えるなど），③地域を基盤とする包括的支援の強化（高齢者のみならず，生
活上の困難を抱える障害者や子どもなどが地域において自立した生活を送ることができ
るよう，地域を『丸ごと』支える包括的な支援体制を構築し，切れ目のない支援を実現
する）などの方策が示された。

　ただし，このような厚生労働省の「我が事・丸ごと」地域共生社会の推進に
対しては，福祉の公的責任をさらに後退させ，安上がりな人員体制の下で，福
祉の機能や役割を地域社会に「丸投げ」するものだという批判がある。

　なお，このような地域共生社会の実現を受けて，全国社会福祉協議会は，
「地域共生社会の実現に向けた社協の事業・活動の展開に向けて」(2017年)を
発表し，小地域における住民主体の福祉活動を一層強化すること，ボランティ
ア・NPO団体，社会福祉法人・福祉施設などの地域の各種団体との協働の取
り組みを広げ，地域のつながりの再構築を図ることを通じて，誰をも排除しな
い地域社会づくりをすすめることを提起している。

4-3.　福祉のまちづくりと地域の福祉力──京都府与謝郡与謝野町を事例にして

　最後に，地域の暮らしを支える取り組みの事例として，京都府与謝野町を事例として紹介する。与謝野町は京都府北部に位置し，日本三景の一つである天橋立に近接し，高齢化と過疎化の進行する人口2万人余の自治体である。農業と高級絹織物の「丹後ちりめん」の織物業を主要産業としている。与謝野町は，2006年3月，旧加悦町・旧岩滝町・旧野田川町の3町の合併によって誕生し，「福祉のまちづくり」を掲げ，福祉行政を積極的に進めてきた。

　同町が策定した「第2期与謝野町ひと・しごと・まち創生総合戦略」（2020年）には，「2060年以降に16,000人前後で落ち着くおおむね人口維持」を目標に，縮小する社会にあっても，ここに住む人やこの地域が輝き「老若男女がイキイキする与謝野（まち）」づくりを目指すとして，次の5つの基本目標，①与謝野を愛し，多様性を認め合いながら，新しいモノやコトを創出する地域人財をつくる，②たすけあう地域ぐるみの出産・子育てを実現──子育てするならこのまちで，③持続可能な与謝野の産業をつくる──与謝野町中小企業振興基本条例を核とした地域企業の育成，④まちへの人の流れをつくる──人と仕事の魅力で，交わる，関わる，集うまち，⑤地域と地域が連携し，持続可能なまちをつくる──新しい時代の流れを力に，つながり助け合って，安心・元気な暮らしを実現を掲げている。

　与謝野町社会福祉協議会は，地域福祉の推進を図るべく，地域住民の見守り活動や「ひとり暮らしの集い」「地域の支え合い活動」に力を入れ，「誰もが住み続けたい地域で安心して暮らせる福祉社会づくり」（第3回与謝野町社会福祉大会決議，2018年10月）に取り組んでいる。

　また，与謝野町では少子高齢化に対応した取り組みだけでなく，障害福祉に古くから積極的に取り組まれてきた。障害福祉の中核を担っている「よさのうみ福祉会」は，1960年代の「与謝の海養護学校づくり」運動を源流とした京都府北部の障害者共同作業所づくり運動の中から1980年に設立された。同福祉会は，障害のある人があたりまえに働き，安心して暮らせる地域づくりを目指している。障害のある人たちの作業・活動保障としては，様々な仕事を開拓し，働きがいと高工賃（賃金）の実現を目指してきた。さらに近年では，町行政や他の社会福祉法人，地域の様々な組織との連携を強め，「リフレかやの里」（地域振興のための宿泊型「食と健康の拠点施設」）の再生（2011年）や「地域共生型福

祉施設やすらの里」の整備（2013年）に取り組んだ。また，京都の伝統野菜である九条ネギなどの生産，ジュースやジャムなどの農産加工といった「農福連携」に取り組み，地域農業の活性化にも貢献している。

　与謝野町における福祉のまちづくりは，住民が主人公となって地域を組織し，だれをも排除しない社会づくりを推進しているといえよう。さらに，真田のいう「社会福祉の原動力としての地域の福祉力」（真田，1992, p. 177）という観点に依拠すれば，与謝野町における福祉のまちづくりは，①地域福祉＝専門的対応（社会福祉施設・機関）と社会関係的対応（地域社会の共同性）の結合，②民間主導による公的資源の整備と活用（公的責任の発揮），③住民主体＝住民の組織化といった諸特徴を備えている。また「地域の福祉力」の規定因としての地域経済・地域産業のあり方（客観的な規定因），および，地域住民の意識・社会関係・集団活動（主体的な規定因）という両側面（真田，1992, pp. 179-183）から，与謝野町のまちづくりと地域福祉の取り組みを考察し，今後の展開に注目することは，地域福祉研究の対象として多くの示唆を得ることができよう。

　第1章の冒頭で触れているように「誰一人取り残さない」持続可能な社会の実現，多様性を尊重した地域共生社会の実現という目標に向けて，一人ひとりの市民・住民は，共同性を発揮し，地域福祉の実践に参加することが求められている。

> ── 演習問題　考えてみよう・調べてみよう ──
>
> 　地域社会にはどのような人々が暮らし，どのような生活問題が発生しているのか，またそれらの問題を解決し，人々を支える地域福祉の取り組みがあるのか，具体的に地域を取り上げて調べてみよう。

注
(1)　東日本大震災は，2011年3月11日14時46分頃，三陸沖の宮城県牡鹿半島の東南東130km付近で発生した地震であり，震災による人的被害は死者1万5,899人，行方不明者2,528人，負傷者6,157人に上っている（2020年9月10日，警察庁緊急災害警備本部，https://www.npa.go.jp/news/other/earthquake2011/pdf/higaijokyo.pdf，2020年10月16日アクセス）。

(2)　NHK福祉情報総合サイト「災害・誰も取り残さない」（https://www.nhk.or.jp/heart-net/topics/19/，2020年10月16日アクセス）。

(3)　福祉避難所は，災害対策基本法施行令に，主として高齢者，障害者，乳幼児その他の特に配慮を要する者（「要配慮者」）を滞在させることが想定される者に，「要配慮者の円滑な利用の確保，要配慮者が相談し，又は助言その他の支援を受けることができる体制の整備その他の要配慮者の良好な生活環境の確保に資する事項について内閣府令で定める基準に適合するものであること」（災害対策基本法施行令第20条の6第5号）と示されている。円滑な利用の確保，要配慮者への相談，助言，支援体制の整備，必要な居室を可能な限り確保することが定められている（内閣府〔防災担当〕「福祉避難所の確保・運営ガイドライン」2016年4月，http://www.bousai.go.jp/taisaku/hinanjo/pdf/1604hinanjo_hukushi_guideline.pdf，2020年10月16日アクセス）。

(4)　災害対策基本法は，1959年の伊勢湾台風を契機に，1961年に制定された。

(5)　避難行動要支援者名簿は，要介護高齢者や障害者等の情報を把握し，要介護状態区分，障害支援区分，家族の状況等を考慮して作成されるものである。市町村は避難行動要支援者本人に郵送や個別訪問などを通じて，同意が得られた場合は避難行動要支援者の名簿情報を避難支援等関係者に提供する。（内閣府政策統括官（防災担当）付「災害対策基本法の改正と今後の展開」『ノーマライゼーション　障害者の福祉』2014年3月号（https://www.dinf.ne.jp/doc/japanese/prdl/jsrd/norma/n392/n392004.html/，2020年10月16日アクセス）。

(6)　全国社会福祉協議会HP（https://www.shakyo.or.jp/，2020年8月20日アクセス）。

(7)　同前。

(8)　京都市社会福祉協議会HP（https://www.syakyo-kyoto.net/，2020年8月20日アクセス）。本文で取り上げている京都市社協の「定款」等資料は，本HPに掲載されている。

(9)　京都市「京（みやこ）・地域福祉推進指針」（https://www.city.kyoto.lg.jp/hokenfukushi/cmsfiles/contents/0000005/5371/shisinnhonnbunn.pdf，2020年10月16日アクセス）。

(10)　「『地域共生社会』の実現に向けて」（厚生労働省HP〔https://www.mhlw.go.jp/stf/seisakunitsuite/bunya/0000184346.html，2020年8月20日アクセス〕）。本文で取り上げている資料は，本HPに掲載されている。

(11)　前掲(6)。

(12)　与謝野町HP（http://www.town-yosano.jp/wwwg/normal_top.jsp，2020年8月20日アクセス）。本章で取り上げている資料は，本HPに掲載されている。

(13)　与謝野町社会福祉協議会HP（http://www.kyoshakyo.or.jp/yosano/，2020年8月20日アクセス），ここでの記述は同会発行の広報誌『よさの社協だより』（35-39号，2018-2020年）を参照している。

(14)　よさのうみ福祉会HP（http://yosanoumi-fukushikai.or.jp/，2020年8月20日アク

セス）．なお，よさのうみ福祉会は，2015年度「日本地域福祉学会地域福祉優秀実践賞」を受賞しており，その取り組みは高く評価されている。

参考文献

秋元美世ほか編（2003）『現代社会福祉辞典』有斐閣。

荒川智（2008）『インクルーシブ教育入門──すべての子どもの学習参加を保障する学校・地域づくり』クリエイツかもがわ。

黒田学・青木一博（2014）「地域に根ざした障害者福祉の取り組み──京都府与謝野町におけるよさのうみ福祉会の地域連携」『立命館大学産業社会論集』50（3），163-171頁。

黒田学・社会福祉法人よさのうみ福祉会編（2012）『福祉がつなぐ地域再生の挑戦』クリエイツかもがわ。

R・M・マッキーヴァー・中久郎／松本通晴訳（2009）『コミュニティ──社会学的研究：社会生活の性質と基本法則に関する一試論』ミネルヴァ書房。

真田是（1992）『地域福祉の原動力』かもがわ出版。

社会福祉辞典編集委員会編（2002）『社会福祉辞典』大月書店。

ニィリエ，ベンクト／河東田博ほか訳（2000）『ノーマライゼーションの原理──普遍化と社会変革を求めて　増補改訂版』現代書館。

花村春樹（1998）『「ノーマリゼーションの父」N・E・バンク‐ミケルセン──その生涯と思想　増補改訂版』ミネルヴァ書房。

松村明編（2019）『大辞林　第四版』三省堂。

見田宗介ほか編（1988）『社会学事典』弘文堂。　ほか

さらに学ぶために

黒田学・渡邉武ほか編（2009）『障害のある子ども・家族とコミュニティケア』クリエイツかもがわ。

鈴木俊博・横石知二（2013）『いろどり社会が日本を変える』ポプラ社。

野村実（2019）『クルマ社会の地域公共交通──多様なアクターの参画によるモビリティ確保の方策』晃洋書房。

村上稔（2020）『買い物難民対策で田舎を残す』岩波ブックレット。

第14章

NPO と日本社会
──「個人の問題」から「社会の問題」へ

秋葉　武

本章のねらい

　NPO は社会に先駆けて危機を知らせる「炭鉱のカナリア」[1]のような存在だ。本章では NPO の政府，企業との違いや特徴をまず述べる。そして外部からはイメージしにくい実際の NPO のマネジメント（経営）を架空の NPO「子どもの未来を支える会」をケースに追体験してもらう。

　続いて NPO が日本に定着していく過程，NPO の歴史をみていく。1998年に悲願ともいえた特定非営利活動促進法（NPO 法）が成立した後，NPO は社会的役割を増している。格差や貧困といった社会的課題が可視化される中，NPO は現場の活動だけでなくアドボカシーを行い，法律の策定に NPO が関与する「市民立法」も増え始めている。

── キーワード ──

NPO，法人制度，マネジメント，資源，アドボカシー

1．NPO とは何だろうか
──組織の特徴と法人制度──

　メディアではしばしば NPO の活動に関する報道がなされている。本章では，社会を構成する 3 大組織，つまり「政府」「企業」「NPO」のうち NPO を取り上げる。NPO は社会にとって「炭鉱のカナリア」，つまり社会に何らかの危機が迫っていることを知らせてくれる前兆のような存在だ。

　日本で1997年に介護保険法が成立，2000年から施行された。介護保険サービスを現在，450万人以上の高齢者が利用し，社会にすっかり定着した。しかし，この制度が始まる15年以上前から大都市を中心に，自らの介護不安や老後不安を直接のきっかけとして（安立，1998，p. 61），専業主婦を中心とした地域住民が自主的に NPO を作り，それは全国に広がっていた。彼女たちは地域で生活上の支援を必要とする人に，会員制，低額料金で在宅福祉サービスを提供していくという新しいタイプの活動を行っていた。当時，親の介護は私的な家庭の

問題とされる中，「炭鉱のカナリア」である彼女たちは活動を通して，介護を「個人の問題」から「社会の問題」に変え，介護保険法が成立する原動力となった。

　日本ではかつてあまり馴染みのなかったNPOという存在が，現在どのような役割を果たしているのかを本章ではみていく。

1-1.　NPOの概要と特徴

　NPOはNon-Profit Organizationの略称であり，直訳すれば「非営利組織」だ。また国際的にはNPOだけでなくNGO（Non-governmental Organization），直訳すれば「非政府組織」という呼称もよく使われている。NPO，NGOというどちらの呼称を使ってもよいが，民間非営利組織であり，市民によって運営されるNPO・NGOは，世界中のほとんどの国に存在し，福祉，環境，教育，平和，人権，まちづくり等多様な分野で活動している。福祉分野でいえば，高齢者，障害者といった生活困窮者の自立，マイノリティや女性，子どもの地位向上にNPO・NGOは政府に先駆けて取り組み，大きな役割を果たしてきた。国際的にはノーベル平和賞の「常連」でもあり，人権擁護活動に取り組むアムネスティ・インターナショナル（1977年受賞），国境なき医師団（1999年受賞）をはじめ，様々なNPOが賞を受賞している。

　また近年，国際社会ではNPOやNGOに代わり，CSO（Civil Society Organization），つまり市民社会組織という用語も使われ始めている（雨森，2020，p. 6）。

　NPOの定義については，NPO研究の第一人者ともいえるアメリカの政治学者レスター・サラモンの定義が一般的で，①利益の非分配（not profit distributing），②非政府（nongovernmental），③公式（formal），④自己統治（self-governing），⑤自発的（voluntary），を要素に挙げている（Salamon & Anheier, 1994 = 1996）。

1-2.　福祉NPOの法人制度

　ビジネスを行うには，個人事業主でも可能だ。しかし，本格的にビジネスを行うためには，会社法に基づき，株式会社といった法人が必要となる。

　非営利の活動も同様に，サークルのような任意団体でも可能だ。しかし，本格的に活動するなら法人が必要となる。非営利の法人は実は様々な種類があるが，代表的な法人が1998年に施行された特定非営利活動促進法（NPO法）に基

づく特定非営利活動法人（NPO法人）で，現在約5万1,000の法人が認証を受けている（内閣府NPO HP〔https://www.npo-homepage.go.jp/，2020年8月31日アクセス〕）。

　2011年からはNPO法人のうち，市民からの寄付者数の多い等の団体に対して寄付金控除といった税制上の優遇が拡充され，認証されたNPO法人のうち約2％が「認定特定非営利活動法人（認定NPO法人）」になっている。

　NPO法人以外に，2008年から施行されたいわゆる公益法人制度改革関連3法に基づく一般社団法人，一般財団法人と公益社団法人，公益財団法人があり，順に約60,000，約7,500，約4,000，約6,000の団体がある（国税庁法人番号公表HP〔https://www.houjin-bangou.nta.go.jp/，2020年8月31日アクセス〕）[2]。一般社団法人，一般財団法人になるのはNPO法人よりずっと簡単だ。一方，一般社団法人・一般財団法人の中で，特に公益性の高い法人は公益社団法人・公益財団法人として認められ，税制上の優遇がある。

　また社会福祉分野の非営利の法人として，社会福祉法人と更生保護法人がある。社会福祉法人は社会福祉法に基づく法人で，約2万の法人がある。特別養護老人ホーム，児童養護施設，障害者支援施設，保育所といった福祉施設を経営している法人が多い。また各自治体の社会福祉協議会もこの法人だ。社会福祉法人は税制上の優遇や行政からの多額の補助金などがある一方，行政による監督は厳しい。NPO法人に比べて行政から遙かに優遇されているものの，自由な活動を望む多くの団体は社会福祉法人になることを望まずNPO法人を選ぶのが一般的だ。

　また更生保護事業法（1996年施行）に基づく更生保護法人は，刑務所の出所者や少年院を出た人で行き場や帰る場所のない人を，宿泊所の提供等で保護する施設だ。全国で164の法人がある（更正保護ネットワークHP〔https://www.kouseihogo-net.jp/hogohoujin/about.html，2020年8月31日アクセス〕）。

　2008年までNPOは，まず任意団体で活動し，その後10名以上の会員を必要とするNPO法人になるケースが多かった。しかし，前述した一般社団法人は，法人化が極めて簡単で，2名以上で法人化できる。そのため，NPO法人ではなく一般社団法人になるNPOも増加した。こうした背景もあり，NPO法人数は2014年度に5万を超えた後，頭打ちになっている。

　なお，各法人制度にはそれぞれ短所，長所があるので，NPOが法人を「使

い分ける」事例もある。例えば，高齢者福祉に取り組むNPO法人が，施設経営に適し，税制上の優遇もある社会福祉法人を別途設立し，デイサービス施設を運営する等だ。

2．NPOのマネジメントと資源
——架空のNPO法人「子どもの未来を支える会」を事例にして——

NPOが継続的に活動する，つまりNPOを経営するためには，政府，企業と同じようにヒト，モノ，カネといった「資源」が必要になる。企業を例にとってみよう。自動車メーカーならば，クルマを企画，生産，販売するための社員（ヒト），生産に必要な原材料や工場（モノ），原材料の購入資金や社員に支払う給料（カネ）といった資源があって初めて企業を経営することができる。NPOも人材，資金，オフィス，情報等の資源が必要となる。

なお日本のNPOの規模は総じて小さい。福祉分野のNPOも同様で，年間予算10億円以上，有給職員100名以上の大規模NPOもあるがごく一部だ。大部分のNPOは年間予算1億円未満の小規模（1,000万円未満），中規模（1,000万円以上1億円未満）で，有給職員が1ケタ台の組織が目立つ。また年間予算が数百万円程度のNPOも多く，これら組織は有給職員はおらず，ボランティアだけで運営されるのが一般的だ（雨森，2020，pp. 127-128）。それでも，以前より大規模化するNPOが目立つようになり，NPO業界では資源をどうマネジメントするかに関心が集まっている。

本節では架空のNPO，NPO法人「子どもの未来を支える会」（以下，支える会）を題材にして（表14-1・2），NPOの代表的な資源である人材，資金をみておこう。支える会は，京都市で地域の経済的困難にある子どもを支援しており，子どもの集まることのできるフリースペース（居場所）を運営し，フリースペースでは子どもに勉強を教えるといった学習支援等も行っている。

2-1. NPO の人材

NPOは多様な人材で構成されるのが特徴だ。中規模NPO[3]である支える会は有給職員，役員，ボランティア等の人材で構成されている。

支える会は現在事務局長を務める佐藤夏生（当時30代後半の流通企業に勤める会社員）が2009年6月，地元の京都市で周囲の協力者と共にボランティアで活

表14-1　NPO法人「子どもの未来を支える会」の組織概要

団体名：NPO法人子どもの未来を支える会
設立：2009年6月　NPO法人の認証：2010年9月
会員：正会員100名　賛助会員200名　法人会員20社
有給職員：常勤2名　非常勤3名
役員（理事5名・監事2名）
一般ボランティア　20名
事業収入：約30,000,000円（内訳：会費10%　寄付金10%　補助金・助成金10%
　　　　　　自主事業収入10%　委託事業収入60%）
活動エリア：京都府京都市ほか

活動概要
①　子どもの居場所運営事業（生活支援，学習支援ほか）
②　親への支援事業（ワークショップ運営）
③　地域との連携事業（子どもフェスティバル（毎年7月）の開催），小学校の放
　課後学習支援の委託事業　他
④　講師派遣事業　学習塾主催のキャンプへの職員派遣，子どもの貧困に関する各
　地での講演など

出所：筆者作成。

表14-2　NPO法人「子どもの未来を支える会」の役員一覧

理事長：　田中春子（A大学社会福祉学部教授）
理事：　　佐藤夏生（NPO法人子どもの未来を支える会事務局長）
理事：　　鈴木秋穂（B新聞記者）
理事：　　高橋冬彦（株式会社C代表取締役社長）
理事：　　伊藤一子（D病院看護師）
監事：　　渡辺次郎（弁護士）
監事：　　山本三美（税理士）

出所：筆者作成。

動を始めたことに端を発する。前年の2008年にリーマン・ショックがあって景気や雇用情勢が悪化したこともあり，佐藤の地元でも困窮とみられる子どもが増えつつあった。佐藤は家庭の事情で孤独を感じやすい子どもが増えているということを聞き，子どもが自宅以外で集まれるような居場所が必要なのではと思い，週2回公共施設を借りて，子どものフリースペースを始めた。当初数名だった子どもの利用者が次第に増加し，20名以上となった。また子どもの親からも，もっと子どもを通わせたいという要望があった。新たに助成金を獲得できたことから，思い切って支える会の事務所を探すことにした。

　地元の口コミで理解のある大家さんを紹介してもらい，古い一軒家を格安で借りることができた。一軒家をフリースペースとして子どもに開放し，週2回

のオープンを週 5 回とした。また活動が本格化したため，これを機に NPO 法人化（2010年 9 月）した。NPO の役員（理事・監事）は活動を通じて知り合った関係者に就任してもらった（後述）。

　また支える会は NPO 法人になってからしばらくして，京都市が小学校で行う学童保育の委託を受けることになった。支える会の活動規模が拡大し，ボランティアだけではとうてい活動できないので，佐藤は会社を退職し，支える会初の有給の専従職員となった。

　その後，夕方の TV ニュースで支える会の活動が取り上げられたこともあり，支える会でボランティアをしたいという大学生や専業主婦が新たに活動に加わってくれた。現在，年間事業高3,000万円程度の中規模 NPO だ。支える会の人材をそれぞれみておこう。

2-1-1. 有給職員

　支える会の有給職員は常勤職員 2 名，非常勤職員 2 名だ（表14- 1）。常勤職員は民間企業の正社員，非常勤職員は民間企業の契約社員やアルバイトに相当する。日本で民間企業，行政の公務員は新卒採用が一般的だが，NPO は民間企業からの転職といった中途採用者が多い。給与水準は民間企業，行政に比べて相対的に低い。

　NPO 業界は企業や行政に比べて，雇用流動性が高い。理由は前述したように，有給職員の給与水準が低いこともあるし，仕事に精神的充足を求める自己実現志向の人材が多いということもあろう。また NPO 業界は，（終身雇用制度が現在も根強い）日本の産業界とは異なり，多様なキャリアモデルがある。同じ NPO 業界，他の NPO に転職するケースも少なくない。また若手時代は NPO に勤務し，経験を糧にして学者や政治家に転身するケースもある。[4]

　NPO が日本社会に定着してきたこともあって，民間企業から NPO に転職するケースも増えている。例えば支える会は今後活動を拡大するため，クラウドファンディングといった寄付金集めを強化するようになった。そのため，転職サイトで「ファンドレイザー（fundraiser）」，つまり寄付金集めを中心に資金調達を担当する若手の常勤職員 1 名の募集を行った。10名以上の応募者の中から，大阪市の中堅 IT 企業でネット広告の営業（顧客の情報管理や広告企画・提案等）を担当し，NPO でのボランティア経験もある27歳の男性（ 4 年前に私立大学の社会学部卒）を中途採用した。

2-1-2. 理　事

　NPOのマネジメントを担う役員（理事・監事）は多様な人材で構成されるのが望ましい（表14-2）。支える会の有給の常勤職員である佐藤は理事も兼務している。しかし，他の理事は理事長も含め，全員が組織外の人材で無給のボランティアとして役員を務めている。なおNPO法で役員報酬を受けられるのが役員総数の3分の1以下と定められている。民間企業で役員の大部分を社外取締役（社外役員）が占めるということは考えられず，NPOと企業の違いをここからみることができる。

　また理事にはその分野に精通した学者や実務家，社会貢献意識の高い地元の中小企業経営者などが含まれることが目立つ。監事は理事の業務執行をチェックすることが求められるため，税理士等の専門家が務めることが目立つ。

2-1-3. ボランティア

　NPOには有給職員，役員以外に無給で活動する一般にボランティアがおり，この点も民間企業と大きく異なる。支える会では特に大学生がボランティアとして活躍しており，子どもたちに勉強を教えたり，イベントの手伝いをしてくれたり貴重な人材になっている。

　ボランティアは定年退職者や大学生，専業主婦等多様な人材で構成される。また東日本大震災（2011年）をきっかけに一部の企業は社員のボランティア活動を支援する動きが広まったこともあり，NPOでボランティアをする会社員も増えたといわれる。

　なお，支える会がかつてそうだったように設立当初や小規模な団体は，有給職員がおらず，ボランティアだけで運営されているNPO法人も少なくない。

2-2. NPO の資金

　企業ならば企業活動に伴う「売上高」，そして行政ならば所得税，法人税，消費税といった「税金」が収入の中心となる。しかし，NPOの収入は会費，寄付金，助成金・補助金，委託事業収入，自主事業収入等，複雑で多様だ。民間企業の収入に会費，寄付金は一般になく，企業の財源構成はNPOに比べて単純明快といえる。税金収入主体の政府も同様だ。

　支える会は発足当初，佐藤と仲間たちが地元の知人や中小企業からカンパや一口5,000円の協賛金といった寄付金を集めて細々と活動していた。活動を拡

大したいと，地元の市民活動支援センターに相談したところ，助成金への応募を勧められた。社会福祉活動の助成募集が比較的あったので，申請用紙を書いて何件か応募したが，不採択だった。半年後の2010年に大手保険会社の設立した助成財団の社会福祉活動助成に応募し，「子どもたちの夏休みのサマーキャンプ開催」をテーマに50万円の助成金を受けることができた。これをきっかけに事務所を借り，NPO法人化した。その後，多様な財源を集めながら運営してきた。それでは財源をそれぞれみておこう。

2-2-1. 会　費

企業（株式会社）の構成員が株主なのに対して，NPO法人の構成員は会員（法律上は「社員」という）だ。NPO法人の会員になるには年会費を支払うケースが多い。

支える会は正会員の年会費1万円，賛助会員5,000円，法人会員5万円に設定しており，合計で年間300万円の会費収入がある。会員には定期的なニュースレターやメルマガを送り，情報提供を行っている。また企業（株式会社）では株主だけが総会で議決権があるのと同様に，NPO法人では個人の正会員だけが総会で議決権を持つ。つまり意思決定に参加できることになる。株式会社は1株1票だが，民主的なNPO法人は1人1票となる。

会費は助成金・補助金と比べて1件当たりの金額は小額だが，比較的安定的な財源で翌年度に半減するといったリスクは少ない。

また会費収入，会員数が増えるということは，自らの組織の活動への理解者が増えるという意味もある。例えば，支える会では活動に参加してくれたボランティアが賛助会員になるケースが少なくない。大学生ボランティアは卒業後，社会人になると正会員として支える会を支援してくれるケースもある。

2-2-2. 寄 付 金

寄付金もNPOの収入源で，NPO業界でますます関心が高まっている。10年程前まで日本のNPOの寄付金は郵便振込用紙を使った振込や街頭募金で集められるケースが少なくなかった。しかしIT化が進んで，小口のクレジットカード決済が容易になったり，SNSやクラウドファンディングが登場したことで，ネット上で寄付を集めるケースが大きく増加した。

寄付金収入はNPOが活動する分野によって集まりやすさに差があるといわれる。日本では災害救援や子ども分野は寄付金が集まりやすい。一方，（マイ

ノリティの）人権の擁護といった分野は寄付金が集まりにくい。

　とはいえ，日本で寄付金集めはコストをかければそれ以上の寄付金が集まるとされ，300万円のコストをかけて寄付金集めをすれば，1,000万円の寄付金が集まるケースもある。日本国内では海外で設立された「外資系」のNPO・NGOが先駆的に寄付集めに取り組んできた。開発途上国で国際協力活動を行う認定NPO法人国境なき医師団日本（MSF日本）[5]，NPO法人ワールド・ビジョン・ジャパン，公益財団法人プラン・インターナショナル・ジャパンなどは早くからファンドレイザーの雇用や育成に取り組んできた。例えば，MSF日本は年間113億円もの収入がある日本で最大手のNPOだが，収入の90％以上を個人寄付金で集めている（2019年度）。駅や商店街での街頭キャンペーン等を通して，自団体の取り組む世界各地の医療・人道援助活動を通行人に紹介し，「毎月の寄付」に参加を呼びかけるといった地道な活動をしており，寄付集めに年間15億円以上のコストをかけている。

　支える会は収入の10％を占める寄付金を今後大きく増やしたいと考えているので，本節1で触れたようにファンドレイザーを常勤で採用し，SNSを活用して団体の広報を行うとともに，クラウドファンディングを積極的に展開したいと考えている。

2-2-3. 助成金・補助金

　助成金・補助金もNPOの貴重な収入源だ。助成金の提供者は一般に助成財団あるいは企業だ[6]。日本財団，三菱財団，トヨタ財団等の助成財団は，公益のために提供された財産を管理・運営する法人で，これら財団自身もNPOだ[7]。一方，企業も社会貢献活動の一環でNPOに助成金を提供する事例が増えている[8]。NPOへの助成では，社会福祉分野，環境保全分野の募集が比較的多いといわれる。

　補助金は一般に行政が拠出するものをいう。助成金・補助金は1件当たりの金額が大きいので，寄付金集めほどコストがかからない。しかし，使途が限定されており，また活動する以上，（事務作業といった）一定の間接経費が発生するが，助成金には間接経費をわずかしか含めることができないケースが多い。そのため，せっかく助成金を得てもNPO法人が「持ち出し」で活動する場合もあり，「助成金貧乏」という業界用語があるほどだ（雨森，2020，pp. 138-139）。

　支える会は前述したように2010年に子どものサマーキャンプ開催のため50万

円の助成金を得たが，アクシデントの発生でスタッフがサマーキャンプの前後
に現地に何度も出張する等で，交通費が追加で15万円以上かかってしまった。
助成金の使途を変更できないので，支える会の「持ち出し」となってしまった。
「助成金貧乏」となってしまった支える会だが，助成金を受けた実績はその後
の地域での信頼にもつながり，結果的に寄付金の増加につながった。

2-2-4. 委託事業収入

多くのNPOが事業を行って収入を得ており，事業には委託事業と自主事業
がある。委託事業は行政等から業務を請け負うことだ。例えば，行政が公共施
設の管理運営をNPOや企業に「指定管理者制度」(2003年スタート) といった
制度で委託することがある。具体的には，市の体育館の管理をスポーツ分野の
NPOが管理するといったものだ。福祉分野でも，高齢者施設の管理運営を，
高齢者支援のNPOが担うといったことがある。

支える会も市から委託を受けて，地元の小学校で放課後の学習支援事業を
2018年度から始め，子どもたちに勉強を教える等の活動をしている。この事業
は支える会に年間1,800万円の収入をもたらす最大の事業で，この事業がある
から有給職員を増やせたのも事実だ。とはいえ，この事業の人件費は安く算出
されている。またこの事業は3年という期間があり，2021年度に支える会が再
び委託を受けられる保障はないし，委託金額が現在より下がるリスクがある。
佐藤は委託事業収入の比率を下げなければならないと考えている。

2-2-5. 自主事業収入

自主事業は市場での事業，いわゆる通常のビジネスだ。例えば，過疎地でま
ちおこしをするまちづくり分野のNPOが地元で特産品を開発して，ネットショ
ップで通信販売をするというケースだ。自主事業が成功して収益を上げられ
れば，委託事業収入に頼るよりも有給職員に高い給料を払えるかもしれない。
また自ら市場で稼いだ資金なので，助成金・補助金や委託事業収入のように使
途を限定される訳でもない。ただし民間企業との競争もある。

支える会は自主事業として，2015年から大手学習塾の主催するキャンプの企
画開発（プログラム作りや講師派遣等）をしている。塾業界は競争が激しく，他
の塾との差別化が迫られる中，この学習塾は生徒の参加する勉強以外のプログ
ラムを取り入れた宿泊キャンプを行おうとしていた。塾の幹部が偶然，テレビ
で支える会の活動，つまり勉強以外のゲーム，ワークショップといった様々な

プログラムを実施しているのを見て，支える会の佐藤らに宿泊キャンプを手伝ってほしいと依頼してきたのだ。それ以来，春，夏に実施されるキャンプのプログラム開発を手伝ってきた。

　学習塾は支える会の専門性を認めてくれ，年間200万円と委託事業よりずっと単価の高い費用を支払ってくれるため，支える会にとって貴重な収益になっている。また佐藤らは当初，学習塾の生徒が支える会に通う子どもと家庭環境があまりに違うため，自分たちのノウハウが役立つか心配していた。しかし，宿泊キャンプでそれは有効であり，逆に学習塾の生徒から様々なフィードバックをもらうことができた。支える会の本来の活動にも生かすことができたのである。

　佐藤らは自主事業をさらに拡大し，キャンプの企画開発のノウハウを，地元の企業の社員研修にも生かせないかと構想している。また「子どもの貧困」への関心の高まりがあってから，佐藤への講師の依頼が増えており，毎月講演をするようになった。講師派遣料（1回3万円以上）も貴重な自主事業収入になるので，講演をさらに増やしたいと考えている。

2-3.　NPO のマネジメントと組織基盤強化

　これまで本節では，人材，資金という資源を中心にみてきたが，NPO のマネジメントは企業に比べてより難しいとされる。民間企業なら社員のモチベーションを上げるためには金銭的報酬が重要になるが，NPO にそれが当てはまるといえない。理事を含めた多くの無償のボランティアがいるからだ。また NPO は有給職員に対しても，組織の財務状況を考えると，企業に比べて高い報酬を払うことはできない。NPO で働く有給職員は一般に，現場志向，例えば子どもと直接接するといった現場で活動することを望んで入職しており，バックヤードやマネジメント業務を必ずしも好む訳ではない。

　こうした中2010年代以降，NPO もリーダーの世代交代等をきっかけにしてマネジメントを強化，組織基盤強化（Capacity Building）に取り組む事例が出てきた。特に，①外部のコンサルタントの活用，②組織診断によって自らの組織の課題を客観的にみつめ，基盤強化に取り組んでいる。組織診断は人間の健康診断に相当すると考えてよい。組織診断の一例では「NPO マネジメント診断シート」を活用して，組織の①マネジメント能力，②人材，③財務管理，④プ

ログラム，⑤プログラム（事業），⑥事業開発・計画・マーケティングについて NPO の関係者が質問に回答し，評価を行う。診断シートの質問項目は，組織の明文化・可視化されたハード面（構造，制度，業務手順等）だけでなく，人や関係性といった明文化・可視化されていないソフト面（人の意識，モチベーション，コミュニケーション方法，リーダーシップ，組織風土等）が含まれる。組織診断を通して，NPO が組織の課題を客観視し，マネジメントの強化，具体的にはそれまで存在しなかった中期計画の策定やスタッフ間のコミュニケーションの促進といった成果を挙げ，活動を拡大するといった成果を挙げている。[9]

　支える会もある助成金を受けて，組織診断と組織基盤強化に取り組んだ。理事や有給職員，ボランティアのリーダーら15名が診断シートに回答した。回答結果から，団体のミッション（使命）が曖昧で，回答者に浸透していないこと，理事と有給職員で十分にコミュニケーションがとれていないことが明らかになった。この回答結果をもとに支える会では，有給職員と理事 3 名で，「組織基盤強化チーム」を作り，毎月集まって，ミッションの作成や初の中期計画の作成に取り組んだ。ミッションを「京都で暮らす子どもが誰でも健やかで暮らせる地域をつくる」と決め，中期計画ではミッションの実現のために寄付金の拡大に本格的に取り組むこととし，新たに若手職員も採用した。

　佐藤らは普段，活動の現場に追われる NPO だからこそ，組織を客観的に見つめ直す機会が必要で，他の NPO も組織診断や組織基盤強化に取り組んでほしいと考えている。

3．「失われた30年」における日本の NPO

　日本はバブル経済が崩壊した1990年代初頭から現在まで経済低迷が続き，「失われた30年」とも呼ばれる。失われた30年は日本で NPO が台頭する背景ともなった。

3-1．1990年代——バブル崩壊，阪神・淡路大震災と NPO 法の誕生

　1990年代は日本社会が大きく変わっていく時代だった。1995年には阪神・淡路大震災，オウム真理教事件が起きた。1998年には大手金融機関の破綻等によって景気はさらに悪化し，同年自殺者数は 3 万人を超えた。こうした中，国民

は「一億総中流」といった意識を持たなくなり，「階級社会」といった言葉がメディアに登場しはじめた（橋本，2020，p. 111）。一方，政治も大きく流動化する。非自民党政権が誕生（1993年）し，さらに選挙制度改革（1994年）によって法律の策定過程にNPOが関わる余地が増えた。いわゆる「市民立法」（勝田，2017）が生まれていくことになる。

　NPO関係者が日本でNPOの活動しやすい制度，法律を作ろうと動き出し，全国各地にNPOを支援するNPO，中間支援NPOが生まれつつあった。法人制度に関して，1994年「シーズ・市民活動を支える市民の会」が発足した。事務局長の松原明らは法案成立に向けて国会議員や省庁に積極的なロビー活動を展開した。

　こうした中，阪神・淡路大震災時にボランティアが大きく活躍した。被災地では行政の対応が後手に回る一方，「被災地の人々を応援する市民の会」といったNPOが民間らしい活動を展開した。このことはメディアや，国会議員，省庁の市民活動に対する意識に変化をもたらし，「ボランティア元年」とも呼ばれた。

　このような社会の意識変化，そしてシーズのロビー活動の成果もあって，1998年特定非営利活動促進法，通称NPO法は市民立法として成立し，これ以降NPO法人が続々と誕生していくことになる。NPO法が画期的だったのは，非営利団体の法人設立が「自由化」されたことだ。日本では従来，非営利団体の「公益性」を政府が判断して「認可」していたため，「官製NPO」が数多く生まれた。NPO法人は情報公開をして公益性を政府ではなく社会に判断してもらう。

　また阪神・淡路大震災の被災者支援に関わるNPO，消費者生協のコープこうべ，自身も被災者の小田実氏といった関係者のロビー活動，署名活動等によって1998年市民立法として被災者生活再建支援法が成立した。これにより義援金頼みだった被災者の生活再建を政府の公的資金で支援する仕組みができた（阿部ほか，2019，p. 10）。

3-2.　2000年代〜現在──格差社会，貧困とNPO・アドボカシーの増加

　2000年代前半，政府は「自己責任」に基づく新自由主義政策を進めた。当初政策を支持した国民やメディアは，2000年代半ば頃から逆に政策の大きな痛み，

格差拡大への関心を高め，非正規雇用の増加，勝ち組・負け組，ネットカフェ難民，ワーキングプア，地方の衰退，女性の貧困といった用語がメディアで取り上げられるようになった。2006年，「格差社会」は新語・流行語大賞にノミネートされた（橋本，2020）。「炭鉱のカナリア」であるNPOは，「自己責任」という言葉に抗うように生活困窮者の支援活動や市民立法の策定への関与を通して，格差や貧困を社会に可視化する役割を担っていくことになった。また非自民党政権である民主党政権（2009～2012年）の下では「新しい公共」という理念が掲げられ，政策にNPO関係者が深く関わった。このことは彼らが政治の意思決定過程を学習する機会にもなった。一方，福祉NPOのマネジメントという点では，人材もかつての若者や専業主婦中心からより多様化し，就職先の一つとして定着しつつある。

　高齢者福祉分野では高齢社会に対応した高齢者介護の制度化，つまり介護保険法（1997年成立，2000年施行）が始まった。従来行政機関，社会福祉法人といった準行政機関に限られていたサービス事業者が民間に開放され，介護系グループはNPO法人となり，介護保険のもとで訪問介護やショートステイを担うようになった。介護保険制度以前は，有償ボランティアとして低額料金で行ってきたサービスに数倍の介護報酬がつくようになり，これらNPO法人は受託事業収入が急増した。新たな収入を得たNPOは常勤職員の雇用等で労働条件の改善，研修の充実等を通じて，組織基盤を強化した。また介護保険が適用されるサービスは利用者の生活上のニーズの一部分に過ぎないので，一部のNPOは，介護保険サービスで得た収益を活用して，保険枠外の様々なサービスを行い，「NPOらしさ」を発揮する。特に，グループホーム，デイサービス施設を自ら建設して，保険制度では対応できないサービスを住民に提供しはじめた。

　また障害者福祉政策も一定の拡大に伴い，高齢者分野同様福祉サービスが民間に開放され，2003年に支援費制度（現・障害者総合支援法）が始まり，様々なNPO法人が障害者福祉サービスに参入するようになった。

　加えて高齢者，障害者，児童といった伝統的な社会福祉だけではなく，NPOは違った角度から新しい社会的課題を提示するようになった。2000年代になっても自殺者数は3万人を上回り，自殺で親を亡くした「自殺遺児」も増加していたが，自殺は「個人の問題」とする社会風潮だった。こうした中

NPO法人自殺対策支援センターライフリンクが設立（2004年）された。同団体は国会に自殺対策の重要性を理解してもらおうと「自殺対策の法制化を求める3万人署名」を展開した。署名を呼びかけた1カ月半で10万人以上の署名が集まり，1,000通以上の手紙が寄せられた。それまでかき消されていた「声なき声」を同団体は拾い上げた（清水，2017，pp.53-54）。そして大阪ボランティア協会で交通遺児運動のボランティア活動等を経て国会議員となり，自殺遺児に関心を寄せる山本孝史とともに法制化に取り組み，2006年市民立法として自殺対策基本法は成立した。法律制定により，自殺は「個人の問題」から「社会の問題」となり，自治体による自殺対策の取り組みや調査研究といった総合的な自殺対策が行われるようになった（清水，2017）。対策の成果は徐々に表れ，2012年には3万人を下回り，以後自殺者数は下がり続けてきた。

　自殺対策基本法以外の市民立法として児童虐待防止法の制定（2000年），その後の法改正でもNPOが一定の役割を果たしてきた。各地の子ども系NPOが「児童虐待防止全国ネットワーク」を作り，政府やメディアへのアドボカシー等を行ってきた（阿部ほか，2019）。発達障害者支援法の制定（2004年）でもNPOの役割は大きい（勝田，2017）。

　また2000年代はホームレス，非正規労働者，女性に関する「貧困」がNPOによって社会に少しずつ可視化されていく時代でもあった（湯浅，2017）。ホームレス状態の人が連帯保証人をみつけられず，アパートに入居できないという問題に直面する中，湯浅誠らによって連帯保証人を引き受けるという入居支援をきっかけにNPO法人自立センターもやい（2001年設立）が始まった。また新しい仕組みとして，NPO活動に長く関わってきた佐野章が立ち上げた有限会社ビッグイシュー日本（2003年設立）がある。ホームレス自身が雑誌『ビッグイシュー』を路上販売するという働く場を提供し，ホームレスの就労，生活の自立を支援する。NPO法人や民間企業が社会的なビジネスを行うという点で，これら組織は社会的企業とも呼ばれた。

　2008年秋のリーマン・ショックの影響で「派遣切り」が起き，生活困窮者が溢れる中，湯浅らはいくつかのNPOや労働組合に呼びかけて同年末から正月に東京の日比谷公園で「年越し派遣村」を開設し，生活困窮者の支援活動を行った。年越し派遣村はメディアでも大きく取り上げられ，国民の関心を高めた。

　2000年代後半以降，貧困の中でも「子どもの貧困」に取り組むNPOが全国

各地に増え始めた。特に「こども食堂」と「無料学習塾」という形式が多い（湯浅, 2017）。こうしたなか, 子どもの貧困を「個人の問題」から「社会の問題」にするため法制化の動きが出てくる。あしなが育英会の小学生による必要性の訴えや, 2010年に全国のNPOによって結成された「なくそう！　子どもの貧困」全国ネットワークの積極的な働きかけで, 2013年子どもの貧困対策法が成立した。その後, 彼らは子どもの貧困に本格的な調査研究やアドボカシーを行うNPOとして2015年「あすのば」（現・公益財団法人）を設立した（阿部ほか, 2019）。

　2018年から貧困等の課題に取り組むNPO等を資金面で支援する休眠預金制度が始まり, 政府からの期待も高まっている。

　本章でみてきたように, NPOは私的な「個人の問題」として考えられていたことを, 実践的な活動やアドボカシーを通して, 「社会の問題」に捉えなおす働きかけを行ってきた。NPOが取り組む社会的課題は多様であり, 必要性は今後も変わらないといえよう。

── 演習問題　考えてみよう・調べてみよう ──

　あなたの住んでいる地域（市区町村）には, どのようなNPOがあるだろうか。それらの組織は, 「NPOらしさ」を発揮して, 地域のどのような社会的課題に取り組んでいるのか, 調べてみよう。

注

⑴　「炭鉱のカナリア」という喩えは, 有毒ガスが発生した際人間よりも先にカナリアが察知して鳴き声が止み, 危険を察知できることから, かつて炭鉱労働者がカナリアを籠に入れて坑道に入ったことに由来する。

⑵　2008年以前, 公益法人制度は各省庁に広い裁量権を与えたため, 各省庁の利益誘導に使われ, 公益法人が退職した公務員の「天下り先」として悪用されるなど様々なスキャンダルがあったため, 制度が大幅に改められた。詳細は雨森（2020, pp. 81-95）参照。

⑶　NPOの事業規模に関する公式な定義はないが, 年間予算1,000万円〜1億円程度を中規模NPOと呼ぶケースが多い。

⑷　雨森（2020, p. 133）は名古屋市のNPO関係者のネットワーク「東大手の会」の

5つのキャリアモデルを紹介している。①同じ職場で内部昇進を果たす「内部育成型」②いろいろなNPOを渡り歩く「キャリアアップ転職型・渡り鳥型」③学者，政治家，専門家，会社員などになる「転身・兼業型」④専門スキルを生かして複数のNPOの業務を継続的に担当する「多業／マルチワーク型」⑤「起業型」

(5)　国境なき医師団（Médecins Sans Frontières＝MSF）は1971年フランスで設立され，92年に日本事務局を開設し活動を始めた。国境なき医師団日本は99年にNPO法人化し，2002年に認定NPO法人になった（https://www.msf.or.jp/，2020年8月31日アクセス）。

(6)　政府の補助金も「助成金」の名称を使う時がある。

(7)　公益財団法人日本財団（The Nippon Foundation）は公営競技の一つである競艇（ボートレース）の収益金をベースに海洋船舶関連事業の支援や公益・福祉事業，国際協力事業を主に行っている日本最大の助成財団である。

(8)　特に東日本大震災（2011年）をきっかけに自社の社会貢献制度を変更し，NPOへの助成金の提供や社員ボランティア制度を取り入れた企業がある。

(9)　組織診断についての詳細は例えば下記参照。

　　田口由紀絵「組織診断の勧め——ミッション達成への近道」（https://www.panasonic.com/jp/corporate/sustainability/citizenship/pnsf/ar_report/2012_susume/01.html，2020年8月31日アクセス）。

(10)　山本孝史（1944年生まれ）は立命館大学産業社会学部在学中に大阪ボランティア協会を拠点に交通遺児運動に取り組み，卒業後は財団法人交通遺児育英会に勤務し，1993年より国会議員に転身した（大阪ボランティア協会40年史編纂委員会編 2005）。2005年，自らのがん罹患を公表し，2007年に亡くなるまでがん対策基本法（2006年成立），自殺対策基本法の制定に尽力した。

参考文献
安立清史（1998）『市民福祉の社会学——高齢化・福祉改革・NPO』ハーベスト社。
阿部太極ほか（2019）「市民が立法過程に参加した法律の例」『ウォロ』524，10頁。
雨森孝悦（2020）『テキストブックNPO（第3版）——非営利組織の制度・活動・マネジメント』東洋経済新報社。
大阪ボランティア協会40年史編纂委員会編（2005）『市民としてのスタイル——大阪ボランティア協会40年史』大阪ボランティア協会。
勝田美穂（2017）『市民立法の研究』（岐阜経済大学研究叢書⑱），法律文化社。
清水康之（2017）「自殺総合対策を動かしてきたもの」『自殺対策白書　平成28年版』53-54頁。
橋本健二（2020）『中流崩壊』朝日新書。
湯浅誠（2017）『「なんとかする」子どもの貧困』角川新書。

Salamon, L. M. & H. K. Anheier（1994）*The Emerging Sector,* The Johns Hopkins University（＝1996，今田忠監訳『台頭する非営利セクター──12カ国の規模。構成・制度・資金源の現状と展望』ダイヤモンド社。）

さらに学ぶために

内閣府 NPO HP（https://www.npo-homepage.go.jp/）

オンライン寄付サイト Give One HP（https://giveone.net/）

雨森孝悦（2020）『テキストブック NPO（第3版）──非営利組織の制度・活動・マネジメント』東洋経済新報社。

市民活動総合情報誌『ウォロ』（隔月刊），大阪ボランティア協会。

コラム3　人間発達と「老い」

（1）「老い」と社会

　日本は現在，高齢化率が29%の「超高齢社会」の時代に入っており，世界第2位のイタリア（約23%）よりもはるかに高い水準である。かつてない超高齢社会の中で，高齢者を福祉の「支援」や「ケア」の対象として研究するだけでは不十分である。

　高齢者の割合が増加し，長寿化する社会においては，人間発達の一段階として「『老い』をどう生きていけばよいのか」「『老を生きる』ための新たな規範をどう構築するか」といった社会学的な視点から考えていく必要もある。そこでこのコラムでは，①国際的にみて「老い」はどう捉えられているのか，②社会学の視点では，人間発達としての「老い」をどう捉えているのかについて簡単に紹介しよう。

（2）アクティブ・エイジング

　先進国を中心に高齢化が進む中で「老い」を人間発達の中でどう捉えるかについて国際的にも議論されてきた。その中で，国際機関のWHOによって提案されたのが「アクティブ・エイジング」という考え方である。WHO（2002）によれば，「アクティブ・エイジング」は次のように定義される（図1）。

　　　「アクティブ・エイジングとは，年をとっていくなかで，生活の質（quality of life）を高めていくために，『健康（health）』，『参加（participation）』，『安全（security）』のための機会を最大化するプロセスである」（WHO, 2002, p. 12）

　ここでいう「アクティブ（active）」とは，単に労働市場に参加したり，あるいは身体的にアクティブであるということだけではなく，社会的，経済的，文化的，精神的な活動や市民活動への参加を継続するという意味が含まれている。つまり，すでに労働市場から引退した高齢者，あるいは病弱であったり，障碍を持っている高齢者であっても，家族や友人，コミュニティや国家に対してアクティブな貢献者として社会参加することが可能であるということを前提としている。したがって，ケアを必要とする高齢者など，すべての高齢者の健康寿命を延ばし，生活の質の向上を図っていくことがアクティブ・エイジングの究極的な目的である，という認識がWHOの政策理念には含まれている（WHO, 2002）。

（3）プロダクティブ・エイジングとの違い

　実はこれと似たような言葉として，主にアメリカにおいて使われる「サクセスフ

図1　アクティブ・エイジングのための3つの柱
　　　——政策的フレームワーク
出所：WHO（2002, p. 45）.

ル・エイジング」あるいは「プロダクティブ・エイジング」がある。しかしそのような概念は，モノやサービスの「生産」に焦点を合わせがちであり，そのため「経済優先主義」に陥りやすいといわれている。なぜなら「プロダクティブ」であるということは，「報酬や対価が支払われるべきモノやサービスを生産するための活動」を意味するからであり，これに対して，欧州が中心になって進めている「アクティブ・エイジング」は，モノの生産や労働市場への参加といった点のみを強調するのではなく，ボランティアを含めた，より広い意味での様々な活動に焦点を当て，また市民としての高齢者の社会的な包摂（インクルージョン）や参加を促す言葉である。単に高齢者に「より長く働いてもらう」という視野の狭い発想ではなく，「生活の質」や「精神的・身体的な安寧・幸福」を強調する概念であるといえるだろう。

（4）アクティブ・エイジングの特徴

　このような「アクティブ・エイジング」の発想は，次のようにまとめられる。

　第1に，高齢期の活動は，報酬のある雇用・労働や生産活動に限定されるべきではなく，家族や地域コミュニティ，広くは社会全体の安寧・幸福に貢献する「すべての意味ある行為」で構成されるものである，と考えることである。つまり，定年延長して働くことだけがアクティブ・エイジングではなく，心身ともに元気な高齢者だけでなく，病弱な依存して生活する高齢者を含めたすべてを対象とする概念である。

　第2に，世代間の連帯の維持が重要であるという点です。現在高齢期にある世代のみならず，若い世代が将来においても活動的であることができるような世代間の公正性が重視される。現在高齢者である人だけを考えるのではなく，将来高齢者になる若い世代を含めて年金や社会保障などの将来像を考えるということである。

　第3に，高齢者の参加とエンパワメントを促進するという点である。国や自治体が医療や福祉を提供するというトップダウン式の政策だけではなく，高齢者が市民としてボトムアップ式に活動するということであり，そこでは，国家や文化の多様性を尊重しなければならないということが含まれまれる。

　このようなアクティブ・エイジングの定義は国や文化によって多少の相違はあるものの，中年期・高齢期においても「衰退」を受け入れながらも，活動的に生きていく「老いの様式」という点では共通しており，旧来の隠居文化に代わる「創造的な老いを支える新たな文化的・社会的規範」を意味しているといえるだろう。

（5）老いと近代

　一方，老いを社会学の視点から，時代の変化の中で捉える研究もある。社会学者である天野正子が書いた『老いの近代』は，歴史社会学の視点から「老い」の見方や考え方を相対化して捉えた社会学者による論考集であり，日本の「老い」が時代によってどう移り変わり，それを社会がどう捉えてきたかを理解する上では極めて示唆に富む内容である。著者は明治以降の近代化の過程で，「老い」へのまなざしがどのように変容し定着してきたのかを様々な資料から探る。ここでいう「まなざし」とは，老いに関する，ある時代の社会に共通した慣用的な考え方（観念）である。

　本書の基本的な問題関心の一つは，「なぜ，現代（近代以降）は，老いや死に対して怯えるようになったか」というところにある。近代文明は，青年と壮年の視点を中心に据え，対照的に老人と病人をみえないところに追いやり，老いや死を老人ホームや病院，葬儀産業の手に委ねてきた。その結果，近代人は老いと死に怯えるようになった，と著者は述べる。これに対して，近世においては，老いの中に，再生や若さに通じる生命の連鎖がみられ，そこには，多くの人々が老いの中に衰弱と恐怖のみを見る今とは対照的な世界があったという。

　では，なぜ近世の人々が，老いの中に再生や若さに通じる生命の循環をみることができたのか。その疑問を解く一つの手がかりが，「農的なもの」である。キューブラー＝ロスの『死ぬ瞬間の対話』に依拠しながら，著者は次のように述べる。「土を耕し，種を播いて成長を見守り，収穫をして，枯れ朽ちていくものをまた土にもどす。もちろん自然災害による凶作など，自然との闘いは厳しかった。しかし，そこには少なくとも，枯れ朽ちた植物をいとおしむ心性，世阿弥の能楽論にある『花の萎れたらんこそおもしろけれ』と結びつく心境が残されていた。なによりもそこでは，老いと生，死と生がしっかり結び合い，互いに交信しあう関係を肉眼で確かめることが可能であった。再生と生命の循環を信ずる心性は，死や，それにつながる老いを忌避する心性からはほど遠いものだったといってよい」と。

　つまり，近世では，老年期は次の生への準備期間として位置づけられ，死は恐怖のみの対象ではなかったのである。近代化の過程で私たちは「農的なもの」を喪失してしまった。それがために，必要以上に老いることへの恐怖心を抱いたり，老いへのネガティブなイメージができあがったのではないか，と著者はいう。近代が失った老いを蔑視することもなく聖化することもなく，あるがままに見つめる「まなざし」は大切である。それを歴史の中で検証する本書は，超高齢社会に入った日本社会が，老いとどう向き合うかの道筋を探る上でも示唆に富んでいる。

　社会学の視点から「人間発達と老い」を調べていくと，現在の私たちが共有する「老い」の観念はけっして普遍的なものではなく，時代や文化によって大きく異なっていることをあらためて理解するであろう。「老い」を「支援」や「福祉」の視点だけでなく，「老いをどう生きるのか」を考えていくことは，日本ではとても大きなテーマであり，たいへんやりがいのある研究領域の一つだといえる。なお，「老い」への社会学的な研究の一つとしてスウェーデンの社会学者トーンスタムが書いた『老年的超越——歳を重ねる幸福感の世界』があるので，それもあわせて一読をお薦めしたい。

参考文献

天野正子（1999）『老いの近代』岩波書店。

前田信彦（2006）『アクティブ・エイジングの社会学——高齢者・仕事・ネットワーク』ミネルヴァ書房。

トーンスタム，ラーシュ／富沢公子・タカハシマサミ訳（2017）『老年的超越——歳を重ねる幸福感の世界』晃洋書房。

WHO（2002）Active ageing: A Policy Framework（https://apps.who.int/iris/bitstream/handle/10665/67215/WHO_NMH_NPH_02.8.pdf, 2020.8.20.）.

（前田信彦）

あ と が き

　本書は，立命館大学産業社会学部人間福祉専攻の教員によって刊行された
『人間らしく生きる福祉学』の改訂版という性格をもつものである。
　産業社会学部は，1965年4月，「現代化・総合化・共同化」を教学の軸とし
て創設された。学部ポリシー（2018年度以降）は，社会諸科学に関する教育研
究を通じて，①国内外の現代社会における諸問題に関する鋭い感受性を持ち，
②学際性と専門性を兼ね備え，③積極的に社会に働きかけ，民主的な人間関係
を育みながら社会問題を解決していくことができる人間を育成することを目的
としている。2007年度から現在の1学科（現代社会学科）5専攻——現代社会
専攻，メディア社会専攻，スポーツ社会専攻，子ども社会専攻，人間福祉専攻
——から構成される学部となっている。5専攻それぞれに独自のカリキュラム
を展開しつつ，現代的な課題に向き合う総合的な学際学部として発展してきた。
　人間福祉専攻は，現代社会の福祉問題への多面的なアプローチを重視して，
社会福祉の「制度・システム系」，人に関する「ソーシャルワーク・対人心理
系」という2つの領域から，政治や経済，社会体制といったマクロな視点と，
生活や発達，困難，ニーズといった人間そのものを捉える2つの視点から，一
人ひとりが尊重される社会の実現に向けて教育・研究を重ねている。
　本書は，このような産業社会学部及び人間福祉専攻が歩んできた50年を超え
る教学を背景に，本専攻の教員が学部学生のみならず，現代日本の社会福祉に
関心をもつ多くの人たちに読んで頂くことを切に願い，編まれたものである。
貧困と格差，社会的孤立と分断といった日本社会の変化にあって，誰も置き去
りにしない社会，誰をも排除しない社会，多様性（diversity）に基づくインク
ルーシブ（inclusive）な社会を築く上での一つの指針になれば幸甚である。

2021年3月

編者を代表して　黒田　学

巻 末 資 料

1 社会福祉年表

年	日 本	世 界
593（推古元）	四天王寺「四箇院」設立	
718（養老2）	養老律令撰修	
1600（慶長5）	関ヶ原の戦い	
1601（慶長6）		（英国）エリザベス救貧法
1782（天明2）		（英国）ギルバート法
1789（天明9/寛政元）		（フランス）人権宣言（「人および市民の権利宣言」）
1795（寛政7）		（英国）スピーナムランド制度
1816（文化13）		（英国）工場法
1833（天保4）		（英国）工場法
1834（天保5）		新救貧法
1868（慶応4/明治元）	江戸を東京と改称，明治に改元	
1869（明治2）		（英国）COS（慈善組織協会）発足
1871（明治4）	郵便制度開始，戸籍法制定	
1872（明治5）	学制頒布	
1874（明治7）	恤救規則制定	
1878（明治11）	京都盲唖院設立	
1883（明治16）		（ドイツ）廃疾保険法
1884（明治17）		（英国）トインビーホール開設
1887（明治20）	岡山孤児院（石井十次）設立	
1889（明治22）	大日本帝国憲法発布	（ドイツ）老齢および廃疾保険法
1890（明治23）	教育勅語	
1891（明治24）	孤女学院開設（後の，滝乃川学園）	
1894（明治27）	日清戦争勃発	
1900（明治33）	治安警察法	
1902（明治35）	大阪養老院設立	
1904（明治37）	日露戦争勃発	
1911（明治44）	工場法（'16年施行）	（英国）国民保険法
1912（明治45/大正元）	明治天皇没（大正と改元）	
1914（大正3）	第一次世界大戦勃発	第一次世界大戦勃発（～'18）
1917（大正6）	軍事救護法	ロシア革命
1918（大正7）	米騒動勃発	

年	日 本	世 界
1919（大正 8 ）		国際連盟，ILO（国際労働機関）発足，（ドイツ）ワイマール憲法
1920（大正 9 ）	メーデー開催（日本初），内務省設置	
1921（大正10）	小作争議の増大	
1922（大正11）	全国水平社結成，日本農民組合結成，未成年者飲酒禁止法	
1923（大正12）	関東大震災	
1924（大正13）		（国際連盟）子どもの権利に関するジュネーブ宣言
1925（大正14）	治安維持法	
1926（大正15/昭和元）	日本労働組合同盟結成	
1927（昭和 2 ）		（ドイツ）職業紹介と失業保険に関する法
1928（昭和 3 ）	普通選挙制度（男性）による総選挙（初）	
1929（昭和 4 ）	世界恐慌・救護法（'32年 1 月施行）	世界恐慌
1930（昭和 5 ）	ロンドン海軍軍縮条約調印	
1931（昭和 6 ）	柳条湖事件（満州事変）勃発	
1932（昭和 7 ）	満州国建国宣言	
1933（昭和 8 ）	滝川事件	（ドイツ）ヒトラー政権掌握
1935（昭和10）		（米国）連邦社会保障法
1936（昭和11）	2.26事件，日中戦争勃発	
1937（昭和12）	方面委員令施行，母子保護法（'38年 1 月施行），軍事扶助法（'38年 1 月施行），日中戦争勃発	
1938（昭和13）	厚生省創設，社会事業法，国民健康保険法	
1939（昭和14）	軍事扶助法，母子保護法，	第二次世界大戦勃発（〜 '45）
1940（昭和15）	国民優生法（後の優生保護法）成立	日独伊三国同盟
1941（昭和16）	医療保護法，アジア太平洋戦争勃発	
1942（昭和17）	戦時災害保護法	（英国）「ベヴァリッジ報告」
1943（昭和18）	軍事扶助法改正，公布	カイロ宣言
1944（昭和19）		ILO「フィラデルフィア宣言」採択

年	日 本	世 界
1945（昭和20）	広島・長崎に原子爆弾投下，終戦（「ポツダム宣言」受諾），厚生省「救済福祉に関する件」をGHQに提出，「生活困窮者緊急生活援護要綱」閣議決定	ヤルタ会談，第二次世界大戦終結，IMF/世界銀行発足，国際連合発足（国際連合憲章）
1946（昭和21）	GHQ「社会救済に関する覚書」，生活困窮者緊急生活援護要綱，生活保護法，民生委員令，日本国憲法（'47年5月施行），近江学園開設	UNESCO（国連教育科学文化機関），UNICEF（国連児童基金）設立
1947（昭和22）	児童福祉法，労働基準法，失業保険法，教育基本法，学校教育法，地域保健法	トルーマン・ドクトリン
1948（昭和23）	教育委員会法公布	（国連）WHO（世界保健機関）設立，（英国）国民保健法，国民医療サービス（NHS），国民扶助法施行，（国連）世界人権宣言採択
1949（昭和24）	身体障害者福祉法（'50年4月施行）	NATO（北大西洋条約機構）結成，中華人民共和国成立，東ドイツ（ドイツ民主共和国）成立
1950（昭和25）	精神衛生法公布・施行，新「生活保護法」，社会保障制度審議会勧告（「50年勧告」）	朝鮮戦争勃発（〜'53）
1951（昭和26）	社会福祉事業法，児童憲章制定，福祉事務所発足，歳末たすけあい募金開始	
1952（昭和27）	戦傷病者，戦没者遺族等援護法施行	
1953（昭和28）	日本婦人団体連合会（婦団連）結成，池田・ロバートソン会談	
1954（昭和29）	学校給食法	
1955（昭和30）	森永ヒ素ミルク中毒事件	ベトナム戦争勃発（〜'75）
1956（昭和31）	『経済白書』「もはや戦後ではない」，国連・日本加盟を可決	
1957（昭和32）	「朝日訴訟」はじまる	
1958（昭和33）	国民健康保険法（'59年1月施行）	
1959（昭和34）	国民年金法（'61年施行）	（国連）子どもの権利宣言採択（デンマーク）1959年法
1960（昭和35）	精神薄弱者福祉法（現在の知的障害者福祉法），「国民所得倍増計画」決定	

年	日　　本	世　　界
1961（昭和36）	国民皆年金・皆保険制度の発足，児童扶養手当法	OECD（経済協力開発機構）発足
1962（昭和37）	「社会福祉協議会基本要項」策定	キューバ危機
1963（昭和38）	老人福祉法，びわこ学園開設	
1964（昭和39）	母子福祉法，東京オリンピック開催	
1965（昭和40）	母子保健法	（国連）人種差別撤廃条約採択
1966（昭和41）	全障研（全国障害者問題研究会）結成	（国連）国際人権規約採択（1976年発効）
1967（昭和42）	公害対策基本法	EC（欧州共同体），ASEAN（東南アジア諸国連合）発足
1968（昭和43）	消費者保護基本法	（国連）国際人権年，（英国）シーボーム報告
1969（昭和44）	いざなぎ景気	（国連）子どもの権利宣言採択
1970（昭和45）	心身障害者対策基本法	
1971（昭和46）	児童手当法（'72年4月施行）	（米国）ニクソン・ショック（金ドル交換停止），（国連）知的障害者の権利宣言
1972（昭和47）	沖縄返還	（国連）第1回国連環境会議
1973（昭和48）	「福祉元年」，第一次石油危機	国際通貨危機，世界同時不況
1974（昭和49）	戦後初のマイナス成長	
1975（昭和50）	育児休業法	（国連）国際女性年，障害者の権利宣言
1976（昭和51）		（中国）天安門事件
1977（昭和52）	「国民生活に関する世論調査」（『国民生活白書』）で国民の9割が中流意識（「一億総中流」）と発表	
1978（昭和53）		WHO「アルマ・アタ宣言」
1979（昭和54）	第二次石油危機	（国連）国際児童年，女性差別撤廃条約採択，中越戦争の発生とカンボジア難民の発生 （英国）サッチャー政権樹立（保守党）
1980（昭和55）		イラン・イラク戦争勃発，WHO「国際障害分類（ICIDH）」採択
1981（昭和56）		（国連）国際障害者年，（スウェーデン）社会サービス法
1982（昭和57）	老人保健法	（英国）バークレー報告

年	日　本	世　界
1983（昭和58）		（国連）障害者の十年
1984（昭和59）	中曽根首相『戦後政治の総決算』表明	
1985（昭和60）	男女雇用機会均等法（'86年4月施行），女性差別撤廃条約批准	G5プラザ合意
1986（昭和61）	「長寿社会対策大綱」閣議決定，改正老人保健法	（国連）発展（発達）の権利宣言
1987（昭和62）	社会福祉士及び介護福祉士法，精神保健法	（米国）ブラックマンデー（ニューヨーク株価暴落）
1988（昭和63）		（英国）グリフィス報告
1989（昭和64/平成元）	「高齢者保健福祉推進10か年戦略」（「ゴールドプラン」）策定，消費税導入	（国連）子どもの権利条約採択，ベルリンの壁崩壊
1990（平成2）	福祉関係8法改正	（米国）障害をもつアメリカ人法（ADA），東西ドイツ統一
1991（平成3）	育児休業法	ソ連邦の解体
1992（平成4）	「新・社会福祉協議会基本要項」策定	（スウェーデン）エーデル改革
1993（平成5）	障害者基本法（「心身障害者対策基本法」の改正）	（国連）アジア太平洋障害者の10年
1994（平成6）	「エンゼルプラン」策定，「新ゴールドプラン」策定	（国連）国際家族年，EU（欧州連合）発足
1995（平成7）	阪神・淡路大震災発生，精神保健及び精神障害者福祉に関する法律（「精神保健法」の改正），「障害者プラン」策定，高齢社会対策基本法施行，社会保障制度審議会「社会保障制度の再構築（勧告）─安心して暮らせる21世紀の社会目指して─」（「95年勧告」）	（ドイツ）介護保険制度導入，（国連）社会開発サミット
1996（平成8）	「高齢社会対策大綱」閣議決定	（国連）貧困撲滅のための国際年
1997（平成9）	児童福祉法等の一部改正，介護保険法（'00年4月施行），精神保健福祉士法，言語聴覚士法（'98年4月施行）	アジア通貨危機発生（英国）ブレア政権樹立（労働党）

年	日　本	世　界
1998（平成10）	NPO法（「特定非営利活動促進法」），中央省庁等改革基本法，中社審分科会「社会福祉基礎構造改革について（中間まとめ）」発表，法令上「精神薄弱」の用語が「知的障害」に改められる，中社審分科会「社会福祉基礎構造改革を進めるに当たって（追加意見）」発表	
1999（平成11）	「平成の大合併」スタート，地方分権一括法，「新エンゼルプラン」策定，「ゴールドプラン21」策定，男女参画社会基本法	（国連）国際高齢者年，（英国）シュアスタート
2000（平成12）	介護保険制度施行，改正成年後見制度施行，児童虐待防止法，社会福祉法等改正（同年一部施行，'03年4月全面施行），交通バリアフリー法施行，地方分権一括法施行，社会福祉基礎構造改革，ストーカー規制法（「ストーカー行為などの規制などに関する法律」）	（国連）　ミレニアムサミット，MDGs（ミレニアム開発目標）
2001（平成13）	厚生労働省発足（中央省庁再編により），児童福祉法改正（主任児童委員を法定化，保育士資格の法定化等），DV防止法（「配偶者からの暴力の防止及び被害者の保護に関する法律」）	（国連）ボランティア国際年，（米国）同時多発テロ，WHO「国際生活機能分類（ICF）」採択
2002（平成14）	「少子化対策プラスワン」発表	
2003（平成15）	少子化社会対策基本法，次世代育成支援対策推進法，児童福祉法改正　性同一性障害者の性別の取扱いの特例に関する法律	
2004（平成16）	「少子化社会対策大綱」決定，新潟県中越地震発生，子ども・子育て応援プラン策定	
2005（平成17）	個人情報保護法施行，身体障害者雇用促進法改正，介護保険法改正（'06年4月施行），障害者自立支援法（'06年4月施行），高齢者虐待防止法（「高齢者虐待の防止，高齢者の養護者に対する支援などに関する法律」'06年4月施行）	
2006（平成18）	認定こども園設置法	（国連）障害者権利条約採択

年	日　　本	世　　界
2007（平成19）	障害者権利条約署名，社会福祉士及び介護福祉士法改正，老人福祉法改正，障害者施策における「重点施策実施5か年計画」策定，特別支援教育実施（学校教育法改正，'06）	
2008（平成20）	後期高齢者医療制度（長寿医療制度）開始	（米国）リーマン・ショックによる世界同時不況
2009（平成21）	育児・介護休業法改正	
2010（平成22）	日本年金機構発足（社会保険庁廃止），子ども・子育てビジョン，「子ども・子育て新システムの基本制度案要綱」	（米国）ウォール街占拠運動
2011（平成23）	東日本大震災発生，障害者虐待防止法，「社会保障・税一体改革成案」閣議決定	
2012（平成24）	障害者総合支援法（障害者自立支援法の改正，'13年4月施行），子ども・子育て支援法（'15年4月施行），認知症施策推進5カ年計画（オレンジプラン）」策定	（国連）国際協同組合年
2013（平成25）	障害者差別解消法（'16年4月施行），生活困窮者自立支援法（'15年4月施行）	
2014（平成26）	障害者権利条約批准，母子及び父子並びに寡婦福祉法（母子及び寡婦福祉法から改正），「まち・ひと・しごと基本方針2015」閣議決定，障害者権利条約批准	IFSW（国際ソーシャルワーカー連盟）「ソーシャルワークのグローバル定義」
2015（平成27）	認知症施策推進総合戦略〜認知症高齢者等に優しい地域づくりに向けて（新オレンジプラン）	（国連）SDGs（持続可能な開発目標）
2016（平成28）	「ニッポン一億総活躍プラン」閣議決定，「『我が事・まるごと』地域共生社会実現本部」設置，児童福祉法改正（児童福祉法の理念に子どもの権利条約を反映）	
2017（平成29）	「まち・ひと・しごと基本方針2017」閣議決定	
2018（平成30）	介護保険制度改正（介護報酬引下げ）	

年	日 本	世 界
2019（平成31/令和元）	幼児教育・保育の無償化開始	
2020（令和２）	新型コロナウイルス対策の特別措置法，同法に基づく緊急事態宣言発令，東京オリンピック・パラリンピック開催延期	（国連）看護師と助産師の国際年，新型コロナウイルス感染症（COVID-19）によるパンデミック
2021（令和３）	東京オリンピック・パラリンピック開催	（国連）児童労働の根絶のための国際年

出所：玉村公二彦ほか編著（2019）『新版 キーワードブック特別支援教育』クリエイツかもがわ；社会福祉の動向編集委員会（2020）『社会福祉の動向2020』中央法規出版；渡邉治ほか編（2016）『戦後70年の日本資本主義』新日本出版社；全国社会福祉協議会（2008）「100年のあゆみ～年表」（同HP）；池田敬正・土井洋一（2000）『日本社会福祉綜合年表』法律文化社ほか，を基に黒田学作成。

2 図 表

図1 日本の人口の推移

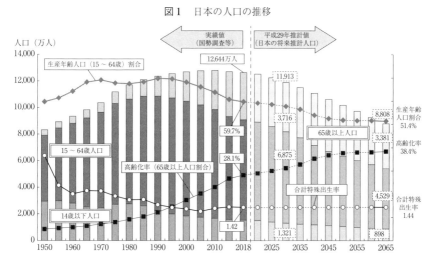

注：2018年までの人口は総務省「人口推計」（各年10月１日現在），高齢化率および生産年齢人口割合は，2018年は総務省「人口推計」，それ以外は総務省「国勢調査」。2018年までの合計特殊出生率は厚生労働省「人口動態統計」，2019年以降は国立社会保障・人口問題研究所「日本の将来推計人口（平成29年推計）：出生中位・死亡中位推計」。
出所：厚生労働省・社会保障審議会医療保険部会（2019年９月27日）資料２，３頁。

図2　出生数及び合計特殊出生率の年次推移

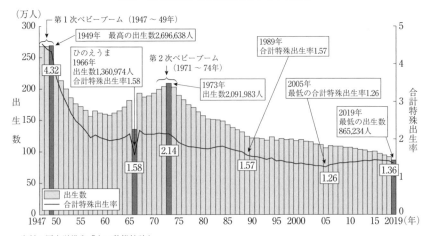

資料：厚生労働省「人口動態統計」
出所：内閣府編（2020）『少子化社会対策白書　令和2年版』，図1-1-3。

図3　65歳以上の者のいる世帯の世帯構造の年次推移

（年）	単独世帯	夫婦のみの世帯	親と未婚の子のみの世帯	三世代世帯	その他の世帯
1986	13.1	18.2	11.1	44.8	12.7
'89	14.8	20.9	11.7	40.7	11.9
'92	15.7	22.8	12.1	36.6	12.8
'95	17.3	24.2	12.9	33.3	12.2
'98	18.4	26.7	13.7	29.7	11.6
2001	19.4	27.8	15.7	25.5	11.6
'04	20.9	29.4	16.4	21.9	11.4
'07	22.5	29.8	17.7	18.3	11.7
'10	24.2	29.9	18.5	16.2	11.2
'13	25.6	31.1	19.8	13.2	10.4
'16	27.1	31.1	20.7	11.0	10.0
'17	26.4	32.5	19.9	11.0	10.2
'18	27.4	32.3	20.5	10.0	9.8
'19	28.8	32.3	20.0	9.4	9.5

0　　10　　20　　30　　40　　50　　60　　70　　80　　90　　100（％）

注：(1)　1995年は兵庫県を，2016年は熊本県を除いた数値である。
　　(2)　「親と未婚の子のみの世帯」とは，「夫婦と未婚の子のみの世帯」及び「ひとり親と未婚の子のみ
　　　の世帯」をいう。
出所：厚生労働省（2020）「2019年国民生活基礎調査の概況」，4頁。

表1　世帯構造別，世帯類型別世帯数及び平均世帯人員の年次推移

	総数	世帯構造						世帯類型				平均世帯人員
		単独世帯	夫婦のみの世帯	夫婦と未婚の子のみの世帯	ひとり親と未婚の子のみの世帯	三世代世帯	その他の世帯	高齢者世帯	母子世帯	父子世帯	その他の世帯	
					推計数（単位：千世帯）							（人）
1986年	37,544	6,826	5,401	15,525	1,908	5,757	2,127	2,362	600	115	34,468	3.22
'89	39,417	7,866	6,322	15,478	1,985	5,599	2,166	3,057	554	100	35,707	3.10
'92	41,210	8,974	7,071	15,247	1,998	5,390	2,529	3,688	480	86	36,957	2.99
'95	40,770	9,213	7,488	14,398	2,112	5,082	2,478	4,390	483	84	35,812	2.91
'98	44,496	10,627	8,781	14,951	2,364	5,125	2,648	5,614	502	78	38,302	2.81
2001	45,664	11,017	9,403	14,872	2,618	4,844	2,909	6,654	587	80	38,343	2.75
'04	46,323	10,817	10,161	15,125	2,774	4,512	2,934	7,874	627	90	37,732	2.72
'07	48,023	11,983	10,636	15,015	3,006	4,045	3,337	9,009	717	100	38,197	2.63
'10	48,638	12,386	10,994	14,922	3,180	3,835	3,320	10,207	708	77	37,646	2.59
'13	50,112	13,285	11,644	14,899	3,621	3,329	3,334	11,614	821	91	37,586	2.51
'16	49,945	13,434	11,850	14,744	3,640	2,947	3,330	13,271	712	91	35,871	2.47
'17	50,425	13,613	12,096	14,891	3,645	2,910	3,270	13,223	767	97	36,338	2.47
'18	50,991	14,125	12,270	14,851	3,683	2,720	3,342	14,063	662	82	36,184	2.44
'19	51,785	14,907	12,639	14,718	3,616	2,627	3,278	14,878	644	76	36,187	2.39
					構成割合（単位：％）							
1986年	100.0	18.2	14.4	41.4	5.1	15.3	5.7	6.3	1.6	0.3	91.8	―
'89	100.0	20.0	16.0	39.3	5.0	14.2	5.5	7.8	1.4	0.3	90.6	―
'92	100.0	21.8	17.2	37.0	4.8	13.1	6.1	8.9	1.2	0.2	89.7	―
'95	100.0	22.6	18.4	35.3	5.2	12.5	6.1	10.8	1.2	0.2	87.8	―
'98	100.0	23.9	19.7	33.6	5.3	11.5	6.0	12.6	1.1	0.2	86.1	―
2001	100.0	24.1	20.6	32.6	5.7	10.6	6.4	14.6	1.3	0.2	84.0	―
'04	100.0	23.4	21.9	32.7	6.0	9.7	6.3	17.0	1.4	0.2	81.5	―
'07	100.0	25.0	22.1	31.3	6.3	8.4	6.9	18.8	1.5	0.2	79.5	―
'10	100.0	25.5	22.6	30.7	6.5	7.9	6.8	21.0	1.5	0.2	77.4	―
'13	100.0	26.5	23.2	29.7	7.2	6.6	6.7	23.2	1.6	0.2	75.0	―
'16	100.0	26.9	23.7	29.5	7.3	5.9	6.7	26.6	1.4	0.2	71.8	―
'17	100.0	27.0	24.0	29.5	7.2	5.8	6.5	26.2	1.5	0.2	72.1	―
'18	100.0	27.7	24.1	29.1	7.2	5.3	6.6	27.6	1.3	0.2	71.0	―
'19	100.0	28.8	24.4	28.4	7.0	5.1	6.3	28.7	1.2	0.1	69.9	―

注：(1)　1995年の数値は，兵庫県を除いたものである。
　　(2)　2016年の数値は，熊本県を除いたものである。
出所：図3と同じ，3頁。

表 2 　児童数別，世帯構造別児童のいる世帯数及び平均児童数の年次推移

	児童のいる世帯	全世帯に占める割合 (%)	児童数			世帯構造					児童のいる世帯の平均児童数
			1人	2人	3人以上	核家族世帯	夫婦と未婚の子のみの世帯	ひとり親と未婚の子のみの世帯	三世代世帯	その他の世帯	
					推計数（単位：千世帯）						(人)
1986年	17,364	(46.2)	6,107	8,381	2,877	12,080	11,359	722	4,688	596	1.83
'89	16,426	(41.7)	6,119	7,612	2,695	11,419	10,742	677	4,415	592	1.81
'92	15,009	(36.4)	5,772	6,697	2,540	10,371	9,800	571	4,087	551	1.80
'95	13,586	(33.3)	5,495	5,854	2,237	9,419	8,840	580	3,658	509	1.78
'98	13,453	(30.2)	5,588	5,679	2,185	9,420	8,820	600	3,548	485	1.77
2001	13,156	(28.8)	5,581	5,594	1,981	9,368	8,701	667	3,255	534	1.75
'04	12,916	(27.9)	5,510	5,667	1,739	9,589	8,851	738	2,902	425	1.73
'07	12,499	(26.0)	5,544	5,284	1,671	9,489	8,645	844	2,498	511	1.71
'10	12,324	(25.3)	5,514	5,181	1,628	9,483	8,669	813	2,320	521	1.70
'13	12,085	(24.1)	5,457	5,048	1,580	9,618	8,707	912	1,965	503	1.70
'16	11,666	(23.4)	5,436	4,702	1,527	9,386	8,576	810	1,717	564	1.69
'17	11,734	(23.3)	5,202	4,937	1,594	9,698	8,814	885	1,665	371	1.71
'18	11,267	(22.1)	5,117	4,551	1,599	9,385	8,623	761	1,537	345	1.71
'19	11,221	(21.7)	5,250	4,523	1,448	9,252	8,528	724	1,488	480	1.68
					構成割合（単位：%）						
1986年	100.0	—	35.2	48.3	16.6	69.6	65.4	4.2	27.0	3.4	—
'89	100.0	—	37.2	46.3	16.4	69.5	65.4	4.1	26.9	3.6	—
'92	100.0	—	38.5	44.6	16.9	69.1	65.3	3.8	27.2	3.7	—
'95	100.0	—	40.4	43.1	16.5	69.3	65.1	4.3	26.9	3.7	—
'98	100.0	—	41.5	42.2	16.2	70.0	65.6	4.5	26.4	3.6	—
2001	100.0	—	42.4	42.5	15.1	71.2	66.1	5.1	24.7	4.1	—
'04	100.0	—	42.7	43.9	13.5	74.2	68.5	5.7	22.5	3.3	—
'07	100.0	—	44.4	42.3	13.4	75.9	69.2	6.8	20.0	4.1	—
'10	100.0	—	44.7	42.0	13.2	76.9	70.3	6.6	18.8	4.2	—
'13	100.0	—	45.2	41.8	13.1	79.6	72.0	7.5	16.3	4.2	—
'16	100.0	—	46.6	40.3	13.1	80.5	73.5	6.9	14.7	4.8	—
'17	100.0	—	44.3	42.1	13.6	82.7	75.1	7.5	14.2	3.2	—
'18	100.0	—	45.4	40.4	14.2	83.3	76.5	6.8	13.6	3.1	—
'19	100.0	—	46.8	40.3	12.9	82.5	76.0	6.5	13.3	4.3	—

注：(1)　1995年の数値は兵庫県を，2016年の数値は熊本県を除いたものである。
　　(2)　「その他の世帯」には，「単独世帯」を含む。
出所：表1と同じ，7頁。

図 4　貧困率の年次推移

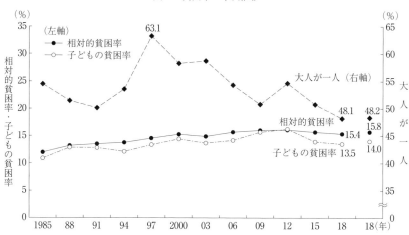

注：(1)　1994年は兵庫県を，2015年は熊本県を除いた数値である。
　　(2)　2018年の「新基準」は，2015年に改定されたOECDの所得定義の新たな基準で，従来の可処分
　　　　所得から更に「自動車税・軽自動車税・自動車重量税」，「企業年金・個人年金等の掛金」及び「仕
　　　　送り額」を差し引いたものである。
　　(3)　貧困率は，OECDの作成基準に基づいて算出している。
　　(4)　大人とは18歳以上の者，子どもとは17歳以下の者をいい，現役世帯とは世帯主が18歳以上65歳未
　　　　満の世帯をいう。
　　(5)　等価可処分所得金額不詳の世帯員は除く。
出所：表1と同じ，14頁。

図 5　年齢層別・性別の相対的貧困率（2015年）

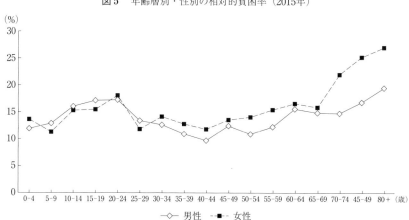

出所：阿部彩（2018）「日本の相対的貧困率の動態：2012から2015年」（阿部彩科研費研究成果）貧困統計HP。

図6　被保護人員，保護率，被保護世帯数の年次推移

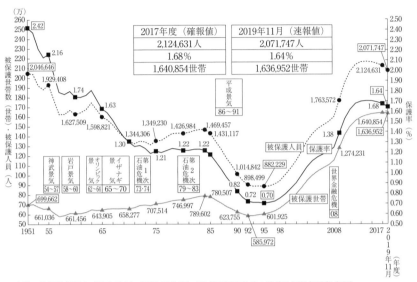

	2017年度（確報値）	2019年11月（速報値）
	2,124,631人	2,071,747人
	1.68%	1.64%
	1,640,854世帯	1,636,952世帯

資料：被保護者調査（月次調査）（厚生労働省）（平成23年度以前の数値は福祉行政報告例）。
出所：厚生労働省・社会・援護局関係主管課長会議資料（2020年3月4日），81頁。

図7　世帯類型別の保護世帯数と構成割合の推移

■ 世帯類型別の生活保護受給世帯の推移

（単位：万世帯）

	高齢者世帯	母子世帯	傷病・障害者世帯	その他の世帯
1998年度	29.5	5.5	26.8	4.5
1999年度	31.6	5.5	27.9	5.0
2000年度	34.1	5.5	29.1	5.5
2001年度	37.0	6.8	30.4	6.2
2002年度	40.3	7.5	31.9	7.2
2003年度	43.6	8.2	33.7	8.5
2004年度	46.6	8.7	35.0	9.4
2005年度	45.2	9.1	39.0	10.7
2006年度	47.4	9.3	39.7	11.0
2007年度	49.8	9.3	40.1	11.1
2008年度	52.4	9.3	40.7	12.2
2009年度	56.3	10.0	43.6	17.2
2010年度	60.4	10.9	46.6	22.7
2011年度	63.6	11.3	48.9	25.4
2012年度	67.8	11.4	47.5	28.5
2013年度	72.0	11.2	46.5	28.8
2014年度	76.1	10.8	45.4	28.1
2015年度	80.3	10.4	44.2	27.2
2016年度	83.7	9.9	43.0	26.3
2017年度	86.5	9.2	42.0	25.6
2018年度	88.2	8.7	41.2	24.8
2019年度	89.7	8.1	40.7	24.3
2020年12月	90.2	7.6	40.6	24.7

〔世界金融危機〕（2008年度）

■ 世帯類型別の構成割合の推移

	高齢者世帯	母子世帯	傷病・障害者世帯	その他の世帯
1998年度	45%	8%	40%	7%
1999年度	45%	8%	40%	7%
2000年度	45%	8%	39%	7%
2001年度	46%	9%	38%	8%
2002年度	46%	9%	37%	8%
2003年度	46%	9%	36%	9%
2004年度	47%	9%	35%	9%
2005年度	43%	9%	37%	10%
2006年度	44%	9%	37%	10%
2007年度	45%	8%	36%	10%
2008年度	46%	8%	36%	11%
2009年度	44%	8%	34%	14%
2010年度	43%	8%	33%	16%
2011年度	43%	8%	33%	17%
2012年度	44%	7%	31%	18%
2013年度	45%	7%	29%	18%
2014年度	47%	7%	28%	17%
2015年度	50%	6%	27%	17%
2016年度	51%	6%	26%	16%
2017年度	53%	6%	26%	16%
2018年度	54%	5%	25%	15%
2019年度	55%	5%	25%	15%
2020年12月	55%	5%	25%	15%

※　高齢者世帯の91.9%が単身世帯（2020年12月）。
注：世帯数は各年度の1か月平均であり，保護停止中の世帯は含まない。
資料：被保護者調査　月次調査（厚生労働省）（平成23年度以前は福祉行政報告例）（2020年12月分は速報値）
出所：厚生労働省・社会・援護局関係主管課長会議資料（2021年3月），81頁。

図8　社会保障財源と給付との相関関係（2017年度社会保障給付費）

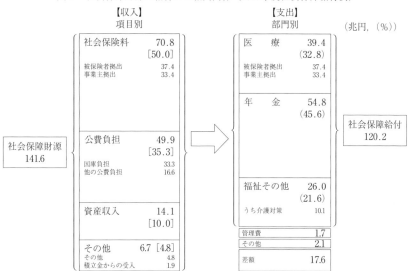

注：(1)　収入における［　］内は社会保障財源に対する割合。
　　(2)　支出における（　）内は社会保障給付費に対する割合。
　　(3)　収入のその他には積立金からの受入等を含む。支出のその他には施設整備費等を含む。
　　(4)　差額は社会保障財源（141.6兆円）と社会保障給付費，管理費，運用損失，その他の計（124.0兆円）の差であり，他制度からの移転，他制度への移転を含まない。差額は積立金への繰入や翌年度繰越金である。
出所：国立社会保障・人口問題研究所（2019）『平成29年度 社会保障費用統計』図6を一部抜粋して作成。

図9　社会保障給付費の推移

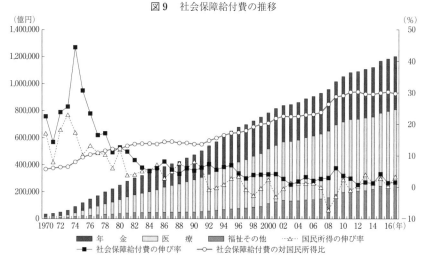

出所：国立社会保障・人口問題研究所（2019）『平成29年度 社会保障費用統計』表8・10・11を基に長谷川千春作成。

図10　年金制度の体系

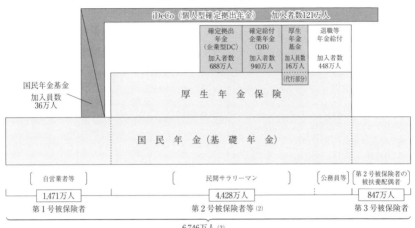

注：(1)　数値は，2019年3月末現在。
　　(2)　第2号被保険者等とは，厚生年金被保険者のことをいう（第2号被保険者のほか，65歳以上で老齢，または，退職を支給事由とする年金給付の受給権を有する者を含む。）。
　　(3)　20〜65歳未満人口は，6,965万人。人口推計（2018年9月調べ）。
出所：厚生労働省・社会保障審議会企業年金・個人年金部会（2020年9月30日）参考資料，1頁。

図11　国民医療費の動向

注：(1)　国民所得及びGDPは内閣府発表の国民経済計算による。
　　(2)　2018年度の国民医療費（及び後期高齢者医療費。以下同じ。）は実績見込みである。2018年度分は，2017年度の国民医療費に2018年度の概算医療費の伸び率（上表の斜字体）を乗じることによって推計している。
　　(3)　70-74歳の者の一部負担金割合の予算凍結措置解除（1割→2割）。2014年4月以降新たに70歳に達した者から2割とし，同年3月までに70歳に達した者は1割に据え置く。
出所：図1と同じ，4頁。

図12　国民医療費の構造（2017年度）

［国民医療費総額　43兆710億円，人口一人当たり国民医療費　339,900円］

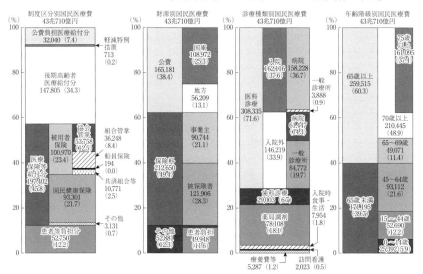

注：(1)　括弧なし数値は推計額（単位：億円），括弧内の数値は構成割合（単位：％）である。
　　(2)　制度区分別国民医療費は2017年度内の診療についての支払確定額を積み上げたものである（ただ
　　　　し，患者等負担分は推計値である）。
出所：厚生労働省（2019）「平成29年度　国民医療費の概況」（参考１）。

図13　介護費用と保険料の推移

○介護費用

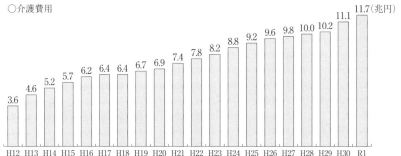

注：2000〜17年度は実績，2018〜2019年度は当初予算である。
※介護保険に係る事務コストや人件費などは含まない（地方交付税により措置されている）。

○65歳以上が支払う保険料〔全国平均（月額・加重平均）〕

出所：厚生労働省・社会保障審議会介護保険部会（2019年12月27日）参考資料，76頁。

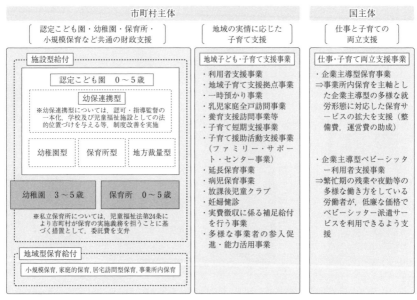

図14　子ども・子育て支援新制度の概要

出所：内閣府子ども・子育て本部（2019）「子ども・子育て支援新制度について」，6頁。

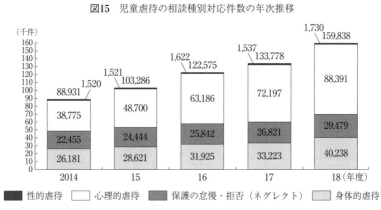

図15　児童虐待の相談種別対応件数の年次推移

出所：厚生労働省（2020）「平成30年度福祉行政報告例」，8頁。

図16　障害者総合支援法による自立支援給付の仕組み

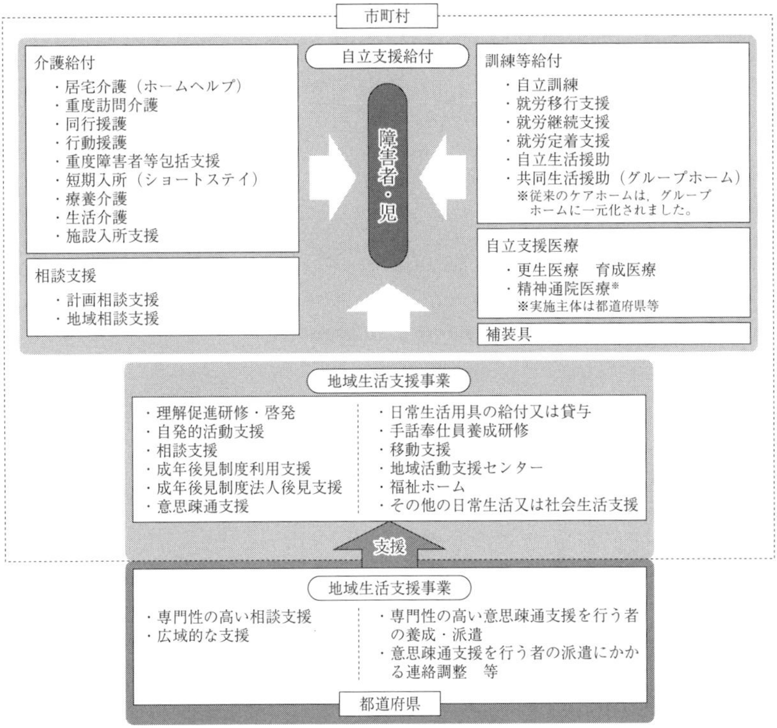

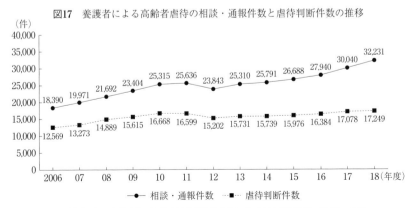

市町村

介護給付
・居宅介護（ホームヘルプ）
・重度訪問介護
・同行援護
・行動援護
・重度障害者等包括支援
・短期入所（ショートステイ）
・療養介護
・生活介護
・施設入所支援

自立支援給付

障害者・児

訓練等給付
・自立訓練
・就労移行支援
・就労継続支援
・就労定着支援
・自立生活援助
・共同生活援助（グループホーム）
※従来のケアホームは、グループ
　ホームに一元化されました。

自立支援医療
・更生医療　育成医療
・精神通院医療※
※実施主体は都道府県等

補装具

相談支援
・計画相談支援
・地域相談支援

地域生活支援事業
・理解促進研修・啓発
・自発的活動支援
・相談支援
・成年後見制度利用支援
・成年後見制度法人後見支援
・意思疎通支援
・日常生活用具の給付又は貸与
・手話奉仕員養成研修
・移動支援
・地域活動支援センター
・福祉ホーム
・その他の日常生活又は社会生活支援

支援

地域生活支援事業
・専門性の高い相談支援
・広域的な支援
・専門性の高い意思疎通支援を行う者
　の養成・派遣
・意思疎通支援を行う者の派遣にかか
　る連絡調整　等

都道府県

出所：全社協（2018）「障害福祉サービスの利用について（2018年4月版）」，3頁。

図17　養護者による高齢者虐待の相談・通報件数と虐待判断件数の推移

（件）

40,000

35,000

30,000

25,000

20,000

15,000

10,000

5,000

0

2006　07　08　09　10　11　12　13　14　15　16　17　18（年度）

18,390　19,971　21,692　23,404　25,315　25,636　23,843　25,310　25,791　26,688　27,940　30,040　32,231

12,569　13,273　14,889　15,615　16,668　16,599　15,202　15,731　15,739　15,976　16,384　17,078　17,249

―●― 相談・通報件数　　‥■‥ 虐待判断件数

出所：厚生労働省（2019）「平成30年度高齢者虐待防止法に基づく対応状況等の調査」，2頁。

3 法令等

日本国憲法 （抄）

昭和21・11・3公布
昭和22・5・3施行

日本国民は、正当に選挙された国会における代表者を通じて行動し、われらとわれらの子孫のために、諸国民との協和による成果と、わが国全土にわたつて自由のもたらす恵沢を確保し、政府の行為によつて再び戦争の惨禍が起ることのないやうにすることを決意し、ここに主権が国民に存することを宣言し、この憲法を確定する。そもそも国政は、国民の厳粛な信託によるものであつて、その権威は国民に由来し、その権力は国民の代表者がこれを行使し、その福利は国民がこれを享受する。これは人類普遍の原理であり、この憲法は、かかる原理に基くものである。われらは、これに反する一切の憲法、法令及び詔勅を排除する。

日本国民は、恒久の平和を念願し、人間相互の関係を支配する崇高な理想を深く自覚するのであつて、平和を愛する諸国民の公正と信義に信頼して、われらの安全と生存を保持しようと決意した。われらは、平和を維持し、専制と隷従、圧迫と偏狭を地上から永遠に除去しようと努めてゐる国際社会において、名誉ある地位を占めたいと思ふ。われらは、全世界の国民が、ひとしく恐怖と欠乏から免かれ、平和のうちに生存する権利を有することを確認する。

われらは、いづれの国家も、自国のことのみに専念して他国を無視してはならないのであつて、政治道徳の法則は、普遍的なものであり、この法則に従ふことは、自国の主権を維持し、他国と対等関係に立たうとする各国の責務であると信ずる。

日本国民は、国家の名誉にかけ、全力をあげてこの崇高な理想と目的を達成することを誓ふ。

第3章 国民の権利及び義務

[国民の基本的人権の永久不可侵性]
第11条 国民は、すべての基本的人権の享有を妨げられない。この憲法が国民に保障する基本的人権は、侵すことのできない永久の権利として、現在及び将来の国民に与へられる。

[自由及び権利の保持責任、濫用の禁止、利用責任]
第12条 この憲法が国民に保障する自由及び権利は、国民の不断の努力によつて、これを保持しなければならない。又、国民は、これを濫用してはならないのであつて、常に公共の福祉のためにこれを利用する責任を負ふ。

[個人の尊重]
第13条 すべて国民は、個人として尊重される。生命、自由及び幸福追求に対する国民の権利については、公共の福祉に反しない限り、立法その他の国政の上で、最大の尊重を必要とする。

[法の下の平等、貴族制度の否認、栄典の授与]
第14条 すべて国民は、法の下に平等であつて、人種、信条、性別、社会的身分又は門地により、政治的、経済的又は社会的関係において、差別されない。
② 華族その他の貴族の制度は、これを認めない。
③ 栄誉、勲章その他の栄典の授与は、いかなる特権も伴はない。栄典の授与は、現にこれを有し、又は将来これを受ける者の一代に限り、その効力を有する。

[家族生活における個人の尊厳と両性の平等]
第24条 婚姻は、両性の合意のみに基いて成立し、夫婦が同等の権利を有することを基本として、相互の協力により、維持されなければならない。
② 配偶者の選択、財産権、相続、住居の選定、離婚並びに婚姻及び家族に関するその他の事項に関しては、法律は、個人の尊厳と両性の本質的平等に立脚して、制定されなければならない。

[国民の生存権、国の保障義務]
第25条 すべて国民は、健康で文化的な最低限度の生活を営む権利を有する。
② 国は、すべての生活部面について、社会福祉、社会保障及び公衆衛生の向上及び増進に努めなければならない。

[教育を受ける権利、受けさせる義務]
第26条 すべて国民は、法律の定めるところにより、その能力に応じて、ひとしく教育を受ける権利を有する。
② すべて国民は、法律の定めるところにより、その保護する子女に普通教育を受けさせる義務を負ふ。義務教育は、これを無償とする。

世界人権宣言 （抄）

（1948・12・10 第3回国際連合総会で採択）

前文

人類社会のすべての構成員の固有の尊厳と平等で譲ることのできない権利とを承認することは、世界における自由、正義及び平和の基礎であるので、

人権の無視及び軽侮が、人類の良心を踏みにじつた野蛮行為をもたらし、言論及び信仰の自由が受けられ、恐怖及び欠乏のない世界の到来が、一般の人々の最高の願望として宣言されたので、

人間が専制と圧迫とに対する最後の手段として反逆に訴えることがないやうにするためには、法の支配によつて人権を保護することが肝要であるので、

諸国間の友好関係の発展を促進することが、肝要であるので、

国際連合の諸国民は、国際連合憲章において、基本的人権、人間の尊厳及び価値並びに男女の同権についての信念を再確認し、かつ、一層大きな自由のうちで社会的進歩と生活水準の向上とを促進することを決意したので、

加盟国は、国際連合と協力して、人権及び基本的自由の普遍的な尊重及び遵守の促進を達成することを誓約したので、

これらの権利及び自由に対する共通の理解は、この誓約を完全にするためにもつとも重要であるので、

よつて、ここに、国際連合総会は、社会の各個人及び各機関が、この世界人権宣言を常に念頭に置きながら、加盟国自身の人民の間にも、また、加盟国の管轄下にある地域の人民の間にも、これらの権利と自由との尊重を指導及び教育によつて促進すること並びにそれらの普遍的かつ効果的な承認と遵守とを国内的及び国際的な漸進的措置によつて確保することに努力するように、すべての人民とすべての国とが達成すべき共通の基準として、この世界人権宣言を公布する。

第1条 すべての人間は、生れながらにして自由であり、かつ、尊厳

と権利とについて平等である。人間は、理性と良心とを授けられており、互いに同胞の精神をもつて行動しなければならない。

第2条 すべて人は、人種、皮膚の色、性、言語、宗教、政治上その他の意見、国民的若しくは社会的出身、財産、門地その他の地位又はこれに類するいかなる事由による差別をも受けることなく、この宣言に掲げるすべての権利と自由とを享有することができる。

2 さらに、個人の属する国又は地域が独立国であると、信託統治地域であると、非自治地域であると、又は他のなんらかの主権制限の下にあるとを問わず、その国又は地域の政治上、管轄上又は国際上の地位に基づくいかなる差別もしてはならない。

第3条 すべての人は、生命、自由及び身体の安全に対する権利を有する。

第4条 何人も、奴隷にされ、又は苦役に服することはない。奴隷制度及び奴隷売買は、いかなる形においても禁止する。

第5条 何人も、拷問又は残虐な、非人道的な若しくは屈辱的な取扱若しくは刑罰を受けることはない。

第6条 すべて人は、いかなる場所においても、法の下において、人として認められる権利を有する。

第7条 すべて人は、法の下において平等であり、また、いかなる差別もなしに法の平等な保護を受ける権利を有する。すべての人は、この宣言に違反するいかなる差別に対しても、また、そのような差別をそそのかすいかなる行為に対しても、平等な保護を受ける権利を有する。

第8条 すべて人は、憲法又は法律によつて与えられた基本的権利を侵害する行為に対し、権限を有する国内裁判所による効果的な救済を受ける権利を有する。

第9条 何人も、ほしいままに逮捕、拘禁、又は追放されることはない。

第10条 すべて人は、自己の権利及び義務並びに自己に対する刑事責任が決定されるに当つて、独立の公平な裁判所による公正な公開の審理を受けることについて完全に平等の権利を有する。

第11条 犯罪の訴追を受けた者は、すべて、自己の弁護に必要なすべての保障を与えられた公開の裁判において法律に従つて有罪の立証があるまでは、無罪と推定される権利を有する。

2 何人も、実行の時に国内法又は国際法により犯罪を構成しなかつた作為又は不作為のために有罪とされることはない。また、犯罪が行われた時に適用される刑罰より重い刑罰は課されない。

第12条 何人も、自己の私事、家族、家庭若しくは通信に対して、ほしいままに干渉され、又は名誉及び信用に対して攻撃を受けることはない。人はすべて、このような干渉又は攻撃に対して法の保護を受ける権利を有する。

児童の権利に関する条約(抄)

平成6・5・16 条約2号
1989・11・20 第44回国際連合総会で採択
1994・5・22 日本国について発効
最新改正 平成15 条約3・外告183

前 文

この条約の締約国は、

国際連合憲章において宣明された原則によれば、人類社会のすべての構成員の固有の尊厳及び平等のかつ奪い得ない権利を認めることが世界における自由、正義及び平和の基礎を成すものであることを考慮し、

国際連合加盟国の国民が、国際連合憲章において、基本的人権並びに人間の尊厳及び価値に関する信念を改めて確認し、かつ、一層大きな自由の中で社会的進歩及び生活水準の向上を促進することを決意したことに留意し、

国際連合が、世界人権宣言及び人権に関する国際規約において、すべての人は人種、皮膚の色、性、言語、宗教、政治的意見その他の意見、国民的若しくは社会的出身、財産、出生又は他の地位等によるいかなる差別もなしに同宣言及び同規約に掲げるすべての権利及び自由を享有することができることを宣明し及び合意したことを認め、

国際連合が、世界人権宣言において、児童は特別な保護及び援助についての権利を享有することができることを宣明したことを想起し、

家族が、社会の基礎的な集団とし

て、並びに家族のすべての構成員特に児童の成長及び福祉のための自然な環境として、社会においてその責任を十分に引き受けることができるよう必要な保護及び援助を与えられるべきであることを確信し、

児童が、その人格の完全なかつ調和のとれた発達のため、家庭環境の下で幸福、愛情及び理解のある雰囲気の中で成長すべきであることを認め、

児童が、社会において個人として生活するため十分な準備が整えられるべきであり、かつ、国際連合憲章において宣明された理想の精神並びに特に平和、尊厳、寛容、自由、平等及び連帯の精神に従つて育てられるべきであることを考慮し、

児童に対して特別な保護を与えることの必要性が、1924年の児童の権利に関するジュネーブ宣言及び1959年11月20日に国際連合総会で採択された児童の権利に関する宣言において述べられており、また、世界人権宣言、市民的及び政治的権利に関する国際規約(特に第23条及び第24条)、経済的、社会的及び文化的権利に関する国際規約(特に第10条)並びに児童の福祉に関係する専門機関及び国際機関の規程及び関連文書において認められていることに留意し、

児童の権利に関する宣言において示されているとおり「児童は、身体的及び精神的に未熟であるため、その出生の前後において、適当な法的保護を含む特別な保護及び世話を必要とする。」ことに留意し、

国内の又は国際的な里親委託及び養子縁組を特に考慮した児童の保護及び福祉についての社会的及び法的な原則に関する宣言、少年司法の運用のための国際連合最低基準規則(北京規則)及び緊急事態及び武力紛争における女子の保護に関する宣言の規定を想起し、

極めて困難な条件の下で生活している児童が世界のすべての国に存在すること、また、このような児童が特別の配慮を必要としていることを認め、

児童の保護及び調和のとれた発達のために各人民の伝統及び文化的価値が有する重要性を十分に考慮し、

あらゆる国特に開発途上国における児童の生活条件を改善するために国際協力が重要であることを認めて、次のとおり協定した。

第1部

第1条〔児童の定義〕

この条約の適用上，児童とは，18歳未満のすべての者をいう。ただし，当該児童で，その者に適用される法律によりより早く成年に達したものを除く。

第2条〔差別の禁止〕

1 締約国は，その管轄の下にある児童に対し，児童又はその父母若しくは法定保護者の人種，皮膚の色，性，言語，宗教，政治的意見その他の意見，国民的，種族的若しくは社会的出身，財産，心身障害，出生又は他の地位にかかわらず，いかなる差別もなしにこの条約に定める権利を尊重し，及び確保する。

2 締約国は，児童がその父母，法定保護者又は家族の構成員の地位，活動，表明した意見又は信念によるあらゆる形態の差別又は処罰から保護されることを確保するためのすべての適当な措置をとる。

第3条〔児童に対する措置の原則〕

1 児童に関するすべての措置をとるに当たっては，公的若しくは私的な社会福祉施設，裁判所，行政当局又は立法機関のいずれによって行われるものであっても，児童の最善の利益が主として考慮されるものとする。

2 締約国は，児童の父母，法定保護者又は児童について法的に責任を有する他の者の権利及び義務を考慮に入れて，児童の福祉に必要な保護及び養護を確保することを約束し，このため，すべての適当な立法上及び行政上の措置をとる。

3 締約国は，児童の養護又は保護のための施設，役務の提供及び設備が，特に安全及び健康の分野に関し並びにこれらの職員の数及び適格性並びに適正な監督に関し権限のある当局の設定した基準に適合することを確保する。

第4条〔締約国の義務〕

締約国は，この条約において認められる権利の実現のため，すべての適当な立法措置，行政措置その他の措置を講ずる。締約国は，経済的，社会的及び文化的権利に関しては，自国における利用可能な手段の最大限の範囲内で，また，必要な場合には国際協力の枠内で，これらの措置を講ずる。

第5条〔父母等の責任，権利及び義務の尊重〕

締約国は，児童がこの条約において認められる権利を行使するに当たり，父母若しくは場合により地方の慣習により定められている大家族若しくは共同体の構成員，法定保護者又は児童について法的に責任を有する他の者がその児童の発達しつつある能力に適合する方法で適当な指示及び指導を与える責任，権利及び義務を尊重する。

第6条〔生命に対する固有の権利〕

1 締約国は，すべての児童が生命に対する固有の権利を有することを認める。

2 締約国は，児童の生存及び発達を可能な最大限の範囲において確保する。

第7条〔登録，氏名及び国籍等に関する権利〕

1 児童は，出生の後直ちに登録される。児童は，出生の時から氏名を有する権利及び国籍を取得する権利を有するものとし，また，できる限りその父母を知りかつその父母によって養育される権利を有する。

2 締約国は，特に児童が無国籍となる場合を含めて，国内法及びこの分野における関連する国際文書に基づく自国の義務に従い，1の権利の実現を確保する。

第8条〔国籍等身元関係事項を保持する権利〕

1 締約国は，児童が法律によって認められた国籍，氏名及び家族関係を含むその身元関係事項について不法に干渉されることなく保持する権利を尊重することを約束する。

2 締約国は，児童がその身元関係事項の一部又は全部を不法に奪われた場合には，その身元関係事項を速やかに回復するため，適当な援助及び保護を与える。

第9条〔父母からの分離についての手続き及び児童が父母との接触を維持する権利〕

1 締約国は，児童がその父母の意思に反してその父母から分離されないことを確保する。ただし，権限のある当局が司法の審査に従うことを条件として適用のある法律及び手続に従いその分離が児童の最善の利益のために必要であると決定する場合は，この限りでない。このような決定は，父母が児童を虐待し若しくは放置する場合又は父母が別居しており児童の居住地を決定しなければならない場合のような特定の場合において必要となることがある。

2 すべての関係当事者は，1の規定に基づくいかなる手続においても，その手続に参加しかつ自己の意見を述べる機会を有する。

3 締約国は，児童の最善の利益に反する場合を除くほか，父母の一方又は双方から分離されている児童が定期的に父母のいずれとも人的な関係及び直接の接触を維持する権利を尊重する。

4 3の分離が，締約国がとった父母の一方若しくは双方又は児童の抑留，拘禁，追放，退去強制，死亡（その者が当該締約国により身体を拘束されている間に何らかの理由により生じた死亡を含む。）等のいずれかの措置に基づく場合には，当該締約国は，要請に応じ，父母，児童又は適当な場合には家族の他の構成員に対し，家族のうち不在となっている者の所在に関する重要な情報を提供する。ただし，その情報の提供が児童の福祉を害する場合は，この限りでない。締約国は，更に，その要請の提出自体が関係者に悪影響を及ぼさないことを確保する。

第10条〔家族の再統合に対する配慮〕

1 前条1の規定に基づく締約国の義務に従い，家族の再統合を目的とする児童又はその父母による締約国への入国又は締約国からの出国の申請については，締約国が積極的，人道的かつ迅速な方法で取り扱う。締約国は，更に，その申請の提出が申請者及びその家族の構成員に悪影響を及ぼさないことを確保する。

2 父母と異なる国に居住する児童は，例外的な事情がある場合を除くほか定期的に父母との人的な関係及び直接の接触を維持する権利を有する。このため，前条1の規定に基づく締約国の義務に従い，締約国は，児童及びその父母がいずれの国（自国を含む。）からも出国し，かつ，自国に入国する権利を尊重する。出国する権利は，法律で定められ，国の安全，公の秩序，公衆の健康若しくは道徳又は他の者の権利及び自由を保護するために必要であり，かつ，この条約において認められる他の権利

と両立する制限にのみ従う。

第11条〔児童の不法な国外移送，帰還できない事態の除去〕

1 締約国は，児童が不法に国外に移送されることを防止し及び国外から帰還することができない事態を除去するための措置を講ずる。

2 このため，締約国は，二国間若しくは多数国間の協定の締結又は現行の協定への加入を促進する。

第12条〔意見を表明する権利〕

1 締約国は，自己の意見を形成する能力のある児童がその児童に影響を及ぼすすべての事項について自由に自己の意見を表明する権利を確保する。この場合において，児童の意見は，その児童の年齢及び成熟度に従って相応に考慮されるものとする。

2 このため，児童は，特に，自己に影響を及ぼすあらゆる司法上及び行政上の手続において，国内法の手続規則に合致する方法により直接に又は代理人若しくは適当な団体を通じて聴取される機会を与えられる。

第13条〔表現の自由〕

1 児童は，表現の自由についての権利を有する。この権利には，口頭，手書き若しくは印刷，芸術の形態又は自ら選択する他の方法により，国境とのかかわりなく，あらゆる種類の情報及び考えを求め，受け及び伝える自由を含む。

2 1の権利の行使については，一定の制限を課することができる。ただし，その制限は，法律によって定められ，かつ，次の目的のために必要とされるものに限る。

(a) 他の者の権利又は信用の尊重

(b) 国の安全，公の秩序又は公衆の健康若しくは道徳の保護

第14条〔思想，良心及び宗教の自由〕

1 締約国は，思想，良心及び宗教の自由についての児童の権利を尊重する。

2 締約国は，児童が1の権利を行使するに当たり，父母及び場合により法定保護者が児童に対しその発達しつつある能力に適合する方法で指示を与える権利及び義務を尊重する。

3 宗教又は信念を表明する自由については，法律で定める制限であって公共の安全，公の秩序，公衆の健康若しくは道徳又は他の者の基本的な権利及び自由を保護する

ために必要なもののみを課することができる。

第15条〔結社及び集会の自由〕

1 締約国は，結社の自由及び平和的な集会の自由についての児童の権利を認める。

2 1の権利の行使については，法律で定める制限であって国の安全若しくは公共の安全，公の秩序，公衆の健康若しくは道徳の保護又は他の者の権利及び自由の保護のため民主的社会において必要なもの以外のいかなる制限も課することができない。

第16条〔私生活等に対する不法な干渉からの保護〕

1 いかなる児童も，その私生活，家族，住居若しくは通信に対して恣意的に若しくは不法に干渉され又は名誉及び信用を不法に攻撃されない。

2 児童は，1の干渉又は攻撃に対する法律の保護を受ける権利を有する。

第17条〔多様な情報源からの情報及び資料の利用〕

締約国は，大衆媒体（マス・メディア）の果たす重要な機能を認め，児童が国の内外の多様な情報源からの情報及び資料，特に児童の社会面，精神面及び道徳面の福祉並びに心身の健康の促進を目的とした情報及び資料を利用することができることを確保する。このため，締約国は，

(a) 児童にとって社会面及び文化面において有益であり，かつ，第29条の精神に沿う情報及び資料を大衆媒体（マス・メディア）が普及させるよう奨励する。

(b) 国の内外の多様な情報源（文化的にも多様な情報源を含む。）からの情報及び資料の作成，交換及び普及における国際協力を奨励する。

(c) 児童用書籍の作成及び普及を奨励する。

(d) 少数集団に属し又は原住民である児童の言語上の必要性について大衆媒体（マス・メディア）が特に考慮するよう奨励する。

(e) 第13条及び次条の規定に留意して，児童の福祉に有害な情報及び資料から児童を保護するための適当な指針を発展させることを奨励する。

第18条〔児童の養育及び発達についての父母の責任と国の援助〕

1 締約国は，児童の養育及び発達について父母が共同の責任を有するという原則についての認識を確保するために最善の努力を払う。父母又は場合により法定保護者は，児童の養育及び発達についての第一義的な責任を有する。児童の最善の利益は，これらの者の基本的な関心事項となるものとする。

2 締約国は，この条約に定める権利を保障し及び促進するため，父母及び法定保護者が児童の養育についての責任を遂行するに当たりこれらの者に対して適当な援助を与えるものとし，また，児童の養護のための施設，設備及び役務の提供の発展を確保する。

3 締約国は，父母が働いている児童が利用する資格を有する児童の養護のための役務の提供及び設備からその児童が便益を受ける権利を有することを確保するためのすべての適当な措置をとる。

第19条〔監護を受けている間における虐待からの保護〕

1 締約国は，児童が父母，法定保護者又は児童を監護する他の者による監護を受けている間において，あらゆる形態の身体的若しくは精神的な暴力，傷害若しくは虐待，放置若しくは怠慢な取扱い，不当な取扱い又は搾取（性的虐待を含む。）からその児童を保護するためすべての適当な立法上，行政上，社会上及び教育上の措置をとる。

2 1の保護措置には，適当な場合には，児童及び児童を監護する者のために必要な援助を与える社会的計画の作成その他の形態による防止のための効果的な手続並びに1に定める児童の不当な取扱いの事件の発見，報告，付託，調査，処置及び事後措置並びに適当な場合には司法の関与に関する効果的な手続を含むものとする。

第20条〔家庭環境を奪われた児童等に対する保護及び援助〕

1 一時的若しくは恒久的にその家庭環境を奪われた児童又は児童自身の最善の利益にかんがみその家庭環境にとどまることが認められない児童は，国が与える特別の保護及び援助を受ける権利を有する。

2 締約国は，自国の国内法に従い，1の児童のための代替的な監護を確保する。

3 2の監護には，特に，里親委託，イスラム法のカファーラ，養子縁

組又は必要な場合には児童の監護のための適当な施設への収容を含むことができる。解決策の検討に当たっては、児童の養育において継続性が望ましいこと並びに児童の種族的、宗教的、文化的及び言語的背景について、十分な考慮を払うものとする。

第21条〔養子縁組に際しての保護〕

養子縁組の制度を認め又は許容している締約国は、児童の最善の利益について最大の考慮が払われることを確保するものとし、また、

(a) 児童の養子縁組が権限のある当局によってのみ認められることを確保する。この場合において、当該権限のある当局は、適用のある法律及び手続に従い、かつ、信頼し得るすべての関連情報に基づき、養子縁組が父母、親族及び法定保護者に関する児童の状況にかんがみ許容されること並びに必要な場合には、関係者が所要のカウンセリングに基づき養子縁組について事情を知らされた上での同意を与えていることを認定する。

(b) 児童がその出身国内において里親若しくは養家に託され又は適切な方法で監護を受けることができない場合には、これに代わる児童の監護の手段として国際的な養子縁組を考慮することができることを認める。

(c) 国際的な養子縁組が行われる児童が国内における養子縁組の場合における保護及び基準と同等のものを享受することを確保する。

(d) 国際的な養子縁組において当該養子縁組が関係者に不当な金銭上の利得をもたらすことがないことを確保するためのすべての適当な措置をとる。

(e) 適当な場合には、二国間又は多数国間の取極又は協定を締結することによりこの条の目的を促進し、及びこの枠組みの範囲内で他国における児童の養子縁組が権限のある当局又は機関によって行われるよう努める。

第22条〔難民の児童等に対する保護及び援助〕

1 締約国は、難民の地位を求めている児童又は適用のある国際法及び国際的な手続若しくは国内法及び国内的な手続に基づき難民と認められている児童が、父母又は他の者に付き添われているかいないかを問わず、この条約及び自国が締約国となっている人権条約又は人道に関する他の国際文書に定める権利であって適用のあるものの享受に当たり、適当な保護及び人道的援助を受けることを確保するための適当な措置をとる。

2 このため、締約国は、適当と認める場合には、1の児童を保護し及び援助するため、並びに難民の児童の家族との再統合に必要な情報を得ることを目的としてその難民の児童の父母又は家族の他の構成員を捜すため、国際連合及びこれと協力する他の権限のある政府間機関又は関係非政府機関による努力に協力する。その難民の児童は、父母又は家族の他の構成員が発見されない場合には、何らかの理由により恒久的又は一時的にその家庭環境を奪われた他の児童と同様にこの条約に定める保護が与えられる。

第23条〔心身障害を有する児童に対する特別の養護及び援助〕

1 締約国は、精神的又は身体的な障害を有する児童が、その尊厳を確保し、自立を促進し及び社会への積極的な参加を容易にする条件の下で十分かつ相応な生活を享受すべきであることを認める。

2 締約国は、障害を有する児童が特別の養護についての権利を有することを認めるものとし、利用可能な手段の下で、申込みに応じた、かつ、当該児童の状況及び父母又は当該児童を養護している他の者の事情に適した援助を、これを受ける資格を有する児童及びこのような児童の養護について責任を有する者に与えることを奨励し、かつ、確保する。

3 障害を有する児童の特別な必要を認めて、2の規定に従って与えられる援助は、父母又は当該児童を養護している他の者の資力を考慮して可能な限り無償で与えられるものとし、かつ、障害を有する児童が可能な限り社会への統合及び個人の発達（文化的及び精神的な発達を含む。）を達成することに資する方法で当該児童が教育、訓練、保健サービス、リハビリテーション・サービス、雇用のための準備及びレクリエーションの機会を実質的に利用し及び享受する

ことができるように行われるものとする。

4 締約国は、国際協力の精神により、予防的な保健並びに障害を有する児童の医学的、心理学的及び機能的治療の分野における適当な情報の交換（リハビリテーション、教育及び職業サービスの方法に関する情報の普及及び利用を含む。）であってこれらの分野における自国の能力及び技術を向上させ並びに自国の経験を広げることができるようにすることを目的とするものを促進する。これに関しては、特に、開発途上国の必要を考慮する。

第24条〔健康を享受すること等についての権利〕

1 締約国は、到達可能な最高水準の健康を享受すること並びに病気の治療及び健康の回復のための便宜を与えられることについての児童の権利を認める。締約国は、いかなる児童もこのような保健サービスを利用する権利が奪われないことを確保するために努力する。

2 締約国は、1の権利の完全な実現を追求するものとし、特に、次のことのための適当な措置をとる。

(a) 幼児及び児童の死亡率を低下させること。

(b) 基礎的な保健の発展に重点を置いて必要な医療及び保健をすべての児童に提供することを確保すること。

(c) 環境汚染の危険を考慮に入れて、基礎的な保健の枠組みの範囲内で行われることを含めて、特に容易に利用可能な技術の適用により並びに十分に栄養のある食物及び清潔な飲料水の供給を通じて、疾病及び栄養不良と戦うこと。

(d) 母親のための産前産後の適当な保健を確保すること。

(e) 社会のすべての構成員特に父母及び児童が、児童の健康及び栄養、母乳による育児の利点、衛生（環境衛生を含む。）並びに事故の防止についての基礎的な知識に関して、情報を提供され、教育を受ける機会を有し及びその知識の使用について支援されることを確保すること。

(f) 予防的な保健、父母のための指導並びに家族計画に関する教育及びサービスを発展させること。

3　締約国は、児童の健康を害するような伝統的な慣行を廃止するため、効果的かつ適当なすべての措置をとる。

4　締約国は、この条において認められる権利の完全な実現を漸進的に達成するため、国際協力を促進し及び奨励することを約束する。これに関しては、特に、開発途上国の必要を考慮する。

第25条〔児童の処遇等に関する定期的審査〕

締約国は、児童の身体又は精神の養護、保護又は治療を目的として権限のある当局によって収容された児童に対する処遇及びその収容に関連する他のすべての状況に関する定期的な審査が行われることについての児童の権利を認める。

第26条〔社会保障からの給付を受ける権利〕

1　締約国は、すべての児童が社会保険その他の社会保障からの給付を受ける権利を認めるものとし、自国の国内法に従い、この権利の完全な実現を達成するための必要な措置をとる。

2　1の給付は、適当な場合には、児童及びその扶養について責任を有する者の資力及び事情並びに児童によって又は児童に代わって行われる給付の申請に関する他のすべての事項を考慮して、与えられるものとする。

第27条〔相当な生活水準についての権利〕

1　締約国は、児童の身体的、精神的、道徳的及び社会的な発達のための相当な生活水準についてのすべての児童の権利を認める。

2　父母又は児童について責任を有する他の者は、自己の能力及び資力の範囲内で、児童の発達に必要な生活条件を確保することについての第一義的な責任を有する。

3　締約国は、国内事情に従い、かつ、その能力の範囲内で、1の権利の実現のため、父母及び児童について責任を有する他の者を援助するための適当な措置をとるものとし、また、必要な場合には、特に栄養、衣類及び住居に関して、物的援助及び支援計画を提供する。

4　締約国は、父母又は児童について金銭上の責任を有する他の者から、児童の扶養料を自国内で及び外国から、回収することを確保するためのすべての適当な措置をと

る。特に、児童について金銭上の責任を有する者が児童と異なる国に居住している場合には、締約国は、国際協定への加入又は国際協定の締結及び他の適当な取決めの作成を促進する。

第28条〔教育についての権利〕

1　締約国は、教育についての児童の権利を認めるものとし、この権利を漸進的にかつ機会の平等を基礎として達成するため、特に、

(a)　初等教育を義務的なものとし、すべての者に対して無償のものとする。

(b)　種々の形態の中等教育（一般教育及び職業教育を含む。）の発展を奨励し、すべての児童に対し、これらの中等教育が利用可能であり、かつ、これらを利用する機会が与えられるものとし、例えば、無償教育の導入、必要な場合における財政的援助の提供のような適当な措置をとる。

(c)　すべての適当な方法により、能力に応じ、すべての者に対して高等教育を利用する機会が与えられるものとする。

(d)　すべての児童に対し、教育及び職業に関する情報及び指導が利用可能であり、かつ、これらを利用する機会が与えられるものとする。

(e)　定期的な登校及び中途退学率の減少を奨励するための措置をとる。

2　締約国は、学校の規律が児童の人間の尊厳に適合する方法で及びこの条約に従って運用されることを確保するためのすべての適当な措置をとる。

3　締約国は、特に全世界における無知及び非識字の廃絶に寄与し並びに科学上及び技術上の知識並びに最新の教育方法の利用を容易にするため、教育に関する事項についての国際協力を促進し、及び奨励する。これに関しては、特に、開発途上国の必要を考慮する。

第29条〔教育の目的〕

1　締約国は、児童の教育が次のことを指向すべきことに同意する。

(a)　児童の人格、才能並びに精神的及び身体的な能力をその可能な最大限度まで発達させること。

(b)　人権及び基本的自由並びに国際連合憲章にうたう原則の尊重を育成すること。

(c)　児童の父母、児童の文化的同一性、言語及び価値観、児童の居住国及び出身国の国民的価値観並びに自己の文明と異なる文明に対する尊重を育成すること。

(d)　すべての人民の間の、種族的、国民的及び宗教的の集団の間の並びに原住民である者の間の理解、平和、寛容、両性の平等及び友好の精神に従い、自由な社会における責任ある生活のために児童に準備させること。

(e)　自然環境の尊重を育成すること。

2　この条又は前条のいかなる規定も、個人及び団体が教育機関を設置し及び管理する自由を妨げるものと解してはならない。ただし、常に、1に定める原則が遵守されること及び当該教育機関において行われる教育が国によって定められる最低限度の基準に適合することを条件とする。

第30条〔少数民族に属し又は原住民である児童の文化、宗教及び言語についての権利〕

種族的、宗教的若しくは言語的少数民族又は原住民である者が存在する国において、当該少数民族に属し又は原住民である児童は、その集団の他の構成員とともに自己の文化を享有し、自己の宗教を信仰しかつ実践し又は自己の言語を使用する権利を否定されない。

第31条〔休息、余暇及び文化的生活に関する権利〕

1　締約国は、休息及び余暇についての児童の権利並びに児童がその年齢に適した遊び及びレクリエーションの活動を行い並びに文化的な生活及び芸術に自由に参加する権利を認める。

2　締約国は、児童が文化的及び芸術的な生活に十分に参加する権利を尊重しかつ促進するものとし、文化的及び芸術的な活動並びにレクリエーション及び余暇の活動のための適当かつ平等な機会の提供を奨励する。

第32条〔経済的搾取からの保護、有害となるおそれのある労働への従事から保護される権利〕

1　締約国は、児童が経済的な搾取から保護され及び危険となり若しくは児童の教育の妨げとなり又は児童の健康若しくは身体的、精神的、道徳的若しくは社会的な発達に有害となるおそれのある労働へ

の従事から保護される権利を認める。

2 締約国は，この条の規定の実施を確保するための立法上，行政上，社会上及び教育上の措置をとる。このため，締約国は，他の国際文書の関連規定を考慮して，特に，

(a) 雇用が認められるための一又は二以上の最低年齢を定める。

(b) 労働時間及び労働条件についての適当な規則を定める。

(c) この条の規定の効果的な実施を確保するための適当な罰則その他の制裁を定める。

第33条〔麻薬の不正使用等からの保護〕

締約国は，関連する国際条約に定義された麻薬及び向精神薬の不正な使用から児童を保護し並びにこれらの物質の不正な生産及び取引における児童の使用を防止するための立法上，行政上，社会上及び教育上の措置を含むすべての適当な措置をとる。

第34条〔性的搾取，虐待からの保護〕

締約国は，あらゆる形態の性的搾取及び性的虐待から児童を保護することを約束する。このため，締約国は，特に，次のことを防止するためのすべての適当な国内，二国間及び多数国間の措置をとる。

(a) 不法な性的な行為を行うことを児童に対して勧誘し又は強制すること。

(b) 売春又は他の不法な性的な業務において児童を搾取的に使用すること。

(c) わいせつな演技及び物において児童を搾取的に使用すること。

第35条〔児童の誘拐，売買等からの保護〕

締約国は，あらゆる目的のための又はあらゆる形態の児童の誘拐，売買又は取引を防止するためのすべての適当な国内，二国間及び多数国間の措置をとる。

第36条〔他のすべての形態の搾取からの保護〕

締約国は，いずれかの面において児童の福祉を害する他のすべての形態の搾取から児童を保護する。

第37条〔拷問等の禁止，自由を奪われた児童の取扱い〕

締約国は，次のことを確保する。

(a) いかなる児童も，拷問又は他の残虐な，非人道的な若しくは品位を傷つける取扱い若しくは刑罰を受けないこと。死刑又は

釈放の可能性がない終身刑が，18歳未満の者が行った犯罪について科さないこと。

(b) いかなる児童も，不法に又は恣意的にその自由を奪われないこと。児童の逮捕，抑留又は拘禁は，法律に従って行うものとし，最後の解決手段として最も短い適当な期間のみ用いること。

(c) 自由を奪われたすべての児童は，人道的に，人間の固有の尊厳を尊重して，かつ，その年齢の者の必要を考慮した方法で取り扱われること。特に，自由を奪われたすべての児童は，成人とは分離されないことがその最善の利益であると認められない限り成人とは分離されるものとし，例外的な事情がある場合を除くほか，通信及び訪問を通じてその家族との接触を維持する権利を有すること。

(d) 自由を奪われたすべての児童は，弁護人その他適当な援助を行う者と速やかに接触する権利を有し，裁判所その他の権限のある，独立の，かつ，公平な当局においてその自由の剥奪の合法性を争い並びにこれについての決定を速やかに受ける権利を有すること。

第38条〔武力紛争における児童の保護〕

1 締約国は，武力紛争において自国に適用される国際人道法の規定で児童に関係を有するものを尊重し及びこれらの規定の尊重を確保することを約束する。

2 締約国は，15歳未満の者が敵対行為に直接参加しないことを確保するためのすべての実行可能な措置をとる。

3 締約国は，15歳未満の者を自国の軍隊に採用することを差し控えるものとし，また，15歳以上18歳未満の者の中から採用するに当たっては，最年長者を優先させるよう努める。

4 締約国は，武力紛争において文民を保護するための国際人道法に基づく自国の義務に従い，武力紛争の影響を受ける児童の保護及び養護を確保するためのすべての実行可能な措置をとる。

第39条〔搾取，虐待，武力紛争等による被害を受けた児童の回復のための措置〕

締約国は，あらゆる形態の放置，

搾取若しくは虐待，拷問若しくは他のあらゆる形態の残虐な，非人道的な若しくは品位を傷つける取扱い若しくは刑罰又は武力紛争による被害者である児童の身体的及び心理的な回復及び社会復帰を促進するためのすべての適当な措置をとる。このような回復及び復帰は，児童の健康，自尊心及び尊厳を育成する環境において行われる。

以上の証拠として，下名の全権委員は，各自の政府から正当に委任を受けてこの条約に署名した。

児童虐待の防止等に関する法律（抄）

平成12・5・24　法律82
最新改正　令和2法律41

（目的）

第1条 この法律は，児童虐待が児童の人権を著しく侵害し，その心身の成長及び人格の形成に重大な影響を与えるとともに，我が国における将来の世代の育成にも懸念を及ぼすことにかんがみ，児童に対する虐待の禁止，児童虐待の予防及び早期発見その他の児童虐待の防止に関する国及び地方公共団体の責務，児童虐待を受けた児童の保護及び自立の支援のための措置等を定めることにより，児童虐待の防止等に関する施策を促進し，もって児童の権利利益の擁護に資することを目的とする。

（児童虐待の定義）

第2条 この法律において，「児童虐待」とは，保護者（親権を行う者，未成年後見人その他の者で，児童を現に監護するものをいう。以下同じ。）がその監護する児童（18歳に満たない者をいう。以下同じ。）について行う次に掲げる行為をいう。

一 児童の身体に外傷が生じ，又は生じるおそれのある暴行を加えること。

二 児童にわいせつな行為をすること又は児童をしてわいせつな行為をさせること。

三 児童の心身の正常な発達を妨げるような著しい減食又は長時間の放置，保護者以外の同居人による前二号又は次号に掲げる行為と同様の行為の放置その他

の保護者としての監護を著しく怠ること。

四　児童に対する著しい暴言又は著しく拒絶的な対応，児童が同居する家庭における配偶者に対する暴力（配偶者（婚姻の届出をしていないが，事実上婚姻関係と同様の事情にある者を含む。）の身体に対する不法な攻撃であって生命又は身体に危害を及ぼすもの及びこれに準ずる心身に有害な影響を及ぼす言動をいう。第16条において同じ。）その他の児童に著しい心理的外傷を与える言動を行うこと。

　　附　則（抄）

（施行期日）

第1条　この法律は，公布の日〔平成12年5月24日〕から起算して6月を超えない範囲内において政令で定める日〔平成12年11月20日〕から施行する。〔後略〕

配偶者からの暴力の防止及び被害者の保護等に関する法律（抄）

平成13・4・13　法律31
題名改正＝平成25法律72
最新改正　令和元年法律46

　我が国においては，日本国憲法に個人の尊重と法の下の平等がうたわれ，人権の擁護と男女平等の実現に向けた取組が行われている。

　ところが，配偶者からの暴力は，犯罪となる行為をも含む重大な人権侵害であるにもかかわらず，被害者の救済が必ずしも十分に行われてこなかった。また，配偶者からの暴力の被害者は，多くの場合女性であり，経済的自立が困難である女性に対して配偶者が暴力を加えることは，個人の尊厳を害し，男女平等の実現の妨げとなっている。

　このような状況を改善し，人権の擁護と男女平等の実現を図るためには，配偶者からの暴力を防止し，被害者を保護するための施策を講ずることが必要である。このことは，女性に対する暴力を根絶しようと努めている国際社会における取組にも沿うものである。

　ここに，配偶者からの暴力に係る通報，相談，保護，自立支援等の体制を整備することにより，配偶者からの暴力の防止及び被害者の保護を

図るため，この法律を制定する。

　　第1章　総則

（定義）

第1条　この法律において「配偶者からの暴力」とは，配偶者からの身体に対する暴力（身体に対する不法な攻撃であって生命又は身体に危害を及ぼすものをいう。以下同じ。）又はこれに準ずる心身に有害な影響を及ぼす言動（以下この項及び第28条の2において「身体に対する暴力等」と総称する。）をいい，配偶者からの身体に対する暴力等を受けた後に，その者が離婚をし，又はその婚姻が取り消された場合にあっては，当該配偶者であった者から引き続き受ける身体に対する暴力等を含むものとする。

2　この法律において「被害者」とは，配偶者からの暴力を受けた者をいう。

3　この法律にいう「配偶者」には，婚姻の届出をしていないが事実上婚姻関係と同様の事情にある者を含み，「離婚」には，婚姻の届出をしていないが事実上婚姻関係と同様の事情にあった者が，事実上離婚したと同様の事情に入ることを含むものとする。

（国及び地方公共団体の責務）

第2条　国及び地方公共団体は，配偶者からの暴力を防止するとともに，被害者の自立を支援することを含め，その適切な保護を図る責務を有する。

　　附　則（抄）

（施行期日）

第1条　この法律は，公布の日〔平成13年4月13日〕から起算して6月を経過した日〔平成13年10月13日〕から施行する。〔後略〕

高齢者虐待の防止，高齢者の養護者に対する支援等に関する法律（抄）

平成17・11・9　法律124
最新改正　平成29法律52

　　第1章　総則

（目的）

第1条　この法律は，高齢者に対する虐待が深刻な状況にあり，高齢者の尊厳の保持にとって高齢者に

対する虐待を防止することが極めて重要であること等にかんがみ，高齢者虐待の防止等に関する国等の責務，高齢者虐待を受けた高齢者に対する保護のための措置，養護者の負担の軽減を図ること等の養護者に対する養護者による高齢者虐待の防止に資する支援（以下「養護者に対する支援」という。）のための措置等を定めることにより，高齢者虐待の防止，養護者に対する支援等に関する施策を促進し，もって高齢者の権利利益の擁護に資することを目的とする。

（定義等）

第2条　この法律において「高齢者」とは，65歳以上の者をいう。

2　この法律において「養護者」とは，高齢者を現に養護する者であって養介護施設従事者等（第5項第1号の施設の業務に従事する者及び同項第2号の事業において業務に従事する者をいう。以下同じ。）以外のものをいう。

3　この法律において「高齢者虐待」とは，養護者による高齢者虐待及び養介護施設従事者等による高齢者虐待をいう。

4　この法律において「養護者による高齢者虐待」とは，次のいずれかに該当する行為をいう。

一　養護者がその養護する高齢者について行う次に掲げる行為

イ　高齢者の身体に外傷が生じ，又は生じるおそれのある暴行を加えること。

ロ　高齢者を衰弱させるような著しい減食又は長時間の放置，養護者以外の同居人によるイ，ハ又はニに掲げる行為と同様の行為の放置等養護を著しく怠ること。

ハ　高齢者に対する著しい暴言又は著しく拒絶的な対応その他の高齢者に著しい心理的外傷を与える言動を行うこと。

ニ　高齢者にわいせつな行為をすること又は高齢者をしてわいせつな行為をさせること。

二　養護者又は高齢者の親族が当該高齢者の財産を不当に処分することその他当該高齢者から不当に財産上の利益を得ること。

5　この法律において「養介護施設従事者等による高齢者虐待」とは，次のいずれかに該当する行為をいう。

一　老人福祉法（昭和38年法律第

133号）第5条の3に規定する老人福祉施設若しくは同法第29条第1項に規定する有料老人ホーム又は介護保険法（平成9年法律第123号）第8条第22項に規定する地域密着型介護老人福祉施設，同条第27項に規定する介護老人福祉施設，同条第28項に規定する介護老人保健施設，同条第29項に規定する介護医療院若しくは同法第115条の46第1項に規定する地域包括支援センター（以下「養介護施設」という。）の業務に従事する者が，当該養介護施設に入所し，その他当該養介護施設を利用する高齢者について行う次に掲げる行為

- イ 高齢者の身体に外傷が生じ，又は生じるおそれのある暴行を加えること。
- ロ 高齢者を衰弱させるような著しい減食又は長時間の放置その他の高齢者を養護すべき職務上の義務を著しく怠ること。
- ハ 高齢者に対する著しい暴言又は著しく拒絶的な対応その他の高齢者に著しい心理的外傷を与える言動を行うこと。
- ニ 高齢者にわいせつな行為をすること又は高齢者をしてわいせつな行為をさせること。
- ホ 高齢者の財産を不当に処分することその他当該高齢者から不当に財産上の利益を得ること。

二 老人福祉法第5条の2第1項に規定する老人居宅生活支援事業又は介護保険法第8条第1項に規定する居宅サービス事業，同条第14項に規定する地域密着型サービス事業，同条第24項に規定する居宅介護支援事業，同法第8条の2第1項に規定する介護予防サービス事業，同条第12項に規定する地域密着型介護予防サービス事業若しくは同条第16項に規定する介護予防支援事業（以下「養介護事業」という。）において業務に従事する者が，当該養介護事業に係るサービスの提供を受ける高齢者について行う前号イからホまでに掲げる行為

6 65歳未満の者であって養介護施設に入所し，その他養介護施設を利用し，又は養介護事業に係るサービスの提供を受ける障害者（障害者基本法（昭和45年法律第84号）第2条第1号に規定する障害者をいう。）については，高齢者とみなして，養介護施設従事者等による高齢者虐待に関する規定を適用する。

附　則

（施行期日）

1 この法律は，平成18年4月1日から施行する。

障害者の権利に関する条約（抄）

平成26・1・22　条約1号
2006・12・13　第61回国際連合総会で採択
2014・2・19日本国について発効

前　文

この条約の締約国は，

- (a) 国際連合憲章において宣明された原則が，人類社会の全ての構成員の固有の尊厳及び価値並びに平等のかつ奪い得ない権利が世界における自由，正義及び平和の基礎を成すものであると認めていることを想起し，
- (b) 国際連合が，世界人権宣言及び人権に関する国際規約において，全ての人はいかなる差別もなしに同宣言及びこれらの規約に掲げる全ての権利及び自由を享有することができることを宣明し，及び合意したことを認め，
- (c) 全ての人権及び基本的自由が普遍的であり，不可分のものであり，相互に依存し，かつ，相互に関連を有すること並びに障害者が全ての人権及び基本的自由を差別なしに完全に享有することを保障することが必要であることを再確認し，
- (d) 経済的，社会的及び文化的権利に関する国際規約，市民的及び政治的権利に関する国際規約，あらゆる形態の人種差別の撤廃に関する国際条約，女子に対するあらゆる形態の差別の撤廃に関する条約，拷問及び他の残虐な，非人道的な又は品位を傷つける取扱い又は刑罰に関する条約，児童の権利に関する条約及び全ての移住労働者及びその家族の構成員の権利の保護に関す

る国際条約を想起し，

- (e) 障害が発展する概念であることを認め，また，障害が，機能障害を有する者とこれらの者に対する態度及び環境による障壁との間の相互作用であって，これらの者が他の者との平等を基礎として社会に完全かつ効果的に参加することを妨げるものによって生ずることを認め，
- (f) 障害者に関する世界行動計画及び障害者の機会均等化に関する標準規則に定める原則及び政策上の指針が，障害者の機会均等を更に促進するための国内的，地域的及び国際的な政策，計画及び行動の促進，作成及び評価に影響を及ぼす上で重要であることを認め，
- (g) 持続可能な開発に関連する戦略の不可分の一部として障害に関する問題を主流に組み入れることが重要であることを強調し，
- (h) また，いかなる者に対する障害に基づく差別も，人間の固有の尊厳及び価値を侵害するものであることを認め，
- (i) さらに，障害者の多様性を認め，
- (j) 全ての障害者（より多くの支援を必要とする障害者を含む。）の人権を促進し，及び保護することが必要であることを認め，
- (k) これらの種々の文書及び約束にもかかわらず，障害者が，世界の全ての地域において，社会の平等な構成員としての参加を妨げる障壁及び人権侵害に依然として直面していることを憂慮し，
- (l) あらゆる国（特に開発途上国）における障害者の生活条件を改善するための国際協力が重要であることを認め，
- (m) 障害者が地域社会における全般的な福祉及び多様性に対して既に貴重な貢献をしており，又は貴重な貢献をし得ることを認め，また，障害者による人権及び基本的自由の完全な享有並びに完全な参加を促進することにより，その帰属意識が高められること並びに社会の人的，社会的及び経済的開発並びに貧困の撲滅に大きな前進がもたらされることを認め，
- (n) 障害者にとって，個人の自律及び自立（自ら選択する自由を

含む。）が重要であることを認め、

(o) 障害者が、政策及び計画（障害者に直接関連する政策及び計画を含む。）に係る意思決定の過程に積極的に関与する機会を有すべきであることを考慮し、

(p) 人種、皮膚の色、性、言語、宗教、政治的意見その他の意見、国民的な、種族的な、先住民族としての若しくは社会的な出身、財産、出生、年齢又は他の地位に基づく複合的又は加重的な形態の差別を受けている障害者が直面する困難な状況を憂慮し、

(q) 障害のある女子が、家庭の内外で暴力、傷害若しくは虐待、放置若しくは怠慢な取扱い、不当な取扱い又は搾取を受ける一層大きな危険にしばしばさらされていることを認め、

(r) 障害のある児童が、他の児童との平等を基礎として全ての人権及び基本的自由を完全に享有すべきであることを認め、また、このため、児童の権利に関する条約の締約国が負う義務を想起し、

(s) 障害者による人権及び基本的自由の完全な享有を促進するためのあらゆる努力に性別の視点を組み込む必要があることを強調し、

(t) 障害者の大多数が貧困の状況下で生活している事実を強調し、また、この点に関し、貧困が障害者に及ぼす悪影響に対処することが真に必要であることを認め、

(u) 国際連合憲章に定める目的及び原則の十分な尊重並びに人権に関する適用可能な文書の遵守に基づく平和で安全な状況が、特に武力紛争及び外国による占領の期間中における障害者の十分な保護に不可欠であることに留意し、

(v) 障害者が全ての人権及び基本的自由を完全に享有することを可能とするに当たっては、物理的、社会的、経済的及び文化的な環境並びに健康及び教育を享受しやすいようにし、並びに情報及び通信を利用しやすいようにすることが重要であることを認め、

(w) 個人が、他人に対し及びその属する地域社会に対して義務を負うこと並びに国際人権章典において認められる権利の増進及び擁護のために努力する責任を有することを認識し、

(x) 家族が、社会の自然かつ基礎的な単位であること並びに社会及び国家による保護を受ける権利を有することを確信し、また、障害者及びその家族の構成員が、障害者の権利の完全かつ平等な享有に向けて家族が貢献することを可能とするために必要な保護及び支援を受けるべきであることを確信し、

(y) 障害者の権利及び尊厳を促進し、及び保護するための包括的かつ総合的な国際条約が、開発途上国及び先進国において、障害者の社会的に著しく不利な立場を是正することに重要な貢献を行うこと並びに障害者が市民的、政治的、経済的、社会的及び文化的分野に均等な機会により参加することを促進することを確信して、

次のとおり協定した。

第1条　目的

この条約は、全ての障害者によるあらゆる人権及び基本的自由の完全かつ平等な享有を促進し、保護し、及び確保すること並びに障害者の固有の尊厳の尊重を促進することを目的とする。

障害者には、長期的な身体的、精神的、知的又は感覚的な機能障害であって、様々な障壁との相互作用により他の者との平等を基礎として社会に完全かつ効果的に参加することを妨げ得るものを有する者を含む。

第2条　定義

この条約の適用上、

「意思疎通」とは、言語、文字の表示、点字、触覚を使った意思疎通、拡大文字、利用しやすいマルチメディア並びに筆記、音声、平易な言葉、朗読その他の補助的及び代替的な意思疎通の形態、手段及び様式（利用しやすい情報通信機器を含む。）をいう。

「言語」とは、音声言語及び手話その他の形態の非音声言語をいう。

「障害に基づく差別」とは、障害に基づくあらゆる区別、排除又は制限であって、政治的、経済的、社会的、文化的、市民的その他のあらゆる分野において、他の者との平等を基礎として全ての人権及び基本的自由を認識し、享有し、又は行使する

ことを害し、又は妨げる目的又は効果を有するものをいう。障害に基づく差別には、あらゆる形態の差別（合理的配慮の否定を含む。）を含む。

「合理的配慮」とは、障害者が他の者との平等を基礎として全ての人権及び基本的自由を享有し、又は行使することを確保するための必要かつ適当な変更及び調整であって、特定の場合において必要とされるものであり、かつ、均衡を失した又は過度の負担を課さないものをいう。

「ユニバーサルデザイン」とは、調整又は特別な設計を必要とすることなく、最大限可能な範囲で全ての人が使用することのできる製品、環境、計画及びサービスの設計をいう。ユニバーサルデザインは、特定の障害者の集団のための補装具が必要な場合には、これを排除するものではない。

第3条　一般原則

この条約の原則は、次のとおりとする。

(a) 固有の尊厳、個人の自律（自ら選択する自由を含む。）及び個人の自立の尊重

(b) 無差別

(c) 社会への完全かつ効果的な参加及び包容

(d) 差異の尊重並びに人間の多様性の一部及び人類の一員としての障害者の受入れ

(e) 機会の均等

(f) 施設及びサービス等の利用の容易さ

(g) 男女の平等

(h) 障害のある児童の発達しつつある能力の尊重及び障害のある児童がその同一性を保持する権利の尊重

第4条　一般的義務

1 締約国は、障害に基づくいかなる差別もなしに、全ての障害者のあらゆる人権及び基本的自由を完全に実現することを確保し、及び促進することを約束する。このため、締約国は、次のことを約束する。

(a) この条約において認められる権利の実現のため、全ての適当な立法措置、行政措置その他の措置をとること。

(b) 障害者に対する差別となる既存の法律、規則、慣習及び慣行を修正し、又は廃止するための全ての適当な措置（立法を含む。）をとること。

(c) 全ての政策及び計画において障害者の人権の保護及び促進を考慮に入れること。

(d) この条約と両立しないいかなる行為又は慣行も差し控えること。また、公の当局及び機関がこの条約に従って行動することを確保すること。

(e) いかなる個人、団体又は民間企業による障害に基づく差別も撤廃するための全ての適当な措置をとること。

(f) 第2条に規定するユニバーサルデザインの製品、サービス、設備及び施設であって、障害者に特有のニーズを満たすために必要な調整が可能な限り最小限であり、かつ、当該ニーズを満たすために必要な費用が最小限であるべきものについての研究及び開発を実施し、又は促進すること。また、当該ユニバーサルデザインの製品、サービス、設備及び施設の利用可能性及び使用を促進すること。さらに、基準及び指針を作成するに当たっては、ユニバーサルデザインが当該基準及び指針に含まれることを促進すること。

(g) 障害者に適した新たな機器（情報通信機器、移動補助具、補装具及び支援機器を含む。）についての研究及び開発を実施し、又は促進し、並びに当該新たな機器の利用可能性及び使用を促進すること。この場合において、締約国は、負担しやすい費用の機器を優先させる。

(h) 移動補助具、補装具及び支援機器（新たな機器を含む。）並びに他の形態の援助、支援サービス及び施設に関する情報であって、障害者にとって利用しやすいものを提供すること。

(i) この条約において認められる権利によって保障される支援及びサービスをより良く提供するため、障害者と共に行動する専門家及び職員に対する当該権利に関する研修を促進すること。

2 各締約国は、経済的、社会的及び文化的権利に関しては、これらの権利の完全な実現を漸進的に達成するため、自国における利用可能な手段を最大限に用いることにより、また、必要な場合には国際協力の枠内で、措置をとることを約束する。ただし、この条約に定める義務であって、国際法に従って直ちに適用されるものに影響を及ぼすものではない。

3 締約国は、この条約を実施するための法令及び政策の作成及び実施において、並びに障害者に関する問題についての他の意思決定過程において、障害者（障害のある児童を含む。以下この3において同じ。）を代表する団体を通じ、障害者と緊密に協議し、及び障害者を積極的に関与させる。

4 この条約のいかなる規定も、締約国の法律又は締約国について効力を有する国際法に含まれる規定であって障害者の権利の実現に一層貢献するものに影響を及ぼすものではない。この条約のいずれかの締約国において法律、条約、規則又は慣習によって認められ、又は存する人権及び基本的自由については、この条約がそれらの権利若しくは自由を認めていないこと又はその認める範囲がより狭いことを理由として、それらの権利及び自由を制限し、又は侵してはならない。

5 この条約は、いかなる制限又は例外もなしに、連邦国家の全ての地域について適用する。

第5条 平等及び無差別

1 締約国は、全ての者が、法律の前に又は法律に基づいて平等であり、並びにいかなる差別もなしに法律による平等の保護及び利益を受ける権利を有することを認める。

2 締約国は、障害に基づくあらゆる差別を禁止するものとし、いかなる理由による差別に対しても平等かつ効果的な法的保護を障害者に保障する。

3 締約国は、平等を促進し、及び差別を撤廃することを目的として、合理的配慮が提供されることを確保するための全ての適当な措置をとる。

4 障害者の事実上の平等を促進し、又は達成するために必要な特別の措置は、この条約に規定する差別と解してはならない。

第6条 障害のある女子

1 締約国は、障害のある女子が複合的な差別を受けていることを認識するものとし、この点に関し、障害のある女子による全ての人権及び基本的自由を完全かつ平等に享有することを確保するための措置をとる。

2 締約国は、女子に対してこの条約に定める人権及び基本的自由を行使し、及び享有することを保障することを目的として、女子の完全な能力開発、向上及び自律的な力の育成を確保するための全ての適当な措置をとる。

第7条 障害のある児童

1 締約国は、障害のある児童が他の児童との平等を基礎として全ての人権及び基本的自由を完全に享有することを確保するための全ての必要な措置をとる。

2 障害のある児童に関する全ての措置をとるに当たっては、児童の最善の利益が主として考慮されるものとする。

3 締約国は、障害のある児童が、自己に影響を及ぼす全ての事項について自由に自己の意見を表明する権利並びにこの権利を実現するための障害及び年齢に適した支援を提供される権利を有することを確保する。この場合において、障害のある児童の意見は、他の児童との平等を基礎として、その児童の年齢及び成熟度に従って相応に考慮されるものとする。

第8条 意識の向上

1 締約国は、次のことのための即時の、効果的なかつ適当な措置をとることを約束する。

(a) 障害者に関する社会全体（各家庭を含む。）の意識を向上させ、並びに障害者の権利及び尊厳に対する尊重を育成すること。

(b) あらゆる活動分野における障害者に関する定型化された観念、偏見及び有害な慣行（性及び年齢に基づくものを含む。）と戦うこと。

(c) 障害者の能力及び貢献に関する意識を向上させること。

2 このため、1の措置には、次のことを含む。

(a) 次のことのための効果的な公衆の意識の啓発活動を開始し、及び維持すること。

(i) 障害者の権利に対する理解を育てること。

(ii) 障害者に対する肯定的認識及び一層の社会の啓発を促進すること。

(iii) 障害者の技能、長所及び能力並びに職場及び労働市場に対する障害者の貢献についての認識を促進すること。

(b) 教育制度の全ての段階（幼年

期からの全ての児童に対する教育制度を含む。）において，障害者の権利を尊重する態度を育成すること。

(c) 全ての報道機関が，この条約の目的に適合するように障害者を描写するよう奨励すること。

(d) 障害者及びその権利に関する啓発のための研修計画を促進すること。

第9条 施設及びサービス等の利用の容易さ

1 締約国は，障害者が自立して生活し，及び生活のあらゆる側面に完全に参加することを可能にすることを目的として，障害者が，他の者との平等を基礎として，都市及び農村の双方において，物理的環境，輸送機関，情報通信（情報通信機器及び情報通信システムを含む。）並びに公衆に開放され，又は提供される他の施設及びサービスを利用する機会を有することを確保するための適当な措置をとる。この措置は，施設及びサービス等の利用の容易さに対する妨げ及び障壁を特定し，及び撤廃することを含むものとし，特に次の事項について適用する。

(a) 建物，道路，輸送機関その他の屋内及び屋外の施設（学校，住居，医療施設及び職場を含む。）

(b) 情報，通信その他のサービス（電子サービス及び緊急事態に係るサービスを含む。）

2 締約国は，また，次のことのための適当な措置をとる。

(a) 公衆に開放され，又は提供される施設及びサービスの利用の容易さに関する最低基準及び指針を作成し，及び公表し，並びに当該最低基準及び指針の実施を監視すること。

(b) 公衆に開放され，又は提供される施設及びサービスを提供する民間の団体が，当該施設及びサービスの障害者にとっての利用の容易さについてあらゆる側面を考慮することを確保すること。

(c) 施設及びサービス等の利用の容易さに関して障害者が直面する問題についての研修を関係者に提供すること。

(d) 公衆に開放される建物その他の施設において，点字の表示及び読みやすく，かつ，理解しや

すい形式の表示を提供すること。

(e) 公衆に開放される建物その他の施設の利用の容易さを促進するため，人又は動物による支援及び仲介する者（案内者，朗読者及び専門の手話通訳を含む。）を提供すること。

(f) 障害者が情報を利用する機会を有することを確保するため，障害者に対する他の適当な形態の援助及び支援を促進すること。

(g) 障害者が新たな情報通信機器及び情報通信システム（インターネットを含む。）を利用する機会を有することを促進すること。

(h) 情報通信機器及び情報通信システムを最小限の費用で利用しやすいものとするため，早い段階で，利用しやすい情報通信機器及び情報通信システムの設計，開発，生産及び流通を促進すること。

第10条 生命に対する権利

締約国は，全ての人間が生命に対する固有の権利を有することを再確認するものとし，障害者が他の者との平等を基礎としてその権利を効果的に享有することを確保するための全ての必要な措置をとる。

第11条 危険な状況及び人道上の緊急事態

締約国は，国際法（国際人道法及び国際人権法を含む。）に基づく自国の義務に従い，危険な状況（武力紛争，人道上の緊急事態及び自然災害の発生を含む。）において障害者の保護及び安全を確保するための全ての必要な措置をとる。

第12条 法律の前にひとしく認められる権利

1 締約国は，障害者が全ての場所において法律の前に人として認められる権利を有することを再確認する。

2 締約国は，障害者が生活のあらゆる側面において他の者との平等を基礎として法的能力を享有することを認める。

3 締約国は，障害者がその法的能力の行使に当たって必要とする支援を利用する機会を提供するための適当な措置をとる。

4 締約国は，法的能力の行使に関連する全ての措置において，濫用を防止するための適当かつ効果的な保障を国際人権法に従って定めることを確保する。当該保障は，

法的能力の行使に関連する措置が，障害者の権利，意思及び選好を尊重すること，利益相反を生じさせず，及び不当な影響を及ぼさないこと，障害者の状況に応じ，かつ，適合すること，可能な限り短い期間に適用されること並びに権限のある，独立の，かつ，公平な当局又は司法機関による定期的な審査の対象となることを確保するものとする。当該保障は，当該措置が障害者の権利及び利益に及ぼす影響の程度に応じたものとする。

5 締約国は，この条の規定に従うことを条件として，障害者が財産を所有し，又は相続し，自己の会計を管理し，及び銀行貸付け，抵当その他の形態の金融上の信用を利用する均等な機会を有することについての平等な権利を確保するための全ての適当かつ効果的な措置をとるものとし，障害者がその財産を恣意的に奪われないことを確保する。

第13条 司法手続の利用の機会

1 締約国は，障害者が全ての法的手続（捜査段階その他予備的な段階を含む。）において直接及び間接の参加者（証人を含む。）として効果的な役割を果たすことを容易にするため，手続上の配慮及び年齢に適した配慮が提供されること等により，障害者が他の者との平等を基礎として司法手続を利用する効果的な機会を有することを確保する。

2 締約国は，障害者が司法手続を利用する効果的な機会を有することを確保することに役立てるため，司法に係る分野に携わる者（警察官及び刑務官を含む。）に対する適当な研修を促進する。

第14条 身体の自由及び安全

1 締約国は，障害者に対し，他の者との平等を基礎として，次のことを確保する。

(a) 身体の自由及び安全についての権利を享有すること。

(b) 不法に又は恣意的に自由を奪われないこと，いかなる自由の剥奪も法律に従って行われること及びいかなる場合においても自由の剥奪が障害の存在によって正当化されないこと。

2 締約国は，障害者がいずれの手続を通じて自由を奪われる場合であっても，当該障害者が，他の者との平等を基礎として国際人権法

による保障を受ける権利を有すること並びにこの条約の目的及び原則に従って取り扱われること（合理的配慮の提供によるものを含む。）を確保する。

第15条　拷問又は残虐な，非人道的な若しくは品位を傷つける取扱い若しくは刑罰からの自由

1　いかなる者も，拷問又は残虐な，非人道的な若しくは品位を傷つける取扱い若しくは刑罰を受けない。特に，いかなる者も，その自由な同意なしに医学的又は科学的実験を受けない。

2　締約国は，障害者が，他の者との平等を基礎として，拷問又は残虐な，非人道的な若しくは品位を傷つける取扱い若しくは刑罰を受けることがないようにするため，全ての効果的な立法上，行政上，司法上その他の措置をとる。

第16条　搾取，暴力及び虐待からの自由

1　締約国は，家庭の内外におけるあらゆる形態の搾取，暴力及び虐待（性別に基づくものを含む。）から障害者を保護するための全ての適当な立法上，行政上，社会上，教育上その他の措置をとる。

2　また，締約国は，特に，障害者並びにその家族及び介護者に対する適当な形態の性別及び年齢に配慮した援助及び支援（搾取，暴力及び虐待の事案を防止し，認識し，及び報告する方法に関する情報及び教育を提供することによるものを含む。）を確保することにより，あらゆる形態の搾取，暴力及び虐待を防止するための全ての適当な措置をとる。締約国は，保護事業が年齢，性別及び障害に配慮したものであることを確保する。

3　締約国は，あらゆる形態の搾取，暴力及び虐待の発生を防止するため，障害者に役立つことを意図した全ての施設及び計画が独立した当局により効果的に監視されることを確保する。

4　締約国は，あらゆる形態の搾取，暴力又は虐待の被害者となる障害者の身体的，認知的及び心理的な回復，リハビリテーション並びに社会復帰を促進するための全ての適当な措置（保護事業の提供によるものを含む。）をとる。このような回復及び復帰は，障害者の健康，福祉，自尊心，尊厳及び自律を育成する環境において行われる

ものとし，性別及び年齢に応じたニーズを考慮に入れる。

5　締約国は，障害者に対する搾取，暴力及び虐待の事案が特定され，捜査され，及び適当な場合には訴追されることを確保するための効果的な法令及び政策（女子及び児童に重点を置いた法令及び政策を含む。）を策定する。

第17条　個人をそのままの状態で保護すること

全ての障害者は，他の者との平等を基礎として，その心身がそのままの状態で尊重される権利を有する。

以上の証拠として，下名の全権委員は，各自の政府から正当に委任を受けてこの条約に署名した。

障害者虐待の防止，障害者の養護者に対する支援等に関する法律（抄）
平成23・6・24　法律79
最新改正　平成28法律65

第1章　総則

（目的）

第1条　この法律は，障害者に対する虐待が障害者の尊厳を害するものであり，障害者の自立及び社会参加にとって障害者に対する虐待を防止することが極めて重要であること等に鑑み，障害者に対する虐待の禁止，障害者虐待の予防及び早期発見その他の障害者虐待の防止等に関する国等の責務，障害者虐待を受けた障害者に対する保護及び自立の支援のための措置，養護者の負担の軽減を図ること等の養護者に対する養護者による障害者虐待の防止に資する支援（以下「養護者に対する支援」という。）のための措置等を定めることにより，障害者虐待の防止，養護者に対する支援等に関する施策を促進し，もって障害者の権利利益の擁護に資することを目的とする。

（定義）

第2条　この法律において「障害者」とは，障害者基本法（昭和45年法律第84号）第2条第1号に規定する障害者をいう。

2　この法律において「障害者虐待」とは，養護者による障害者虐

待，障害者福祉施設従事者等による障害者虐待及び使用者による障害者虐待をいう。

3　この法律において「養護者」とは，障害者を現に養護する者であって障害者福祉施設従事者等及び使用者以外のものをいう。

4　この法律において「障害者福祉施設従事者等」とは，障害者の日常生活及び社会生活を総合的に支援するための法律（平成17年法律第123号）第5条第11項に規定する障害者支援施設（以下「障害者支援施設」という。）若しくは独立行政法人国立重度知的障害者総合施設のぞみの園法（平成14年法律第167号）第11条第1号の規定により独立行政法人国立重度知的障害者総合施設のぞみの園が設置する施設（以下「のぞみの園」という。）（以下「障害者福祉施設」という。）又は障害者の日常生活及び社会生活を総合的に支援するための法律第5条第1項に規定する障害福祉サービス事業，同条第18項に規定する一般相談支援事業若しくは特定相談支援事業，同条第26項に規定する移動支援事業，同条第27項に規定する地域活動支援センターを経営する事業若しくは同条第28項に規定する福祉ホームを経営する事業その他厚生労働省令で定める事業（以下「障害福祉サービス事業等」という。）に係る業務に従事する者をいう。

5　この法律において「使用者」とは，障害者を雇用する事業主（当該障害者が派遣労働者（労働者派遣事業の適正な運営の確保及び派遣労働者の保護等に関する法律（昭和60年法律第88号）第2条第2号に規定する派遣労働者をいう。以下同じ。）である場合において当該派遣労働者に係る労働者派遣（同条第1号に規定する労働者派遣をいう。）の役務の提供を受ける事業主その他これに類するものとして政令で定める事業主を含み，国及び地方公共団体を除く。以下同じ。）又は事業の経営担当者その他その事業の労働者に関する事項について事業主のために行為をする者をいう。

6　この法律において「養護者による障害者虐待」とは，次のいずれかに該当する行為をいう。

一　養護者がその養護する障害者について行う次に掲げる行為

イ 障害者の身体に外傷が生じ，若しくは生じるおそれのある暴行を加え，又は正当な理由なく障害者の身体を拘束すること。

ロ 障害者にわいせつな行為をすること又は障害者をしてわいせつな行為をさせること。

ハ 障害者に対する著しい暴言又は著しく拒絶的な対応その他の障害者に著しい心理的外傷を与える言動を行うこと。

ニ 障害者を衰弱させるような著しい減食又は長時間の放置，養護者以外の同居人によるイからハまでに掲げる行為と同様の行為の放置等養護を著しく怠ること。

二 養護者又は障害者の親族が当該障害者の財産を不当に処分することその他当該障害者から不当に財産上の利益を得ること。

7 この法律において「障害者福祉施設従事者等による障害者虐待」とは，障害者福祉施設従事者等が，当該障害者福祉施設に入所し，その他当該障害者福祉施設を利用する障害者又は当該障害福祉サービス事業等に係るサービスの提供を受ける障害者について行う次のいずれかに該当する行為をいう。

一 障害者の身体に外傷が生じ，若しくは生じるおそれのある暴行を加え，又は正当な理由なく障害者の身体を拘束すること。

二 障害者にわいせつな行為をすること又は障害者をしてわいせつな行為をさせること。

三 障害者に対する著しい暴言，著しく拒絶的な対応又は不当な差別的言動その他の障害者に著しい心理的外傷を与える言動を行うこと。

四 障害者を衰弱させるような著しい減食又は長時間の放置，当該障害者福祉施設に入所し，その他当該障害者福祉施設を利用する他の障害者又は当該障害福祉サービス事業等に係るサービスの提供を受ける他の障害者による前三号に掲げる行為と同様の行為の放置その他の障害者を養護すべき職務上の義務を著しく怠ること。

五 障害者の財産を不当に処分することその他障害者から不当に財産上の利益を得ること。

8 この法律において「使用者による障害者虐待」とは，使用者が当該事業所に使用される障害者について行う次のいずれかに該当する行為をいう。

一 障害者の身体に外傷が生じ，若しくは生じるおそれのある暴行を加え，又は正当な理由なく障害者の身体を拘束すること。

二 障害者にわいせつな行為をすること又は障害者をしてわいせつな行為をさせること。

三 障害者に対する著しい暴言，著しく拒絶的な対応又は不当な差別的言動その他の障害者に著しい心理的外傷を与える言動を行うこと。

四 障害者を衰弱させるような著しい減食又は長時間の放置，当該事業所に使用される他の労働者による前三号に掲げる行為と同様の行為の放置その他これらに準ずる行為を行うこと。

五 障害者の財産を不当に処分することその他障害者から不当に財産上の利益を得ること。

（障害者に対する虐待の禁止）

第3条 何人も，障害者に対し，虐待をしてはならない。

　　　附　則（抄）

　　（施行期日）

第1条 この法律は，平成24年10月1日から施行する。

索　引

著者紹介（執筆順，執筆分担，所属，＊は編者）

＊黒田　　学（くろだ・まなぶ）第1章1・第13章・巻末資料
　　現　　　在：立命館大学産業社会学部教授。
　　専門分野：地域福祉，特別支援教育。

＊長谷川千春（はせがわ・ちはる）第1章2・第8章・巻末資料
　　現　　　在：立命館大学産業社会学部教授。
　　専門分野：社会保障，医療保障，財政。

＊丹波史紀（たんば・ふみのり）第1章3・第6章
　　現　　　在：立命館大学産業社会学部教授。
　　専門分野：貧困・低所得問題，災害研究。

＊石田賀奈子（いしだ・かなこ）第1章4・第3章・巻末資料
　　現　　　在：立命館大学産業社会学部准教授。
　　専門分野：子ども家庭福祉，ソーシャルワーク。

　中村　　正（なかむら・ただし）第2章
　　現　　　在：立命館大学産業社会学部教授。
　　専門分野：臨床社会学，社会病理学，ジェンダー論。

　田村和宏（たむら・かずひろ）第4章
　　現　　　在：立命館大学産業社会学部教授。
　　専門分野：障害児者福祉，相談支援。

　呉　　世雄（お・せうん）第5章
　　現　　　在：立命館大学産業社会学部准教授。
　　専門分野：高齢者福祉，福祉経営，社会起業。

　宮口幸治（みやぐち・こうじ）コラム1
　　現　　　在：立命館大学産業社会学部教授。
　　専門分野：精神医学，特別支援教育，非行臨床。

　桜井啓太（さくらい・けいた）第7章
　　現　　　在：立命館大学産業社会学部准教授。
　　専門分野：貧困，社会的排除，社会政策，生活保護。

　松田亮三（まつだ・りょうぞう）第9章
　　現　　　在：立命館大学産業社会学部教授。
　　専門分野：医療政策，医療社会学，健康政策。

鎮目真人（しずめ・まさと）**第10章・コラム2**
　　現　　在：立命館大学産業社会学部教授。
　　専門分野：年金，ベーシック・インカム，福祉レジーム。

竹内謙彰（たけうち・よしあき）**第11章**
　　現　　在：立命館大学産業社会学部教授。
　　専門分野：発達心理学，発達障害。

岡田まり（おかだ・まり）**第12章**
　　現　　在：立命館大学産業社会学部教授。
　　専門分野：ソーシャルワーク，ヘルスプロモーション，精神保健。

秋葉　武（あきば・たけし）**第14章**
　　現　　在：立命館大学産業社会学部教授。
　　専門分野：NPO・NGOの経営，ソーシャル・ビジネス，NPOコンサルティング。

前田信彦（まえだ・のぶひこ）**コラム3**
　　現　　在：立命館大学産業社会学部教授。
　　専門分野：社会学，人間発達と社会，教育とキャリア。

新・MINERVA 福祉ライブラリー㊶

たのしく学ぶ社会福祉
——誰もが人間らしく生きる社会をつくる——

2021年5月30日　初版第1刷発行　　　　　　〈検印省略〉

定価はカバーに
表示しています

編 著 者	丹 波 史 紀
	石 田 賀奈子
	黒 田 学
	長谷川 千 春
発 行 者	杉 田 啓 三
印 刷 者	江 戸 孝 典

発行所　株式会社　ミネルヴァ書房

607-8494　京都市山科区日ノ岡堤谷町1
電話代表　(075)581-5191
振替口座　01020-0-8076

共同印刷工業・藤沢製本

ISBN978-4-623-09199-7

Printed in Japan

福祉政策とソーシャルワークをつなぐ

椋野美智子編著
四六判／264頁／本体2800円

福祉の哲学とは何か

広井良典編著
四六判／332頁／本体3000円

主体性を引き出す OJT が福祉現場を変える

津田耕一著
Ａ５判／232頁／本体2500円

福祉専門職のための統合的・多面的アセスメント

渡部律子著
Ａ５判／272頁／本体2800円

「参加の力」が創る共生社会

早瀬　昇著
Ａ５判／256頁／本体2000円

福祉は「性」とどう向き合うか

結城康博・米村美奈・武子　愛・後藤宰人著
四六判／244頁／本体2200円

ミネルヴァ書房
https://www.minervashobo.co.jp/